高等师范院校系列教材
学前教育专业核心课教材 吴玲/执行总主编

学前比较教育

汪明 梁艳 刘慧敏 主编

Xueqian Bijiao Jiaoyu

北京师范大学出版集团
BEIJING NORMAL UNIVERSITY PUBLISHING GROUP
安徽大学出版社

图书在版编目(CIP)数据

学前比较教育/汪明,梁艳,刘慧敏主编. —合肥:安徽大学出版社,2016.3
高等师范院校系列教材.学前教育专业核心课教材
ISBN 978-7-5664-1061-0

Ⅰ.①学… Ⅱ.①汪… ②梁… ③刘… Ⅲ.①学前教育－比较教育－高等师范院校－教材 Ⅳ.①G610

中国版本图书馆 CIP 数据核字(2016)第 002921 号

学前比较教育

汪　明　梁　艳　刘慧敏　主编

出版发行:	安　徽　大　学　出　版　社	
	(安徽省合肥市肥西路 3 号 邮编 230039)	
	www.ahupress.com.cn	
印　　刷:	安徽省人民印刷有限公司	
经　　销:	全国新华书店	
开　　本:	170mm×240mm	
印　　张:	13	
字　　数:	253 千字	
版　　次:	2016 年 3 月第 1 版	
印　　次:	2016 年 3 月第 1 次印刷	
定　　价:	26.00 元	

ISBN 978-7-5664-1061-0

策划编辑:钟　蕾		装帧设计:李　军	
责任编辑:刘金凤		美术编辑:李　军	
责任校对:程中业		责任印制:赵明炎	

版权所有　侵权必究

反盗版、侵权举报电话:0551－65106311
外埠邮购电话:0551－65107716
本书如有印装质量问题,请与印制管理部联系调换。
印制管理部电话:0551－65106311

编写说明

《学前比较教育》是通过对世界主要国家的学前教育和世界著名的学前教育模式的发展历史、现状进行比较研究,来揭示学前教育发展的普遍规律和存在的问题,是预测学前教育发展趋势的一门学科。

"教育要面向世界,面向现代化,面向未来"。《学前比较教育》课程的开设是我国学前教育与国际接轨的必然选择。"学前比较教育"是学前教育专业本科教学计划中的一门必修课,旨在开阔学生的眼界,丰富学生的知识,使学生在广泛了解外国学前教育先进经验、失败教训的基础上,取其精华,"洋为中用",以便进一步深化我国学前教育的改革。

本书在内容编排上分为上、下两编,上编为国别学前教育比较研究,下编为专题教育比较研究。在编排结构上,本书由内容提要、学习要求、正文、阅读推荐及复习与思考等几个部分组成。本书强调的是学前比较教育的系统知识及研究的方法论和应用实践,目的是系统地讲述学前比较教育发展的特点、趋势,以及改革动向,从而更好地指导实践,为我国学前教育的发展服务。

《学前比较教育》主要以梁艳、刘慧敏在阜阳师范学院学前教育专业多年的《学前比较教育》讲稿为基础,几经修改而成。

本书由阜阳师范学院相关人员负责组织编写,梁艳负责构思、设计书稿总体框架,吴玲教授提供写作建议及修改意见,最后由刘慧敏统筹全稿。具体分工如下:刘慧敏、李素梅:第一章、第二章;刘慧敏:第三章、第六章;郭珺:

第四章、第五章;李侬濛:第七章;梁艳:绪论、下篇第八章至第十三章。

在本书编写过程中,我们参阅了国内外相关研究成果,在此,谨向有关专家和学者表示诚挚的谢意!本书的出版,得到了安徽大学出版社的大力支持,谨致衷心的感谢!鉴于水平有限,书中疏漏与不足实为难免,敬请专家、同行及广大读者不吝赐教,予以指正,以便不断修改完善。

目 录

绪 论 ··· 1

上编　国别学前教育比较研究

第一章　美国的学前教育 ··· 13
　　第一节　美国学前教育机构与管理 ························· 14
　　第二节　美国学前教育目标与实施 ························· 16
　　第三节　美国学前教师教育 ·································· 21
　　第四节　美国学前儿童的家庭教育、社区教育与幼小衔接 ········· 24

第二章　英国的学前教育 ··· 29
　　第一节　英国学前教育机构与管理 ························· 30
　　第二节　英国学前教育目标与实施 ························· 33
　　第三节　英国学前教师教育 ·································· 36
　　第四节　英国学前儿童的家庭教育、社区教育与幼小衔接 ········· 38

第三章　法国的学前教育 ……… 41
第一节　法国学前教育机构与管理 ……… 42
第二节　法国学前教育目标与实施 ……… 44
第三节　法国学前教师教育 ……… 46
第四节　法国学前儿童的家庭教育、社区教育与幼小衔接 ……… 48

第四章　德国的学前教育 ……… 52
第一节　德国学前教育机构与管理 ……… 53
第二节　德国学前教育目标与实施 ……… 56
第三节　德国学前教师教育 ……… 59
第四节　德国学前儿童的家庭教育与幼小衔接 ……… 61

第五章　日本的学前教育 ……… 64
第一节　日本学前教育机构与管理 ……… 65
第二节　日本学前教育目标与实施 ……… 67
第三节　日本学前教师教育 ……… 69
第四节　日本学前儿童的家庭教育与幼小衔接 ……… 71

第六章　世界其他国家的学前教育 ……… 75
第一节　俄罗斯的学前教育 ……… 75
第二节　澳大利亚的学前教育 ……… 78
第三节　新加坡的学前教育 ……… 82
第四节　加拿大的学前教育 ……… 84

第七章　各国学前教育之比较 ……… 87
第一节　各国学前教育机构与管理之比较 ……… 87

第二节	各国学前教育的目标与实施之比较 …………………………… 90
第三节	各国学前教师教育之比较 …………………………………… 91
第四节	各国学前儿童的家庭教育、社区教育与幼小衔接之比较 ……… 96

下编　专题学前教育比较研究

第八章　蒙台梭利教育法 ………………………………………… 101

第一节　蒙台梭利教育法的形成、发展及其教育理念 …………… 101
第二节　蒙台梭利教育法的内涵 …………………………………… 107
第三节　我国对蒙台梭利教育法的评价与运用 …………………… 119

第九章　瑞吉欧幼儿教育体系 …………………………………… 123

第一节　瑞吉欧幼儿教育体系简介 ………………………………… 123
第二节　瑞吉欧幼儿教育体系的课程 ……………………………… 128
第三节　瑞吉欧幼儿教育体系的主要特色及其启示 ……………… 144

第十章　High/Scope 教育方案 …………………………………… 151

第一节　High/Scope 教育方案的形成、发展及其理论基础 ……… 151
第二节　High/Scope 教育方案的内涵 ……………………………… 154
第三节　High/Scope 教育方案的主要特色及其启示 ……………… 161

第十一章　银行街模式 …………………………………………… 168

第一节　银行街模式的形成、发展及其理论基础 ………………… 168
第二节　银行街模式的内涵 ………………………………………… 172
第三节　对银行街模式的评价及其启示 …………………………… 179

第十二章　直接教学模式 ……………………………………… 183
第一节　直接教学模式的形成、发展及其理论基础 ……… 183
第二节　直接教学模式的内涵 ……………………………… 185
第三节　对直接教学模式的评价 …………………………… 189

第十三章　学前教育模式之比较 …………………………… 190

参考文献 ……………………………………………………… 197

绪 论

【内容提要】 学前比较教育是学前教育科学体系中的一门重要学科。本章主要阐述了学前比较教育的概念和价值、学前比较教育的基本特征和研究对象、学前比较教育的研究类型和研究方法等内容,为学生学习后面的内容奠定理论基础。

【学习要求】
1. 掌握学前比较教育的概念。
2. 了解学前比较教育的价值所在。
3. 明确学前比较教育的特征和研究对象。
4. 能灵活运用各种研究方法。

一、学前比较教育的概念和价值

(一) 学前比较教育的概念

1. 比较教育的概念

学前比较教育是比较教育的一个分支,要了解"学前比较教育"的概念,首先必须了解"比较教育"的概念。许多中外学者曾对"比较教育"的概念做过界定,但迄今为止尚未得出一致的结论。

1817年,被誉为"比较教育之父"的法国教育家朱利安出版了《比较教育的研究计划与初步意见》一书,首次明确提到"比较教育"这一概念。但由于受历史的局限,他并没有给"比较教育"下一个明确而科学的定义。

1933年,美国著名的比较教育学家康德尔《比较教育》一书的出版,让比较教育正式成为教育科学中的一个独立分支。康德尔认为:"比较教育的研究继续教育史的研究,把教育史延续到现在,阐明教育和多种文化形式之间必然存在的密切联系","比较法要求首先判明决定教育制度无形的、难以捉摸的精神力量和文化力量,判明比较内在力量和因素更为重要的外在力量","比较教育的目的在于发现导致教育制度差别的那些力量和因素的差异性"。①

日本著名比较教育学者冲原丰认为:"比较教育学是以教育的整个领域为对象,对两国以上的现行教育制度进行比较,并把外国教育学包括在内的学科。"②

苏联比较教育学者索科洛娃指出:"比较教育学研究当前世界范围内教学教育的理论和实践中共同和个别的特点以及发展趋势,揭示它们的经济、社会政治和哲学基础以及民族的特点。"③

我国著名的比较教育学家王承绪、顾明远认为:"比较教育是对当代世界不同国家或不同地区的教育进行比较分析,找出教育发展的一般规律和特殊规律,为本国或本地区的教育改革做借鉴。"④吴文侃、杨汉清指出:"比较教育学是以比较法为主要方法,研究当代世界各国教育的一般规律和特殊规律,揭示教育发展的主要因素及其相互关系,探索未来教育发展趋势的一门教育学科。"⑤冯增俊认为:"比较教育学是一门对不同国家或地区的教育进行跨文化比较研究,探讨教育发展规律及特定表现形式,借鉴有益经验,推动本国、本地区以及世界的教育改革和教育研究的学科。"⑥陈时见指出:"比较教育是以比较法为基本方法,研究当代世界各国、各区域、各民族的教育理论与教育实践,揭示影响教育的政治、经济、文化、历史、社会等各种因素,它探索教育发展的一般规律及趋势,以促进教育的交流与合作、改进现实教育的一门教育学科。"⑦

综观以上各种定义,我们可以发现比较教育至今没有一个统一的定义。其原因主要在于:第一,学者们从不同的研究角度来进行界定,有的注重学科的研

---

① 吴文侃、杨汉清主编:《比较教育学》,北京:人民教育出版社,1999年,第2~3页。
② [日]冲原丰:《比较教育学》,刘树范、李永连,译,长春:吉林人民出版社,1984年,第4页。
③ [苏]索科洛娃:《比较教育学》,顾明远,译,北京:文化教育出版社,1981年,第15页。
④ 王承绪、顾明远主编:《比较教育》,北京:人民教育出版社,1999年,第23页。
⑤ 吴文侃、杨汉清主编:《比较教育学》,北京:人民教育出版社,1999年,第7页。
⑥ 冯增俊:《比较教育学》,南京:江苏教育出版社,1996年,第125页。
⑦ 陈时见、徐辉主编:《比较教育的学科发展与研究方法》,北京:商务印书馆,2006年,第86~87页。

究方法,有的注重学科的研究对象及学科目的,有的注重学科研究框架,有的注重学科的性质和功能等;第二,比较教育是一门年轻的学科,目前还未形成确切和成熟的概念。

2. 学前比较教育的概念

1995年,我国著名的学前比较教育学者霍力岩首次提出了"学前比较教育"的概念:"学前比较教育是以比较法为主要方法,研究当代各国学前教育的一般规律和特殊规律,揭示影响和决定学前教育发展的主要因素及其相互关系,探索学前教育的发展趋势,以改进本国学前教育的一门教育学科。"①

2002年,史静寰、周采在《学前比较教育》一书中对"学前比较教育"下了定义,即"学前比较教育是比较教育学的一个分支学科,是以比较分析的方法,研究当代世界各国学前教育的理论和实践,揭示学前教育发展的共同规律和发展趋势,以改进本国学前教育的一门教育学科。"②

2009年,曹能秀提出如下定义:"学前比较教育是对当代世界各国、各区域、各民族的学前教育进行跨文化比较研究,揭示影响学前教育发展的主要因素及其相互关系,找出学前教育发展的一般规律和发展规律,以促进学前教育的交流与合作,改进本国、本地区、本民族学前教育的一门教育学科。"③

上述三种定义是从不同的角度对"学前比较教育"进行的界定。有的侧重从研究方法、研究对象和研究目的的角度加以阐释,有的侧重从学科性质的角度加以说明,有的侧重从研究目的的角度加以说明。不同的界定代表了研究者不同的研究视野,也指明了不同的研究方向,给广大学前教育工作者的学习和实践提供了一定的方向。我们认为,学前比较教育是通过对当代世界各国学前教育理论和实践的比较,从而揭示影响学前教育发展的主要因素,它是探索学前教育发展趋势的一门教育学科。

(二)学前比较教育的价值

1. 增长见识,开阔视野,加深对学前教育的认识

学前比较教育可以向人们介绍世界各国、各地区、各民族的学前教育信息。通过对世界各国学前教育的比较研究,人们可以了解各国学前教育的现状、特点、存在的问题和发展趋势,从而加深对世界各国学前教育的认识,增长见识,开阔视野。

---

① 霍力岩:《学前比较教育学》,北京:北京师范大学出版社,1995年,第1页。
② 史静寰、周采主编:《学前比较教育》,大连:辽宁师范大学出版社,2002年,第13页。
③ 曹能秀:《学前比较教育》,上海:华东师范大学出版社,2009年,第3页。

学前教育研究者和教育工作者通过对学前比较教育的研究可以加深对学前教育的认识。一是通过对各国学前教育的跨文化比较研究,有助于人们跨越不同的文化背景,加深对学前教育理论和实践的理解和认识,预测当代世界学前教育的发展趋势;二是通过对各国学前教育的比较分析,有助于人们掌握学前教育发展的一般规律和特殊规律,从而更好地理解和推动本国学前教育的发展;三是通过对世界各国学前教育问题的整体把握,有助于人们了解世界学前教育的现状,以整体和全局的眼光,综观全球学前教育发展的情况,从而加深对学前教育的正确认识。

2. 吸收其他国家学前教育的经验教训,推动本国学前教育的改革与发展

吸收其他国家学前教育的先进经验,吸取其失败的教训,减少盲目性,增强科学性,推动本国、本地区和本民族的学前教育的改革与发展,是学前比较教育的根本目的和重要价值。

3. 培养和提高学生分析问题和解决问题的能力

各国学前教育的比较研究不仅能让学生增长见识,开阔眼界,而且还可以培养和提高学生分析问题和解决问题的能力。学前比较教育是一门范围很广的学科,学生在学习过程中,必须根据辩证唯物主义和历史唯物主义的立场、观点和方法,综合运用哲学、政治学、经济学、教育学、心理学、教育测量学等学科的知识和方法,对各国的学前教育问题做深入的分析比较,这在一定程度上培养了学生分析问题和解决问题的能力。

此外,结合学前比较教育的课程教学指导,学生可以适当开展一些科研工作,研究外国学前教育现状和发展趋势,进一步提高自身的分析问题和解决问题的能力,为自己将来更好地从事学前教育工作创造有利的条件,为今后从事学前教育的科研工作打下基础。

4. 促进国际间学前教育的交流、理解与合作

随着经济全球化和社会的发展,世界各国在学前教育方面的交流与合作日益增多。学前比较教育在促进国际间学前教育的交流、理解与合作方面发挥着重要的作用。首先,在学前教育的变革与发展过程中,世界各国都积累了许多宝贵的经验和教训。通过对这些经验的学习,可以促进其他国家学前教育事业的改革与发展,促进国际间学前教育的交流、理解与合作。其次,通过比较分析,可以知晓各国、各区域、各民族学前教育的异同,这有助于加深理解,加强往来,推动国际间的交流与合作。再次,学前比较教育有助于为各国学前教育搭建沟通的桥梁,为减少文化偏见、加深国际交流与合作创造机会和条件。

二、学前比较教育的研究对象和基本特征

(一)研究对象

我们可以从不同的角度对学前比较教育的研究对象进行划分,如从研究领域、研究时间、研究深度和研究范围等方面对学前比较教育的研究对象做具体的分析。

从研究领域来看,学前比较教育的研究涉及学前教育的整个领域。学前教育学所研究的问题,如学前教育制度、学前教育行政,幼教机构的教育目的、课程设置、活动设计、教育方法,智力、情感与社会性的发展等问题,都可以作为学前比较教育的研究对象。而研究重点是对本国学前教育有重大影响的各国学前教育制度和普遍的学前教育问题,这既包括宏观问题和微观问题,又包括理论问题和实践问题,如师资、课程、环境、活动、幼小衔接、家园配合、学前教育管理体制、决定学前教育的主要因素、学前教育的发展趋势等问题。

从研究时间来看,学前比较教育的研究以当代学前教育为中心,这是由学前比较教育的目的所决定的。学前比较教育主要是为本国、本地区和本民族学前教育当前的变革与发展服务的,并促进当代各国学前教育的交流与合作。因此,学前比较教育关注当代学前教育的最近发展和变化,着眼于国际学前教育的新情况、新问题和新进展。

从研究深度来看,学前比较教育研究各国学前教育的客观现象,分析各国学前教育的本质,研究各国学前教育的形成条件,判明各国政治、经济、文化、社会对学前教育的制约作用和学前教育对各国政治、经济、文化、社会发展的能动作用,并揭示各国学前教育的特点和共同规律,探索学前教育的发展趋势,为本国的学前教育改革提供客观的依据,充分证明学前比较教育作为一门独立的学科所具有的理论价值和实践意义。

从研究范围来看,学前比较教育既包括对其他国家和地区学前教育的研究(对某个国家、区域或民族学前教育进行整体的或局部的研究),也包括对国家与国家、区域与区域、民族与民族之间学前教育的比较研究(对两个或两个以上的国家或民族的学前教育进行的比较),还包括对世界学前教育的整体研究(对世界学前教育发展遇到的一些共同问题,如幼儿教育与国家发展、幼儿环境教育、幼儿国际教育、少数民族幼儿教育等进行的整体研究),同时包括对国际组织关于世界学前教育的评论和影响的研究(如联合国教科文组织、世界银行、经合组织、儿童基金会等发表的有关幼儿教育的报告,以及这些报告对世界学前教育变革与发展影响的研究)。

(二)基本特征

1. 可比性

学前比较教育的目的绝不仅仅是了解某个国家、区域或民族学前教育的过去与现在,而是侧重对两个或两个以上的国家、区域或民族的同一个学前教育问题进行比较。这种比较须秉承统一的标准对同类事物进行比较分析,从而找出异同,得出结论。

2. 跨学科性

学前比较教育是一门综合性比较强的学科,因此需要运用学前教育学、比较教育学、政治学、经济学、文化学、历史学、地理学、人口学、哲学等多门学科的知识来进行研究,并剖析学前教育的背景和基础,探索学前教育的发展前景和改革趋势。

3. 开放性

学前比较教育不是研究某一个国家或某种文化背景下的学前教育,而是开放的,跨国界和跨文化的。开放性是指研究不同国家、不同地域、不同民族、不同文化的教育所必须持有的一种视角。全球学前教育的发展趋势也要求研究者具有一种开放的视野,这便于分析和研究学前教育背后的民族传统和文化层面,探索学前教育个性现象,尤其是了解各国学前教育和国际间学前教育的差异。

4. 国际性

学前比较教育虽然需要对某个国家学前教育发展的各个不同历史时期进行纵向比较研究,但是它的着力点不是研究某个国家的学前教育,它是跨国的,具有国际性,它要研究世界各国的学前教育的异同点,侧重对不同国家和地区的学前教育进行横向比较研究,同时也对享誉世界的各种学前教育方案进行比较研究。

5. 跨时间性

相对于学前教育史研究范围而言,学前比较教育更注重研究当代世界学前教育的理论与实践。但它的研究范围覆盖了一定的历史时段,因为对学前教育发展与演变进程进行比较研究,正是推进学前教育改革所需要的。

三、学前比较教育的研究类型与研究方法

(一)研究类型

由于学前教育的内在联系及影响因素的复杂性,因而比较的角度具有多维

性的特点。根据不同的比较角度,我们可将学前比较教育研究分为以下几种类型。①

1. 横向比较研究、纵向比较研究和综合比较研究

从比较的时间性看,可以将学前比较教育研究分为横向比较研究、纵向比较研究和综合比较研究。

横向比较研究是指对同一时期不同国家、地区或民族学前教育进行的比较研究。具体而言,它是对两个或两个以上国家、地区或民族的某个或某几个学前教育问题,乃至对整个学前教育体系所进行的比较研究。

纵向比较研究是指对同一国家、地区或民族不同发展阶段的学前教育进行的比较研究。

综合比较研究综合以上两种特点,一般是指对两个或两个以上国家、地区或民族不同发展阶段的学前教育进行的比较研究。

2. 平行比较研究和影响比较研究

从比较对象相互影响的程度来看,我们可以把学前比较教育研究分为平行比较研究和影响比较研究。

平行比较研究是指对两个或多个被假设为互无影响的国家、地区或民族学前教育进行比较的研究。它关注的主要是不同国家、地区或民族学前教育的共同特征和个别差异,而不考虑这些国家、地区或民族之间的相互影响。

影响比较研究是指对两个或多个在社会、经济、文化,尤其是在学前教育方面相互影响比较大的国家、地区或民族的学前教育进行的比较研究。它主要关注不同国家、地区或民族之间学前教育的相互影响。

3. 专题比较研究和总体比较研究

从比较研究的内容来看,我们可以把学前比较教育研究分为专题比较研究和总体比较研究。

专题比较研究是研究者把各个国家的同一类学前教育问题并列在一起进行比较研究,从比较中找出各国学前教育的异同点。

总体比较研究是对世界各国学前教育的历史、现状和未来发展趋势做全面的综合比较研究,揭示各国学前教育制度和学前教育实践的总的特点和发展趋势。它主要是通过对各国学前教育的比较研究,判别决定和影响学前教育发展的主要因素;同时,通过对各国学前教育历史和现状的比较研究,探索学前教育近期和远期的发展趋势。

---

① 曹能秀:《学前比较教育》,上海:华东师范大学出版社,2009年,第9~11页。

4. 定性比较研究和定量比较研究

从比较研究的性质来看,我们可以把学前比较教育研究分为定性比较研究和定量比较研究。

定性比较研究主要指从各方面揭示和把握学前教育的本质,利用各种技术和手段来阐释学前教育现象、问题的性质和程度。它注重学前教育现象和问题的发生、发展及其演变过程,注重对资料的处理,主要采用描述和归纳的方法。

定量比较研究主要指运用各种量化理论,以统计测量的手段和数据分析的方法,对学前教育中的各种数据进行统计处理,以此推断学前教育的发展状况,并进行比较分析的研究。

5. 宏观比较研究和微观比较研究

从比较对象的整体性和局部性来看,我们可以把学前比较教育研究分为宏观比较研究和微观比较研究。

宏观比较研究是指对学前教育系统或其与外部关系的整体研究。

微观比较研究是指对学前教育系统内部具体的、局部的研究。

6. 区域比较研究和问题比较研究

从比较的范围来看,可以把学前比较教育研究分为区域比较研究和问题比较研究。

区域比较研究是指以国家或地区为单位,对学前教育的制度和实践进行研究。

问题比较研究是指两个以上国家或地区的学前教育制度和实践进行的比较研究。

以上是我们从不同的角度对学前比较教育研究类型进行的粗略划分。事实上,上述各种研究类型不仅相互渗透,而且具有内在的联系,难以截然分开。

(二)研究方法

1. 调查法

调查法是指在一种教育理论指导下,运用问卷、访问、座谈等方式,有目的、有计划地收集资料,以确定各种事实间的联系或关系的方法。通过参观、口头或书面方式的调查,研究者可以迅速地收集到大量资料,在此基础上对调查的事实进行科学的分析、推理,从而认识教育工作中某一方面的现状、趋势与规律的研究方法。①

---

① 杨晓萍主编:《教育科学研究方法》,重庆:西南师范大学出版社,2006年,第131页。

(1)参观访问法。参观访问法是研究人员实地参观访问研究对象,从而获得第一手资料,以此来了解其他国家、地区或民族的学前教育状况。这种方法有助于获得比较真实客观的事实材料,有助于提出解决问题的措施。但这也有其局限性,如只能说明"有什么"和"是什么"的问题,而不能判断"为什么"。由于观察时间和观察情境的限制,因而在研究对象人数多且分散的情况下应用较困难;由于教育现象的复杂且处于不断变化中,因而观察项目归类推论性太多,会影响研究的信度,观察结果的代表性不高,研究者易受观察者主观因素影响。①

(2)现场研究法。现场研究法指研究人员深入研究现场,以活动参与者的身份,进行长期的观察研究。通过身临其境,参加各种活动进行较长时间的观察研究,以此来获得真实可靠的感性材料。这种方法与参观访问法的区别在于,研究者亲自实践、亲切身体会和感性知识。近年来,我国一些学前教育实践工作者获得了各种良好的机会,到国外学前教育机构任教,组织相关的教育活动,这就加强了学前比较教育研究的实践性。

(3)问卷法。问卷法是研究者用一系列问题构成的调查表来收集资料的一种方法,也是教育研究中对个人行为和态度的主要测量方法之一。

2. 文献法

文献法就是研究者对文献进行查阅、分析、整理,从而找出事物本质属性的一种研究方法。研究人员通过分析学前教育文件、法令、规程,教学计划、教学大纲、教材,会议记录、报告书、国际手册中的统计材料,杂志中当事人的经验介绍等,来了解其他国家学前教育发展的详细情况。与上述几种方法相比,这种方法显然比较经济、切实可行,也较为全面,况且如今文献的获取途径也变得越来越便捷。不过,研究者要注意材料的真实性、可靠性与代表性。

3. 统计法

统计法指研究人员通过采用数理统计的方法,对研究对象的各要素进行量化处理,分类统计;通过对研究主题进行分析比较,推导出相应的研究结果。它既可采用描述统计分析研究的形式,也可采用推断统计分析研究的形式。

4. 比较法

这是学前比较教育研究中一种最常用的方法。比较法是根据一定的标准对不同国家或地区的学前教育制度和学前教育实践进行的比较研究,并找出各国学前教育的特殊规律和一般规律。不论是进行定性比较还是定量比较,不论是进行动态比较还是静态比较,不论是进行现象比较还是本质比较,都要有明确的

---

① 杨晓萍主编:《教育科学研究方法》,重庆:西南师范大学出版社,2006年,第67页。

标准，重视其内在的联系，注意可比性。

5. 分析法

分析法包括定量分析和定性分析两种。不管运用哪种研究方法，在进行分析比较时，都应当坚持客观的标准，还应注意将质的分析和量的分析相结合。分析法一般用来对各国学前教育的发展历程及原因进行比较，对学前教育不同领域的重大改革举措进行探析，以揭示不同地区学前教育发展的内在动因、价值因素及趋势走向。

在运用以上方法研究学前比较教育的时候，研究者应根据研究的具体内容和对象，进行适当的筛选，恰如其分地加以利用。不论选用何种方法进行比较研究，都要注意辅之以其他方法，尽可能使所搜集到的材料具有客观性、代表性，并进行深入细致的分析，去粗取精，去伪存真，透过现象，观察本质。

▶复习与思考◀

1. 什么是"学前比较教育"？谈谈你对这个概念的理解。
2. 学前比较教育的研究对象是什么？
3. 学习"学前比较教育"课程的意义何在？
4. 你打算如何学好"学前比较教育"这门课程？

上编 国别学前教育比较研究

第一章
美国的学前教育

【内容提要】 20世纪60年代以来,美国的学前教育一直处于世界领先地位,备受美国政府重视。美国的学前教育机构具有多样性,不同的学前教育机构,教育目标是不同的,但总体来说都有如下共同点:教育理念上强调以儿童为中心,对儿童进行全面和谐的教育;重视学前教育师资的培训和提高,注重开发、利用家庭和社区的教育资源。这些学前教育机构有利于不断优化学前教育的管理和评价机制,构建了较为健全的学前教育体系。

【学习要求】
1. 了解美国学前教育发展的基本情况。
2. 理解美国学前教育的内容。
3. 掌握美国学前教育的实施途径。

美国学前教育深受德国幼儿园的影响。早在19世纪,一大批受过良好教育的中产阶级妇女就开始宣传德国幼儿教育家福禄贝尔的理论,认为妇女(尤其是母亲)是幼儿最适合的第一任教师。她们在美国创立了福禄贝尔幼儿园,非常重视幼儿园、家庭与社区之间的合作。进入20世纪后,美国日益重视对家庭、社区的研究。在1923年,洛克菲勒基金会就把基金投向了儿童研究和家长教育中心,还出资奖励就幼儿的行为情况与家长进行交流的教师。1929年,美国全国教育研究协会在年鉴上探讨了家长教育与学前教育的关系。美国还出现了许多家长自发创办的学前教育机构,例如,1923年由幼儿家长在马萨诸塞的剑桥创办的保育学校。20世纪60年代以来,随着人们对幼儿认识的不断深入以及学前教育的不断发展,美国举行了许多大型的学前教育研究活动,这些研究活动都非常重视幼儿园与家庭、社区之间的联系。

第一节 美国学前教育机构与管理

一、学前教育机构的类型

美国对幼儿教育的界定方式和中国区别很大,不仅对教育对象年龄的划分不同,而且对教育机构的划分也很不一样。美国的幼儿教育机构大体可以分为以下几种。

(一)儿童保育中心

儿童保育中心主要招收5岁以下及到小学一年级的儿童,以全日制为主,使父母能有机会走出家门去工作。儿童保育有以下几种形式:①少年儿童保育。招收出生6个星期到5岁的儿童,为未婚少年照顾孩子,使他们能够顺利完成高中学习。②雇员儿童保育。招收出生6个星期到小学前的儿童,满足职工保育儿童的需要。③课后儿童保育。为5岁以下及5岁的儿童提供课后照顾。④临时儿童保育。在短时间内照看6岁以下儿童,使父母能够按时去购物、健身、赴约。⑤营利性的儿童保育。招收出生6个星期到小学一年级的儿童,从营利的目的出发,对儿童进行保育和教育。

(二)学前教育中心

美国的学前教育中心有公立和私立之分,主要招收2.5岁~5岁的儿童,为儿童进入幼儿园和小学一年级做好准备。总体来说,美国的学前教育中心大致有3种类型:一是为低收入家庭儿童服务的学前教育中心,在儿童还没有进入幼儿园之前,就对他们实施教育。二是带有家长合作性质的学前教育中心,由家长创办和管理,雇佣家长来做孩子的保教人员,实行民主治园,家长有责任把中心办好。三是由教会资助开办的学前教育中心,由于它强调儿童基本技能的训练,因而迎合了一部分居民的需要,在学前教育机构中占有一席之地。

(三)幼儿学校

幼儿学校主要招收2岁~4岁儿童。幼儿学校以半日制为主,主要为母亲不外出工作的儿童服务,帮助他们做好入园准备。许多幼儿学校注重对儿童的教育训练,培养儿童的学习习惯,让儿童在游戏情景中主动学习。学院和大学创办的带有实验性质的幼儿学校,则注重研究学前教育的活动和方法。这类幼儿学校已经成为幼儿教育师资培训的基地。

(四)家庭日托

家庭日托是指在家庭中为一些儿童服务,每个家庭通常只接受4~5个儿童,对儿童进行监护,为儿童提供全方位的服务。在全美家庭儿童保育协会的促进下,家庭日托已经成为学前教育机构的一个重要组成部分。

此外,还有入学预备班、早期补偿教育中心、儿童玩具图书馆等学前教育机构。

二、学前教育机构的管理

在美国,社会各界都很关心、支持幼儿教育,办学主体多元,办学形式灵活、多样,办学要求严格、规范。美国虽然是市场经济高度发达的国家,但其幼儿教育并非全部商业化、市场化,托幼机构也并非全由私人举办,约有三分之二的托幼机构是非营利性的。美国对0岁~6岁的儿童没有统一、连续的学前教育体系,但大致可以分为公立学校、私立学校和"开端计划"三大部分。

美国的公立学校教育基本实行3级管理:联邦教育部、各州教委、学区委员会,3级管理的功能从上到下递增。由于各公立学校的投资主要来源于州及学区两级,而非联邦教育部,因此,联邦教育部对各中小学校的影响相对较小,主要是宏观方面的指导。同时,美国各州可以立法,因此美国州政府的权力较大,各州均设教育委员会。

私立的幼儿教育机构大多由当地政府的卫生局和教育局等部门监管,卫生局设有专门的托儿部,由专职的卫生官员监督,包括对防火、卫生等项目都有明确的标准。教育局则主要由幼儿教育顾问管理幼儿园教师的执照情况,包括幼儿园教师的学历及工作经历、有无犯罪记录、教室是否符合幼儿年龄特征和心理特征等。卫生局和教育局等部门每年要对幼儿教育机构进行两次检查,一是检查幼儿园的安全卫生设施,二是检查师资业务水平。但对课程设计本身不做硬性规定,教师可以有更大的设计空间。

1965年秋,美国开始在全国范围内实行"开端计划"。这是实现美国政府宣称"学前教育机会均等"目标而实行的一项重要计划,有"美国学前教育的国家实验室之称"。"开端计划"由5个部分组成:①为儿童看牙治病;②为儿童提供社会服务和家庭教育;③加强对志愿服务人员的使用;④为儿童的心理发展服务;⑤做好入小学的准备。由于该计划属于一种"补偿教育",关注儿童的早期教育,扩大弱势群体的受教育机会,以实现教育机会均等,因而一出台就很受公众欢迎,"开端计划"学前班大规模地发展起来,使家境贫穷的学前儿童与其他同龄人在进入小学时站在了同一起点上。

1981年,美国政府出台了推动与规范该项目的《开端计划法》,此后多次对其修订和重新授权,于2005年又提出《入学准备法》。

正是在政府、企业,以及有关方面的积极支持与共同努力下,近40年来美国托幼事业发展迅速,2岁～3岁幼儿保育学校的比率大幅增长,迄今为止,美国儿童的入园率已经达到98%以上。

第二节 美国学前教育目标与实施

一、学前教育的目标

美国的学前教育极其开放,不同的学前教育机构在教育目标上是不同的,有的倾向于儿童智力的发展,有的侧重于儿童情感社会性的发展,也有的强调为儿童进入小学做好准备。虽然不同的学前教育机构的目标有所不同,但都包括一些最基本的目标。

1. 社会交往的目标

它主要包括帮助儿童学会如何与同伴、成人相处,如何与教师保持友好关系,并指导儿童学会如何帮助别人、关心别人。

2. 自我服务的目标

它主要包括指导儿童学会如何满足自己的需要,帮助儿童学会如何掌握吃、穿、戴的技能,例如能自己使用餐具、餐巾,会摆放餐桌,知道怎样穿戴,学会自己梳头、剪指甲等。

3. 学习的目标

它主要包括让儿童知道自己和父母的姓名、家庭地址和电话号码;帮助儿童学会分辨颜色、大小、形状、上下、左右、里外;帮助儿童认识数;帮助儿童认识字母,会正确发音,具有节奏感,并掌握书写技能。

4. 学习准备的目标

它主要指帮助儿童养成在今后学校生活中的所需要的良好习惯,例如能听从指导,学会听讲,坚持坐在自己的座位上,控制自己的冲动情绪等。

5. 思考的目标

它主要包括向儿童提供各种环境并创造活动机会,帮助儿童建立认知结构,促进儿童分类、序列、计算、时空等方面技能的发展,为儿童逻辑思维能力的提高奠定基础,给儿童提供发现问题、提出问题、思考问题、回答问题、解决问题和评价问题的机会。

6.语言和文学的目标

它是指为儿童提供与成人、同伴相互交往的机会,以提高儿童的口头语言表达能力;帮助儿童学会与同伴、成人谈话;帮助儿童增加词汇量,提高语言的熟练程度和精确性;提高儿童的学习能力。

7.自尊的目标

它主要包括帮助儿童了解身体的各个组成部分及其作用;帮助儿童学会认识自己、自己的家庭及其文化背景;让儿童体验成功,提高儿童的自信心,从而树立儿童的正确价值观。

8.独立性的目标

它是指发展儿童的独立性,培养儿童积极的学习态度,把儿童培养成一个独立的人,使儿童意识到自己的事情应该自己做。此外,美国学前教育还要培养儿童热爱学习、享受学习的习惯,调动儿童的学习主动性。

9.营养的目标

它主要包括为儿童提供了解各种食物的机会,知道其营养成分与作用;为儿童提供准备与制作食物的机会,使其获得经验;向儿童介绍各种新食物及其主要营养,以及营养平衡的食谱。

10.全面发展的目标

美国学前教育一直强调儿童的整体发展,要为儿童提供能够促进他们体力、情感、认知、社会性等方面发展的体验,从而促进儿童的全面发展。

近些年来,随着人们对儿童学习潜力研究的深入,儿童能够学习、必须学习的呼声在美国越来越高。学前教育的目标正朝着重视儿童的学习、促进儿童身心全面发展的方向努力,为儿童进入小学做准备。

二、学前教育的实施

在美国学前教育机构的一日活动中,儿童活动的内容和形式是多种多样的。因为即使拥有科学合理的学前教育任务和内容,若没有合适有效的实施途径,学前教育的目标也不能实现,所以美国学前教育注重在日常生活、区域活动、游戏活动中对儿童进行综合教育,讲究因时制宜、因地制宜、因材施教,促进了儿童身心的健康发展。

(一)寓教育于日常生活之中

美国学前教育机构注重对儿童进行半日、一日的日常教育活动。不同的学前教育机构在安排半日或一日活动时,活动的内容、时间是不同的,但基本框架较为相似。

1. 学前教育中心的半日活动

9:00～12:00,分大组活动、小组活动、自由活动和户外活动 4 个部分。大组活动是教师介绍当天的活动安排;小组活动是儿童对特别的活动展开讨论;自由活动是儿童在教师所安排的活动中进行选择;户外活动就是儿童在户外跳、爬、投掷、荡(秋千)、玩游戏等。

2. 儿童保育中心的一日活动

7:00～18:00,活动内容主要包括:自由活动,即儿童在教师所安排的活动中进行自由选择,可玩游戏泥、七巧板,也可玩积木或进行操作活动;大组活动,即教师介绍全天的活动安排;小组活动,即儿童对特别的活动进行讨论,复习当天所学的知识;户外活动,即儿童可以在户外跳、爬、投掷、荡(秋千);安静活动,即中午想睡的儿童就午睡,不想睡觉的儿童就从事安静活动。下午重复上午的活动。

可见,不论是半日活动还是一日活动,在总体安排上都注重教师主导作用与儿童主体地位的相融合,动静交替,户外活动与户内活动相结合,集体活动与小组活动、个人自由活动相结合。

(二) 开辟各种活动区

活动区是儿童进行特定学习和活动的地方,活动区的构造、布局能给儿童传达一种信息,暗示儿童可以做什么,教师对他们有什么要求和期望。学前教育机构为儿童创设的活动区一般有以下几种。

1. 家庭活动区

此区有家具、餐具、电话、洋娃娃、服饰、玩具车等设备,以便帮助儿童学会分类。

2. 积木活动区

此区有大小不同的积木和各种模型及带有图案的挂图等。积木区的活动有利于儿童认识物体的形状、大小、长度、序列,了解空间关系,锻炼手眼协调能力,激发儿童的想象力。

3. 玩沙、玩水活动区

此区靠近水源,备一个不锈钢水槽、多件沉或浮的肥皂、吸管等物品,或备一个沙池、若干铲子及小桶等,以帮助儿童了解物体的结构、体积、性能,以及测量的技术。

4. 木工活动区

此区有钳子、刨子、锯子、锤子、铁钉、树干、木块等材料,儿童在教师的监督

第一章 美国的学前教育

下,安全地进行活动,享受敲打、制作的乐趣,了解部分与整体的关系,提高动手和设计能力。

5. 图书活动区

图书活动区必须设在安静、明亮的地方,通过图书架等物体与其他区域分隔开来。活动区内应有反映不同文化的适合儿童阅读的图书,图书封面要朝着儿童摆放,高度与儿童的视线相当。另外,要有小地毯、沙发、枕头、充气垫等用品。教师通过给儿童读书、讲故事,教儿童学会使用图书,可以培养儿童对书籍的热爱,提高儿童的语言表达能力,并从阅读中体验读书的乐趣。

6. 科学活动区

此区设有动植物标本、鱼缸及金鱼、贝壳及石子、放大镜、磁铁、天平、组合材料等。通过探究、测量、比较、实验,儿童能发现事物之间的关系,萌发对科学的兴趣。

7. 艺术活动区

艺术活动区包括绘画区、音乐区等。绘画区可以设在靠近水龙头的地方,有画架、纸张、颜料、画笔、刷子、小桶等;音乐区置有收录机、儿歌磁带、制造声音的材料、律动器材等。儿童可以自由选择材料,进行艺术创作活动,培养美感。

8. 操作活动区

此区有扣子、鞋带、拉链、铅笔、剪刀、卡片、拼图等,儿童通过使用这些材料,学会认识形状、大小、颜色,增强手指的灵活性。

9. 体力活动区

此区大多置于室外,远离静态活动区,有攀登架、滑梯、梯子、箱子、平衡木、秋千、皮球等,这些运动器具往往组合在一起使用,培养儿童运动能力。

(三)指导儿童游戏

游戏是儿童最喜爱的活动,儿童在游戏中学习和发展。教师要对儿童的游戏进行有效的指导,就必须为儿童创设游戏条件,仔细观察儿童在游戏中的表现,适时参与其中。

1. 为儿童的游戏创设条件

游戏的时间、空间、材料是儿童进行游戏的基础。儿童需要充足的时间去游戏,儿童对游戏时间长短的需求是与其年龄特征、游戏技能、游戏种类相联系的。例如,学前教育中心、幼儿园的儿童大约需要40分钟的时间去进行角色游戏,在这段时间里,儿童可以选择玩伴,分配角色,寻找材料,设计游戏情节,协商合作,共同游戏。如果游戏的时间太短,儿童就无法做好准备,长此以往,儿童就会失去对这种游戏的兴趣。

宽阔的空间是高质量游戏所必需的,它对儿童的游戏行为有很大的影响。美国政府规定,学前教育机构要为每个儿童提供 3.25～5.11 平方米的游戏空间。史密斯等人的研究也表明,当空间密度从 6.97 平方米下降到 2.32 平方米时,儿童的游戏行为减少;当空间密度从 2.32 平方米下降到 1.39 平方米时,儿童的侵略行为和否定反应大大增加。所以,当一个学前教育机构为儿童提供的游戏空间不足 3.25 平方米时,就要尝试通过削减儿童人数、重新安排游戏环境、减少运动器械等手段,来改变这种不良状况。

同时,儿童的游戏在很大程度上要受游戏材料的制约,不同类型的游戏材料会引发儿童开展不同的游戏活动。因此,丰富的材料也是高质量的游戏所需要的。

2. 观察儿童的游戏

观察是教师了解儿童游戏行为的窗口。通过观察,教师不仅能知晓儿童喜欢何种游戏,喜欢使用哪些游戏材料,喜欢什么样的游戏场地,而且发现儿童的游戏水平、性格特征、优势、劣势。

3. 参与儿童的游戏

游戏在幼儿的一日活动中占有举足轻重的地位,贯穿孩子活动始终。儿童游戏时,教师可以在儿童身旁,充当孩子的合作者,根据情况,适时地进行指导,这样孩子参与游戏的热情会更加高涨,游戏的质量会提高。

(1)平行游戏:教师在儿童身旁和儿童玩相同的玩具,但没有直接与儿童相互合作。例如,当一个儿童坐在地毯上玩游戏时,教师在他的身边坐下,也玩同样的游戏。教师的出现,会给儿童提供模仿的范例,会使儿童感到这种游戏是有价值的,会让儿童玩的时间更长。

(2)合作游戏:教师加入儿童正在进行的游戏之中,但仍让儿童主宰游戏的进程。为了促进游戏的发展,教师偶尔会提出一些问题和建议,但不是直接教给儿童任何新的游戏行为,儿童可做出反应、予以接受,也可不予理睬、加以拒绝。在儿童没有邀请教师参加游戏的情况下,教师可以根据游戏的情节,利用游戏的角色,主动参与进去。例如,几个儿童在玩"开餐馆"的游戏,教师就可以假扮成"食客"去吃饭。合作游戏能吸引更多的儿童参与其中,给儿童提供较多的谈话机会,提高儿童的游戏水平和社会交往能力。

(3)游戏指导:教师通过发起游戏、控制游戏,教给儿童一些新的游戏行为,引导儿童进行游戏。游戏指导主要有两种:一是外部干预,教师作为游戏的局外人,从游戏的外部对儿童的游戏进行评价,提出建议;二是内部干预,即参加游戏。教师通过扮演角色,以游戏的方式,对儿童进行指导。教师的言行促使幼儿把自己扮演成"生病孩子"的家长。游戏指导有助于儿童获得新的游戏技能,学会与同伴交往,发展语言表达能力。

此外,还有走进社会的实践活动,即教师注意从儿童的特点和兴趣出发,利用社区丰富的教育资源开展实践活动,为儿童的发展寻找契机和突破口。

第三节　美国学前教师教育

一、学前教育师资的种类

学前教育师资队伍的水平直接关系到学前教育的质量。美国学前教育师资力量主要由高等院校的研究生院、研究院、学前教育学院、人类发展学院、社区学院,以及学前教育协会、职业培训中心等机构提供。由于在不同的师资培训机构学习,教师的学历和层次不同,美国学前教育协会把教师分为六种水平。

第一种水平:参加过训练,通过个人能力评估获得一个学位,受雇于学前教育机构,在别人的指导、帮助下进行工作。

第二种水平:成功地完成了一年的正式学前教育和儿童发展协会的职业准备教育;或完成了系统的、全面的培训课程,直接通过评估,获得儿童发展协会的证书。

第三种水平:成功地完成了一个由国家幼儿教育协会指导的培训课程,获得一个准学士学位;或在一个相关领域,成功地完成了一个准学士学位的课程学习,加上30个单元关于儿童发展、儿童教育方面的学习,包括在一个学前教育机构300个小时的教育实习;或成功地证明了拥有符合国家幼儿教育协会规定的准学士教育后所应具有的知识、能力和素养。

第四种水平:成功地完成了由国家幼儿教育协会规定的学士教育;或有国家幼儿教育协会、教师教育协会所要求的州证书;或成功地完成了其他领域的学士学位,并有30个单元以上关于儿童发展、儿童教育方面的专业学习,包括300个小时的教育实习,婴儿、幼儿每个年龄组各占150个小时;或成功地证明了拥有符合国家幼儿教育协会规定的学士学位教育后所应具有的知识、能力和素养。

第五种水平:成功地完成了国家幼儿教育协会规定的硕士学位的教育;或成功地证明了拥有符合国家幼儿教育协会规定的硕士学位教育后所应具有的知识、能力和素养。

第六种水平:成功地完成了哲学博士学位或教育博士学位的教育;或成功地证明了拥有符合国家幼儿教育协会规定的博士学位教育后所应具有的知识、能力和素养。

不同的学前教育机构对教师的资格有不同的要求,学前教育师资的不同层次,满足了各种学前教育机构对师资的需求。

二、学前教育师资的培养机构及其课程设置

与学前教育体系的不同层次相适应,美国学前师资培训制度也是多层次的。"培养幼儿师资的机构有高中和职业技术学校、两年制社区学院、四年制学院和大学的早期教育系和研究生院等。为了保证学前教育的师资质量,学前教育的教师都必须获得教学证书,由各州教育厅发给修订幼教专业课程并获得学士或硕士学位的申请人,许多州还规定这些申请人参加'国家教师'考试"。[①] 一般来讲,幼儿园教师的培训主要分职前教育与在职教师培训两种。职前培训是为培养新师资所进行的专业教育,在职教师的培训是对教师所进行的继续教育。职前教育的层次是职业中学、初级学院(两年制)、本科生教育、研究生教育。在职教师培训主要是对教师进行短期教育。

(一)职业教育

1.职业中学

职业中学主要是指家政职业学校,招收初中毕业生,学生在校学习2~4门学前教育课程,并在幼儿园观察、学习如何教育儿童。毕业后即可从事保教工作。

2.初级学院

初级学院(两年制短期大学)的主要任务之一是普及高等教育,使无法到外地高等学校学习的中学毕业生能在本区接受1~2年的高等教育。在初级学院学前教育课程中,学生每年要修满30个学分,两年修满60个学分。其中,20~25个学分是专业课;30~35个学分是一般教育。第一年学生除了学习一些基础的自然科学和社会科学知识外,在专业方面要学习教育基础课中的教育学、心理学、生理学和教学法等,还应到幼儿园进行观察。第二年学习的课程包括儿童心理学、早期儿童教育学、营养学、卫生学、儿童观察法、儿童文学、音乐教学法、体育等,并参加教育实践,理论课与实践课的比例是1:1。学生毕业后可担任日托中心、托儿所或幼儿园的教师助理,也可继续升入四年制大学。

这类学院适应性强,收费低廉,满足了青年升学的需求,为教育部门培养了大批专业人员,促进了地方教育事业的发展。

3.本科生教育

大学四年制教育在课程设置方面,与两年制初级学院相似,只是在内容广度

---

① 周采、杨汉麟主编:《外国学前教育史》,北京:北京师范大学出版社,1999年,第247页。

与深度上有所不同。本科生教育采取学分制,开设较多的选修课,在学习上给学生较大的自由度,重视学生能力的培养。学生毕业后获学士学位,可以担任幼儿园教师或小学低年级的教师。

4. 研究生教育

研究生教育的主要目的是培养专业人才。它要求学生掌握本学科某一方面的专门知识,广泛通晓本学科知识,并熟悉相关学科,能对本学科的发展做出某些贡献。研究生教育包括培养获得硕士和博士两种学位的教育。

在美国,越来越多的高等教育机构提供儿童早期教育课程,因而获得儿童早期教育学位的人数也愈来愈多。根据美国1983年教育统计显示,1981年获得学前基础教育学士者比1971年增加了41.2%,获得硕士学位人数增加了223.8倍,说明了早期儿童教育科研在高等教育机构中扮演着越来越重要的角色。

(二)在职培训制度

1. 新教师入职培训

随着美国现代社会的发展,美国政府自20世纪80年代以来开始逐渐重视学前教育新教师入职培训。"新教师的入职培训由各州教育部门管理,具体由幼教机构或当地学区的教育督导负责,一般采取以下形式:教学导师制,又可分为非正式导师制和正式导师制两种形式。非正式导师是临时性的,由幼教机构指派或由新教师自选。正式导师则由幼教机构或学区指派,负有明确责任和义务,包括教学示范,对新教师进行教学、互动、家长沟通等方面的指导,使新教师尽快获得有关教学环境方面的管理知识"。①

除以上形式外,新入职的幼儿教师还可加入一些专业团体机构,通过与专业成员的互动得到帮助,以便解决新入职工作中的问题。新教师的入职培训一般历时2~3年,以新教师获得正式教师资格证为准。

这一阶段的培训成为幼教专业毕业生顺利进入职业生涯的有效途径,并为个体将来的专业发展奠定了良好的基础。

2. 在职进修

由于学前教育科学的不断发展,学前教育工作者和其他各级教师一样,也需要不断更新教育理念,不断提高教学技能,以免因循守旧,跟不上日新月异的形势。幼儿教师为了不掉队和获得更好的职业前景,普遍要求进修。美国十分重

---

① 王晓岚、丁邦平:《美国学前教育师资培养的方式、特点及其启示》,载《学前教育研究》,2010年第10期,第50页。

视教师的进修工作,许多有学前教育专业的大学利用寒暑假办短训班,使在职教师获得短期集中学习的机会,修满一定的学分,即可获得相应的学位。此外,还设有各种专门训练的中心,培养不同课程模式的专门人才,如设在芝加哥的蒙台梭利训练中心,就有专门训练蒙台梭利课程模式教学的教师。凡在蒙台梭利学校从事工作的教师,大学毕业后必须经过蒙台梭利中心的培训才可任教。

第四节　美国学前儿童的家庭教育、社区教育与幼小衔接

一、学前儿童的家庭教育和社区教育

(一)学前儿童的家庭教育

目前,美国学前教育界对儿童的家庭教育很担忧,因此致力于对家长进行培训和辅导,希望通过这些途径改善家庭教育的现状。目前,家庭教育主要存在以下几方面的问题。

1. "高危"家庭环境中的儿童及教育问题

美国所公布的儿童问题调查报告认为,美国约有千万名儿童正受到各种家庭环境不利因素的影响,这将致使他们成年后很难适应社会生活。调查报告进一步指出,每7名美国儿童中就有1名在走向成功之路时,至少受到来自家庭方面4个危险因素的影响,其中最主要的一个因素是生活在极端贫困中,只有靠社会救济才能度日,医疗保健根本得不到保障;另一个主要的因素是生长在单亲家庭中,单身父亲或母亲又未受过中学教育或没有正式工作。为了使孩子在单亲家庭抚育模式下也能健康成长,抹去父母离异在孩子心中留下的阴影,一些社会团体、学前教育机构特别向单身父亲或母亲伸出了援助之手。如建立单身父亲或母亲之家;给单身父亲或母亲举办科学育儿培训班,提供有关的报刊书籍;对特困单身父亲或母亲还给予经济资助;开展邻居援助活动,号召邻居对隔壁的单身父亲或母亲予以更多的关心和帮助。

美国基金会主席奈尔逊指出,许多来自城镇或农村贫苦家庭的孩子已被剥夺了接受高质量教育的权利,他们的家庭正处在从吃救济粮到主动谋生的转变过程之中,这些"高危"环境中儿童的成功率比正常家庭中儿童的成功率要小得多。

2. 学前儿童家长的素质提高问题

在美国,学前教育机构与家长密切配合,积极开展各种活动,给家长具体的

指导,帮助家长增强教育孩子的意识,提高教育孩子的成效。

(1)与家长一起制订计划。在开学时,教师根据每个孩子的具体情况,与家长一起制订教育目标,安排教育活动,学期结束时进行评价。

(2)开展双亲日活动。每周的星期六上午活动一次,每次两小时。第一个小时是游戏时间,双亲和孩子一起参加;第二个小时是讨论时间,孩子继续玩游戏,教师和双亲共同讨论儿童教育各方面的问题,教师结合孩子的具体情况向双亲提出合理的建议。

(3)向家长发放报告单。教师以月为单位,在报告单上向家长分期汇报孩子在园的表现与学习情况,介绍幼儿园的每周教育活动安排。例如,第一周的教育重点是社区帮手。教师将带领孩子们到停车场、商店去参观;邀请消防队员、医务人员来园给孩子们介绍自己的工作,帮助孩子们了解这些人在人们生活中的作用,教孩子学会尊重他们。第二周的教育重点是了解世界文化。家长提供反映各国文化特色的娃娃面具、服装、挂历、餐具等,让孩子带到幼儿园来与大家分享。第三周的教育重点是参观农场。教师组织孩子去附近的农场参观,欢迎家长一同前往。第四周的教育重点是参观博物馆。欢迎家长抽空与教师和孩子们一起到博物馆去参观。

(4)召开家长会议。根据家长的具体情况,及时把专家们研究的成果、提出的建议介绍给家长,帮助家长掌握科学育儿的知识。例如,教师把有关"如何使孩子睡个好觉"的研究成果介绍给家长,使家长知道儿童如果长时间地看电视,特别是在入睡前看电视,会导致不肯上床睡觉,或即使睡着也睡不踏实,而且第二天早上起不来。看电视对儿童来讲不是催眠药,而是兴奋剂。那么,家长就会采取措施,不会让儿童看过多的电视,而是给孩子讲优美的故事等,或让孩子给父母讲个故事,使孩子在安静、平和的环境中入睡,以放松儿童的情绪,增强儿童的安全感,提高儿童的睡眠质量。

(5)举办家庭教育讲座。学前教育机构定期请专家讲课,帮助父母树立正确的儿童观和教育观,意识到培养一个充满自信、独立自主和富有责任感的孩子乃是当父母的最大成就,而对孩子的过分保护只会阻碍其成长。

(6)向家长开放园所活动。学前教育邀请家长来园和教师一起陈列儿童的作品、布置班级的环境、参与儿童的活动,让家长能全面地了解幼儿园的工作,密切家长与幼儿园的联系。

(7)设立家园联系栏。在班级门口开辟教师与家长进行联系的专栏,张贴"每周食谱""每周园内活动安排""圣诞节活动计划""户外郊游活动安排"等,邀请家长参加园内义务劳动等。

学前教育专家赫林格指出,教师在对家长指导以后,还要考查家长的参与水平是属于"听众""观众",还是"孩子的教师""班级的志愿者",或是"教师的助手""活动的共同决定者",并以此为基础,进行有针对性的指导,以便提高家长与幼儿园合作共育的质量。

（二）学前儿童的社会教育及开发

研究者发现,在美国,幼儿教师能够充分利用社区的各种资源,如场馆、人力资源等,对儿童展开有利于其社会性发展的教育,进而促进儿童的和谐发展。李生兰在对美国地区一些幼儿园进行的观察研究中,指出学前儿童的社会教育主要包括两部分[①]：

第一部分为"走出去",即教师带领儿童到社区场馆寻求教育资源,开展丰富多彩的社会教育活动。如在社区的草坪花园里,教师与儿童一起参加植树活动,启发儿童观察树木,并走出园外,沿路游览,在游览途中进行渗透性教育。这些社区草坪花园为教师和儿童们的活动提供了许多便利。教师在带领儿童游览过程中,让儿童自己去观察,去询问社区管理人员,借此锻炼儿童的交往能力。教师还可以组织儿童去公园的游戏场地。在社区,有免费开放的游乐场地为幼儿园所用,公园有专门的设施,既发挥了其健身功能,又为儿童营造了可提高其社交能力的氛围,促进师幼互动,充分发挥了社区资源的教育性。另外,教师也可以组织儿童去图书馆儿童部学习,多与外界接触,以培养其好学的精神和乐学的行为。

第二部分为"请进来",即充分利用社区的人力资源,深入幼儿园社会教育活动。如由幼儿园向家长发出邀请,鼓励家长到幼儿园来参观孩子们的活动和布置班级环境,并提出建议,同时也为幼儿的各项活动开展提供便利与支持,加深亲子间的交流,更好地实现家长与幼儿园合作的各项目标。研究者还发现,在对学前儿童的社会教育过程中,幼儿园非常欢迎当地居民参与到幼儿园的管理活动中来,真诚接纳来自社会各界人士到幼儿园做志愿者,指导儿童的活动等。在此过程中,儿童可以逐渐掌握基本的社交技能,同时还可以体验丰富多彩的活动,获得更多的社会经验与知识。

二、幼小衔接

美国对小学一年级之前的5岁儿童限定为期一年的预备教育,主要是促进幼儿各方面的发展,为儿童进入小学做准备。在教育内容上,美国强调符合时代

---

① 李生兰:《美国幼儿园教师运用社区资源优化教育活动的观察研究》,载《上海教育科研》,2010年第6期,第65～66页。

要求,对幼儿进行数学和自然科学教育。这对幼儿智力发展有着深远影响,为幼儿进入小学奠定了良好基础。为了更好地衔接,幼儿园的教养员和小学教师要了解双方教育的任务和特点,尤其是双方教育对象的心理发展水平和特点。幼儿园教养员可以担任小学一、二年级课程的教学工作,小学一、二年级教师也可以担任幼儿园的工作。同时,幼儿园可以开展一系列活动:

(1)邀请小朋友在小学入学前参观校园环境。

(2)定期与小朋友和家长电话联系,或面对面访谈,分享小朋友的学习状况,进而让小朋友了解小学学校和教室环境。

(3)入学前家长做好各种学习、生活方面准备。例如,提供暑假阅读书单、书写、游戏。

(4)为家长组织辅助团队。

(5)帮助小朋友提早注册,以利于学校多了解即将入学的小朋友。

(6)举办亲子座谈会,帮助他们了解学校相关要求及期待。

(7)与当地家长会或教师协会做好联系工作,让家长了解幼小衔接的情况,并给家长提供联谊的机会。

总之,幼小衔接在学前阶段是较为重要的环节,这一结论早已在世界各国学前教育经验中得到验证。因而,在儿童进入小学之前,在幼儿园阶段,对其学习习惯及学习兴趣的培养,显得尤为重要。在这幼小衔接阶段,可以为幼儿组织各种有意义、有目的的活动,以便为儿童顺利进入小学做更好的准备。

▶阅读推荐◀

[1] 腾大春.美国教育史.北京:人民教育出版社,1994.

[2] 吕达,周满生.当代外国教育改革著名文献(美国卷).北京:人民教育出版社,2004.

[3] 李生兰.学前教育学.上海:华东师范大学出版社,2006.

[4] 周采.比较学前教育.北京:人民教育出版社,2010.

[5] 刘存刚.学前比较教育.北京:科学出版社,2007.

[6] 王晓英等.20世纪以来联邦干预下美国学前教育的发展与启示.外国教育研究,2010(3).

[7] 孙美红等.美国奥巴马政府高质量普及学前教育的政策特点.学前教育研究,2010(9).

[8] 王晓岚等.美国学前教育师资培养的方式、特点及其启示.学前教育研究,2010(10).

[9] 李生兰.对美国学前教育机构中教师与家长会谈的介绍及思考.幼儿教育,2010(5).

▶复习与思考◀

1. 美国学前儿童教育的特点和经验是什么？
2. 美国学前儿童教育机构有什么特点？
3. 美国是如何培养学前教育师资的？
4. 美国学前教育活动是如何实施的？

第二章
英国的学前教育

【内容提要】 英国政府十分重视学前教育,对国民的教育投入排在世界前列。英国的学前教育历史悠久,它在100多年的发展历程中,形成了自己的特点——既保留传统,又有所变革,其学前教育的目标依照儿童年龄的不同而有所不同。英国学前教育的师资、学前儿童的家庭教育与社会教育,都表现出自身鲜明的特点。

【学习要求】
1. 了解英国学前教育发展的概况。
2. 理解英国学前教育的管理制度。
3. 掌握英国学前教育开展的途径。

英国是一个位于西欧的岛国,虽然面积不大,资源有限,但是世界上最早实现工业化的国家。17世纪末至18世纪上半期,随着圈地运动的发展,英国出现了最早的贫民幼儿保护和养育设施。19世纪下半期,英国幼儿教育的发展受到福禄贝尔幼儿园运动的影响。此后,英国的幼儿教育出现了双轨制倾向,幼儿学校和幼儿园分别以工人阶级、贫困家庭和中层以上阶级的子女为教育对象,成为当代英国幼儿教育两个系统分裂的根源。英国幼儿教育以5岁为界,将7岁前的幼儿划分为2岁～5岁和5岁～7岁两个阶段,5岁以后的幼儿教育属于义务教育的范畴。

第一节 英国学前教育机构与管理

一、学前教育机构的类型

英国的学前教育在宏观体制上实行国家、地方、学校三级管理。国家负责制定幼教的方针、政策、法规、制度,地方负责国家政策法规的贯彻执行,学校负责日常事务的具体操作。幼儿一般在2岁~3岁时入托,4岁~5岁开始进入小学,接受义务教育。一般来说,英国学前教育机构中公共教育机构占大多数,并且以单独设立的为主,以附设在小学里的为辅。学前教育机构的规模普遍较小,一般都能严格控制班级规模和师幼比例。例如,0岁~1.5岁儿童班,约有2名保教人员,6名儿童,师生比为1:3;1.5岁~3岁儿童班,约有3名保教人员,9名儿童,师生比为1:3;3岁~4岁儿童班,约有3名保教人员,12岁~14岁儿童,师生比为1:4~1:5;4岁~5岁儿童班,约有2~3名保教人员,16岁~18岁儿童,师生比为1:7~1:8。学前教育机构的编班形式是不同的,但儿童数量的多少是决定编班形式的重要因素。

（一）保育学校

保育学校是独立的学前教育机构,由一位首席教师负责管理,工作人员受到教师和保姆的双重训练。最近几年,又出现了许多附设于初等学校的保育班。保育学校和保育班一般招收3岁~5岁的儿童入学,少数地方还招收2岁儿童入学。在许多情况下,儿童们在保育学校待1年以后就进入了初等学校。保育学校和保育班的主要任务是对儿童进行保健和教养。

在教育设施方面,1972年英国政府颁布的《学校建筑法》对保育学校和保育班的各项设备都做了详细的规定。每所保育学校都有空地、游戏场所、游戏室、幼儿衣物保管室、盥洗与卫生设备、饭厅、午睡厅、主任教员室、职员室(包括医务室)、大型玩具等。全日制保育学校还必须设有厨房,半日制保育学校则应该配有食物加热设备。在教师资格方面,保育学校和保育班的教师与小学教师相同,现在越来越多的教师具有大学4年的学习经历和教育学学士学位。

（二）日间托儿所

日间托儿所主要招收由社会救济部门送来的或母亲外出工作而无人照管的2岁~5岁的儿童,一般属社会服务性质。在英国,不管是公立的还是私立的托儿所,必须在地方当局的社会服务部登记,受国家卫生部和地方卫生当局的双重管辖。受传统观念以及教育设备和师资等因素的影响,日间托儿所重看护而非教育,因此,其工作人员一般都是具有执照的保育员。托儿所强调儿童的卫生及养护,偏重满足儿童的生理需求,重视通过游戏的方式促进儿童身心的健康发展。日间托儿所多数是全年开放的,每年只关闭两周时间用于打扫卫生,而且多数是全日制,只有少数是半日制的。由于公立的日托中心不能满足需要,因而那些参加工作的家长不得不寻求私立托儿所。目前,社会对私立看护所的需要正在增加,为5岁以下儿童的服务呈现出综合化的趋势,越来越多的地方教育当局正在计划和设法以协调教育、社会服务和健康等部门相互协作的方式来为5岁以下的儿童服务。在一些地方,家长们为满足自己的需要而设立社区托儿所,通过地方当局获得公共的资金。

（三）游戏小组

游戏小组是儿童在游戏中观察、学习和参加社交活动的集体,它是英国学前教育中的特有现象,其历史可追溯到1919年在伦敦成立的儿童救济基金会。游戏小组绝大多数由选举产生的游戏小组委员会领导。每个小组有领导者1人,助手1～2人。很多当局任用负责人的最低标准是以1975年国家颁布的学前游戏小组基础课程为根据。该课程的内容包括家庭和儿童、儿童和学前游戏小组、学前游戏小组和社区等。其工作人员多数受过专门训练,具有从事儿童教育的实践经验。学前游戏小组大多数是由家长资助和领导,多设在农村及没有幼儿学校和幼儿班的地方。它为儿童提供游戏的伙伴及场所,也为儿童家长提供交流、学习的机会。

二、学前教育机构的管理

受自由主义传统的影响,英国政府认为办教育是家庭和社会的责任,由教会以及社会团体负责教育,国家不直接创办学校。英国政府间接管理教育的主要方式有:通过拨款建立学校宿舍,并管理拨款的使用;通过皇家督学,间接地管理学校;通过非官方的皇家委员会,考查教育的重大问题。

（一）教育管理体制

英国实行国家、地方、学校三级学前管理体制。中央一级的教育行政机构是教育和科学部。教育和科学部在工作上得到皇家督学团、中央教育咨询委员会、大学基金委员会、全国课程委员会、学校考试与评定委员会等组织的协助。每个地方会设教育委员会和教育局,合称"地方教育当局"。

学校实行学校管理委员会领导下的校长负责制,托儿所或幼儿园的负责人在校长的领导下,分工负责托儿所或幼儿班的工作,其任免由校长决定,而校长的任免由学校管理委员会决定。学校管理委员会是学校决策机构,其成员具有广泛的代表性,包括校长、部分副校长、学科组长、教师代表、家长代表、地方教育当局的代表、教代会代表、慈善机构代表、企业界代表。一些特殊学校的学校管理委员会的成员还包括健康部门和资源组织机构的代表。

(二)经费的来源和核算

为了提高幼儿的入园率,解决家长、地方政府、中央之间公平合理地承担幼儿受教育的经费问题,1995年英国政府公布了7.3亿英镑的"幼儿凭证计划",对4岁儿童发放教育券,实行正规的学前1年免费教育。李生兰在其著作中提到,英国地方教育当局把价值1100英镑的票证,发给4岁儿童的家长,以保证其孩子能受到高质量的学前教育;家长把票证交给学校,学校把票证上交给地方当局,地方当局再把票证交给中央政府;中央政府根据票证数额,拨款给地方政府,地方政府再拨款给学校。① 这一计划先在少数地区开始试行,然后在全国范围内大面积实施,使众多家长能自由选择公立、私立或民办的幼儿教育机构,推动了幼儿教育机构之间的公平竞争,提高了办学质量。学校经费的另一来源是社区中心的各项服务,社区中心的各项服务包括办班、销售副食品、举办各种联谊会、生日庆祝会或婚宴等。同时,学校经常开展各种形式的募捐活动,但这部分收入所占的比例较小。

英国的学前教育机构的费用标准是按天核算,按月收费,每个月的第一天缴纳全月的费用,儿童缺席时的费用不退还,若每天提前来园、推迟离园则需另交费用。从1998年9月起,所有儿童在4岁以后,基本上每天都能享受到政府发放的幼儿教育补助金,获得每周5个半天,每个半天2~3个小时的在园免费教育。② 从2004年3月开始,3岁儿童也可以享受政府发放的幼儿教育补助金。

(三)评估与投诉

从2001年开始,英国学前教育机构除了要在当地的社会服务部注册,接受地方消防局、环境保护局的监督外,至少每隔18个月还需接受国家教育标准办公室的督导和评估。评估标准主要是:合格的保教人员,合理的师生比,足够的空间,满足儿童需要的资源,促进儿童情感、智力、身体、社会性发展的活动,预防

---

① 李生兰:《比较学前教育》,上海:华东师范大学出版社,2000年,第92页。
② 李颖:《中英学前教育制度之比较》,载《教育研究》,2007年第10期,第52页。

疾病传染的措施,儿童的保护措施,安全设施,合格的玩具,儿童的平均机会,儿童的特殊需要,儿童行为的管理,与父母的关系以及儿童的记录材料。只有国家评估达标的机构,才有资格接受政府为 3 岁~4 岁儿童发放的幼儿教育补助金。

当然,政府及许多学前教育工作者也十分注重全心全意为儿童和家长服务。在教育过程中,一旦出现任何问题,他们都会勇敢、坦诚面对。学前教育工作者还鼓励家长,若有问题一定要尽早提出,并明确告知相关投诉程序。一些学前教育机构还把投诉的最高机关告诉家长,使家长可以直接上诉。有的学前教育机构为了提高投诉的效率,还向家长做出了时间上的承诺。例如,李生兰在《英国学前教育的特点及启示》中提到:"圣·保罗幼儿园规定,园长必须在 7 天以内对家长提出的问题予以答复,家长如果不满意,可向幼儿园管理委员会提出,管理委员会必须在 7 天内做出回答,家长如果还不满意,可向'教育标准办公室'上诉。"①

第二节 英国学前教育目标与实施

一、学前教育目标

适当的环境、良好的教育条件是充分发掘儿童潜能的重要条件。英国教育高度重视学前教育,认为学前教育是学校教育的重要组成部分。学前教育应促进儿童的整体发展,使儿童在社会性、情感、体力、智力、道德上都得到发展。学前教育目标因儿童年龄的不同可分为婴儿教育目标和幼儿教育目标。

学前教育工作者认为,学前教育的目的主要有以下四个方面:①为儿童提供一个充满关心、安全、爱和幸福的环境,有助于发挥儿童潜能,使其能够受到积极的鼓励、表扬和尊重;②促进每个儿童在情感、智力、身体、社会性等方面的发展,使每个儿童的潜力都能得到最大程度的开发;③帮助儿童掌握读写算的简单技能,发展听、说、看、动手的能力,为儿童进入小学做好充分准备;④为家长参加工作和学习创造便利条件,解除家长的后顾之忧。总之,幼儿教育的目标是使幼儿在身体、智力、语言、情感、社会性、精神、道德和文化等各方面的全面发展。

二、学前教育的实施

(一)一日活动——以游戏为主

"儿童的学习是以游戏为基础的。游戏是每日活动中的一种基本活动,也是

---

① 李生兰:《英国学前教育的特点及启示》,载《外国教育研究》,2004 年第 11 期,第 23 页。

学前教育机构对儿童进行教育的基本途径。英国研究人员通过对全国学前教育机构中的4岁儿童进行调查发现,儿童对过于忙碌而没有时间玩耍的生活很不满意,生活似乎只是学习而不是玩耍,学校和家庭施加的取得优异成绩的压力,令他们难受。"[1]尽管不同的学前教育机构,儿童入园与离园的时间、在园时间的长短有所不同,但是学前教育机构在安排儿童的一日或半日活动时,需注意自由活动和有组织活动相结合、个人活动与小组活动相结合、生活活动与娱乐活动相结合、室内游戏与室外游戏相结合及动态活动与静态活动相结合。

在学前教育研究的过程中,教育家指出成功的游戏不是完全自发的、无组织的,而是需要教师去精心准备游戏环境、材料、设备,参与、评论儿童的游戏,并鼓励儿童自己发现问题、解决问题。

(二)游览活动——学前教育实施的有益补充

英国学前教育机构十分重视家庭和社区独特的教育资源对学前教育空间的拓展,这是学前教育机构对儿童进行教育不可忽视的途径。英国学前教育保教人员经常有目的、有计划地带领儿童去博物馆、公园、动物园、儿童游戏场、书店、商店、超市、农场等地方参观游览,扩展儿童的视野。由于外出活动可能比园内活动具有更大的危险性,各学前教育机构在注册时会要求家长签字同意孩子外出活动,并在每次外出活动前会再次请家长签字同意。同时,学前教育机构还须控制外出活动的规模和师生比例。

(三)区域活动——重视幼儿园整体环境创设

英国学前教育重视幼儿园整体环境的布置和班级特色的创设,认为环境是儿童发展的第三位老师,幼儿园通过区域活动来充分发挥环境的潜在教育价值,以满足每个儿童发展的需要。为儿童设立娃娃区、图书区、语言区、视听区、电脑区、积木区、制作区、绘画区、科学区、玩水区、玩沙区等,儿童可以根据自己的兴趣爱好,自由参加某个区的活动,发展个性品质。同时,在每个活动区中,教师还为儿童准备各种不同的活动材料,以满足儿童发展需求。例如,在图书区中,教师提供了各种阅读材料,儿童可以按照自己的阅读兴趣、水平加以选择,以提高自身的阅读能力。

(四)音乐活动——较为轻松的教育活动

学前时期是大脑发育最快的时期,在这一阶段,儿童若能经常进行音乐活

---

[1] 李生兰:《比较学前教育》,上海:华东师范大学出版社,2000年,第95页。

动,对提高儿童思维的独创性具有长远的积极影响。英国研究人员指出,从儿童3岁开始对其教授莫扎特或贝多芬的音乐,能有效地提高儿童的学习成绩。即使每天只弹10分钟的钢琴,幼儿智力测试的成绩也会大幅度提高。因为对幼儿进行音乐训练,能在幼儿大脑中建立暂时神经联系,改进脑上部的硬线路,而这个部位与认知力、创造力有着密切的关系,所以能促使大脑更好地识别空间和时间模式。

(五)大型专题活动——英国学前教育的有效载体

大型专题教育活动对儿童某一方面的发展具有独特的价值,往往是一年办一次。例如,举办幼儿运动会,可以激发儿童对体育活动的兴趣,增强儿童体质;举行庆丰收大会,幼儿既可以从家里带来直接与丰收有关的各种东西,如水果、蔬菜,也可以带来间接与丰收有关的东西,如水龙头等浇灌、清洁物品,摆放在桌上,聆听师长教诲,体验丰收的喜悦,培养热爱劳动,珍惜劳动成果的品质。

(六)多媒体——注重运用信息技术辅助教学

信息技术已经在英国的幼儿园里得到广泛的应用。在托儿所里,孩子们可以使用计算机玩多种游戏。由于信息技术辅助教学具有图、文、声并茂的特点,孩子学起来轻松愉快,教学效果明显,因而已被越来越多的学校所采用。例如,教儿童认识数字5时,让儿童自由自在地跟着电视唱关于5的歌曲,画面一面出现数字5,一面出现5只猴子在玩耍、5头牛在吃草、5个人在吃饭的场景。有些班级还会多准备一台计算机,在条件允许的前提下,儿童可任意使用,让他们玩教育游戏,认识字母、数字、几何图形,设计图案、画面,打印自己的作品等。

(七)直接经验——关注儿童的日常生活经验

英国学前教育重视直接经验的学习,学前教育内容通常与儿童的日常生活紧密相连。例如,为帮助儿童认识沙子、水泥、石头,教师可以让儿童观看搅拌机如何工作,鼓励儿童用手去触摸沙子,比较沙子的形状,拿起石头掂量轻重,和儿童一起搅拌水泥、砌墙。在此过程中,儿童逐渐认识并了解沙子、泥、石头的特性,知道楼房是如何盖起来的,并由此掌握简单的劳动技能。

(八)综合教育——与孩子的活动紧密相连

英国学前教育教师经常为儿童提供广泛的材料、经验,刺激儿童的好奇心,鼓励儿童探索环境,大胆想象、创造、表现,以促进儿童身心的全面发展。儿童经常从事的活动有讲故事和朗读诗歌、组织音乐和律动游戏、创编戏剧、搭建积木、玩沙和玩水、操作多用途材料、烹饪等。在丰富多彩的活动中，儿童增长了见识，发展了才能，获得了认知、情感、社会性、审美各方面的体验。例如，在教儿童认识数概念时，教师和儿童一起收集废旧物品，开展分类、配对、排序、测量等活动，一同念儿歌、唱歌、折纸、剪贴、绘画、烤制点心、玩建筑游戏等。再如，在科学活动中，教师为了让儿童习得关于向日葵的全部知识，让儿童从选种开始，观察它的整个生长过程，直至成熟后的形状，并通过说讲、绘画、唱跳、数数等各种活动，加深对向日葵的全面认识。

第三节 英国学前教师教育

一、学前教育师资的种类

在英国，从事儿童教育工作的职业群体有两种：教师和托儿所保姆。他们在不同的机构中接受训练，具有不同的任教资格，从事不同的工作。

（一）教师

希望成为早期教育教师的人，一般须在大学接受训练。其途径有3种：一是年满18岁的英国青年，至少有两门功课达到A级，经过3年相关学科学位学习，在本科学位取得后，须有1~2年的教师专业教育资格证书（PGCE）学习经历，方可成为一名合格的老师，这种途径最为普遍；二是经过大学4年教育学科本科学习；三是在教师证书学习班学习，学制为3年。

要取得教师专业教育资格，需学习以下15种专业课程：国家课程，幼儿与教师的语言作用，幼儿游戏与活动的学习，多元文化及第二语言的学习，教育实习，教师语言策略，儿童的学习过程与实践，儿童认知与概念的发展，儿童身心的发展，儿童社会化、情感、道德感的发展，观察与评价，家长工作，教师如何在小组中与他人合作，发展儿童的独立性与自主性，如何有效地组织和管理教学资源。在完成了正规训练后，学生须从事1年的教学实习，才能取得教师资格。

（二）托儿所保姆

托儿所保姆的任职条件是必须参加国家托儿所保姆考试局举行的考试，并获得资格，这是一种两年制的课程，招收16岁以上学生。当局并没有规定入学资格或条件，但各校都有自己的入学要求。托儿所保姆的主要工作就是照顾儿童的身体，因此其训练更强调实践，其实践课时占总课时的40%。但近年来更强调帮助儿童社会性和智力的发展。托儿所保姆另一任职条件是通过工商硕士课程的训练,但在实践方面的时间略为少一些。

二、学前教育师资的培养

(一)学前师资的职前培养

英国非常重视幼儿教师的职前培养,对学前教师的培养与对小学教师的培养相同,都由大学教育系、高等教育学院和艺术训练中心负责实施。英国政府为确保教师教育的质量,开展了一系列改革,其中举措之一便是对培养教师的课程进行设置。英国学前教育师资所学的课程十分广泛,一般包括三个部分:一是普通教育课程,指英语、数学、宗教、体育、教育学、心理学、社会史、教育史等课程;二是职业教育课程,指幼儿教育法、幼儿保健法、游戏等课程;三是教学实习,为帮助学生了解未来的教师工作,课程中还安排了一些教学实习,主要包括如何观察儿童、如何照顾儿童,以及如何组织儿童活动等。例如,在1~2年的教育学研究生资格证书取得过程中,学生要进行16~18周的教学实习。学生毕业后,尚须经过1年的实习考核,合格者由教育部颁发合格教师证书。

为了改变教师的职前教育和在职教育之间的脱节状况,英国教师培训署(Teacher Training Agency,简称"TTA")于1998年开始实施"入职档案"制度,后又规定自1999年5月7日起获得教师资格的新教师还必须参加3个学期的入职培训。在此入职培训期间,英国的初始教师培训机构(Initial Teacher Training,简称"ITT")必须为每一位学员提供一份"入职档案",记录学生在学习期间的表现情况,在学生结束职前教育之时由学生保管。入职培训学校可根据"入职档案"中的相关记录,"在判断新教师各方面的发展状况"的基础上,由学校指定的入职指导教师和新教师一起确立入职培训期的专业发展目标和行动计划,帮助新教师达到入职培训的标准。

(二)学前师资的职后培养

为了不断更新保教人员的专业知识,提高保教人员的教育能力,英国学前教育机构做出了在职的保教人员必须定期参加专业培训的决定。有的学前教育机构要求教师制订个人的职业发展计划,有的学前教育机构还规定了培训日,此时机构关闭,不对儿童开放,以保证员工有足够的时间和精力参加培训。例如,托马斯·考勒姆(Thomas Coram)早期教育中心规定每年有5天为培训日,所有员工必须选择参加不同形式的培训活动,如中心自培、地方学院的教育课程培训等。

1992年英国政府发布教育白皮书,规定新任教师每年要有1/5的时间进修,正式教师每7年轮流脱产进修一次,力求在任何时间内,有3%的教师能够带薪进修。在职的幼儿教师同样享受此规定。很多学校常年提供资金鼓励教师到大学的短期幼教培训班学习或参加各种幼教会议,聘请幼教专家、学者到学校给教师与家长做讲座或现场指导教师教学,组织教师参加其他学习;教师还可参加英国早期儿童教育协会等机构开办的暑期学校(Summer School),掌握指导学前教育实践的基本原则,了解儿童的现有能力,认同特殊儿童的需要,设计合适的教学方案和适当的教学计划,提高实际教学能力。

第四节　英国学前儿童的家庭教育、社区教育与幼小衔接

一、英国学前儿童的家庭教育和社区教育

(一)政府参与指导学前儿童的家庭教育

英国的家庭教育在西方各国中是较有特色的,英国官方首次在1967年的《普罗登报告书》中肯定了家长在幼儿教育中的积极作用[①]。在英国,许多教育专家指出家庭参与儿童在园活动对幼儿发展具有重要意义。为此,英国政府要求学前组织和家庭加强合作,共同为儿童发展创造良好的教育环境,提高教育质量。因此,英国的许多学校均积极开展各种形式的活动来加强与家庭的联系,并为幼儿和家庭发展建立了平台。英国学前教育机构的多样性,提供服务时间的灵活性和可选性,是世界上许多国家都无法比拟的。每个机构都为不同的家庭、不同需求的儿童和家长提供了不同时段和不同内容的服务,家长可以根据需要自由选择学前机构。

在英国的学前教育机构中,一部分是由政府、教育部门和福利机构监控的,如保育学校、日间托儿所等。政府支持家庭与学校或幼儿园签订合作合同或承诺,以加强彼此之间的联系与合作,主要方式有:家长委员会、父母联系卡、家长布告栏、家长讲座和开放日等。另一部分多由社会福利部门和卫生保健部门负责,如联合托儿中心,该中心招收0岁～5岁儿童,全年开放,家长可根据工作的需要,接送儿童。还有由家庭开办的保育机构,这是英国幼儿教育的一个特色。学前教育中心则会为家长及儿童提供良好的设备(工作人员包括一位合格教师、

---

① 史静寰、周采主编:《学前比较教育》,大连:辽宁师范大学出版社,2002年,第35页。

几位受过专业训练的护士及医护人员),提供看护和养育的服务。"近几年来,这些部门之间已有了更多的配合,有更多的志愿者参与到学前教育中来,教育部门也开始对所有的学前教育机构负责。它们采用的合作方式多有创设'父母屋'和成立互助小组等"①。在"父母屋"里,教师和家长可以共同交流和讨论儿童教育中的一些热点话题。而由教师帮助居住在附近的几个家庭成立的小组则称为"邻里互助小组"。该小组鼓励父母相互讨论、交流,总结经验教训,彼此之间互相支持、共同克服教育困难。

教育儿童是家庭和幼儿园共同的责任,无论家园双方采取何种合作方式,只有当两者步调一致时,才能收到良好的教育效果。同时,英国政府深刻认识到家长教育对儿童发展以及开展家园合作的重要性,于是将社会、社区和大学的继续教育学院联合起来对家长进行教育,共同帮助家长提高教育水平,改进家长的教育方式,树立家长正确的教育观念。

(二)广泛利用社会教育资源

英国的学前教育不仅注重幼儿园与家庭的亲密合作,鼓励家长参与到幼教中来并及时发现问题,同时,鼓励幼儿园把大门打开,走到社区中,充分发挥社区的资源,加强与社区的联系与合作。李生兰在其著作《比较学前教育》一书中称英国学前社区教育主要有两种形式:组织春游和游玩玩具馆。

2001年在北京举行的中国学前教育研究会游戏与玩具专业委员会第四届研讨会的专题报告中,许多专家学者对英国的学前教育状况予以详细探讨,尤其是英国对家庭与社区的重视程度令人深思,如伦敦市伊斯林顿区的政府部门同时提出了"家庭学习政策",由主办单位在大学、幼儿园、社区、教堂、娱乐中心、运动俱乐部、图书馆、博物馆等场所组织家长和儿童共同学习。共同学习加强了家庭成员之间的亲密程度,提高了市民参与的积极性,积累了社区工作经验。这种活动是教育、就业以及整个社会成功的基础和催化剂,它不仅有益于参与者,更有益于社会。

二、幼小衔接

对于快要结束学前教育学习的儿童来说,幼小衔接问题显得格外突出。在学前教育结束后,一部分儿童很难适应小学阶段的学习,不能集中注意力,不知怎样与他人相处,不愿意参加小组活动。一些学前教育机构为此开设了小学教

---

① 刘明:《英国家园合作的特点及启示》,载《当代学前教育》,2008年第2期,第45~47页。

育相关的课程,重视学前教育和小学教育的一致性,加强培养儿童的良好学习习惯。此外,英国幼儿教育与小学低年级教育十分重视环境的布置与安排,力求让儿童在与物质环境的相互作用中得到发展。考虑到幼小衔接的需要,英国学前教育机构将学前两个年级与小学一二年级设置在同一个环境之中,将幼儿教育与小学低年级教育结合或合并为一个教育阶段来考虑,创设一个整体的、连接的、发展而又协调的学习环境。还有些学前教育机构带领儿童参观即将就读的小学,了解学校的情况。学前教育结束之前,小学校长邀请孩子们参加学校举办的过渡性活动。孩子们有机会和未来的老师见面,并且可以参加班级活动。通过这些活动,儿童增强了到小学学习的自信心,战胜了自卑心理。

总的来说,英国的学前教育发展虽然缓慢,但在其漫长的发展过程中,也形成了自身的特色,家长对学前教育的积极参与,可以更好地结合幼儿园与家庭双方的优势,促进儿童更健康地发展,也为世界其他各国发展学前教育提供经验。

▶ 阅读推荐 ◀

[1] 李家勇. 当今英国教育概览. 郑州:河南教育出版社,1994.
[2] 李生兰. 学前教育学. 上海:华东师范大学出版社,2006.
[3] 周采. 比较学前教育. 北京:人民教育出版社,2010.
[4] 刘存刚. 学前比较教育. 北京:科学出版社,2007.

▶ 复习与思考 ◀

1. 简述英国学前教育的类型。
2. 英国学前教育的目标是什么?
3. 简析英国学前师资的培养状况。
4. 英国学前教育的途径有哪些?

第三章
法国的学前教育

【内容提要】 法国是世界上学前教育发展最快的国家之一。学前教育的普及率遥遥领先,其特点是主张开展丰富多彩的活动来实现学前教育的目标,重视学前教育师资的培训工作和幼小衔接问题的探索,注重发挥家庭和社区在儿童成长中的作用。

【学习要求】

1. 了解法国的学前教育发展基本状况。
2. 理解法国学前教育的内容。
3. 掌握法国学前教育的途径和课程。

早在18世纪70年代,法国就出现了幼儿教育机构"编制学校",这是法国最早的学前教育机构。1881年,法国政府将各种教育机构名称统一为"母育学校",并将其纳入公共教育体系,使得幼儿教育的目的由看护性的慈善机构转变为既看护又注重教育的国民教育事业。1883年,《初等教育法》颁布以后,法国政府随即将注意力转向学前教育,委派学官对学前教育机构进行管理。19世纪末,法国基本上确立了近代学前教育制度。进入20世纪以后,法国的学前教育受到新教育思潮的影响,政府的学前教育政策和学前教育改革也受到一定影响。20世纪70年代,法国政府更加重视公立学前教育的发展。20世纪80年代以来,法国的教育改革全方位展开。1989年的《教育方针法》附加报告明确了学前教育的目标,强调了法国学前教育的四种作用:启蒙教育、社会化、诊断与治疗、与小学衔接。该报告对20世纪末的法国学前教育发展有着重要的指导作用。

迄今为止,法国已颁布实施并持续生效的学前教育及相关教育法、法令有40余部,明确规定了法国学前教育的性质与地位,并从政府职责、财政投入、幼儿教师身份与待遇、弱势儿童群体权益等多方面做出了相应规定,切实维护和保障了学前教育的性质与地位。

第一节　法国学前教育机构与管理

法国的《宪法》和《教育法典》明确规定构建免费的各级公共教育是国家的责任,其中各级公共教育包含公立学前教育。学前教育是初等教育的组成部分,它的主要任务是促进儿童身体、智力、性格和感情的全面发展。自近代以来,法国的学前教育在世界上一直保持着领先的地位。法国学前教育不属于义务教育范畴,但实行免费制,所有2岁儿童均可就近入园。下面就其学前教育机构的类型做简单的介绍。

一、学前教育机构的类型

1. 幼儿园

在法国,幼儿园每周开放4天半,周一、二、四、五及周六上午,每天开放6小时,上、下午各3小时。班级编制基本上延续了"母育学校"的男女儿童混合编制。幼儿按年龄分班,2岁～4岁为小班,4岁～5岁为中班,5岁～6岁为大班。幼儿定期接受医生对其身体状况的检查及心理专家对其进行心理发展水平的测定。班级规模在不同地区是不同的,在乡镇每班10～15人,在城市每班25～30人,现在政府正在创造条件,减小班级规模,以保证教育质量。

2. 幼儿班

幼儿班附设在小学,主要招收3岁～5岁儿童,为儿童进入小学做好身心准备。

3. 托儿所

托儿所主要招收2岁～5岁儿童,在对儿童进行保育的同时,对他们进行文明礼貌等方面的教育。主要包括4个方面:①宗教教育、阅读、书写、运算和绘画的初级知识;②日常生活知识;③符合儿童年龄的手工作业;④宗教歌曲、道德和身体素质方面的训练。托儿所的保育内容明显地带有宗教色彩,而且具有明显的注重智力教育倾向。在《托儿所内部规章制度》中规定了托儿所的保育时间与托儿所的设施。在保育时间上规定:夏季(3月1日～10月1日)是上午7点至晚上7点,每天总共12个小时;冬季(11月1日～2月底)是上午8点至晚上6点,每天总共10个小时。关于托儿所内在的设施,规定需有两个房间。一间为既可休息,又可娱乐用的室内游戏场,另一间是上课用的。该制度中还规定了对儿童教育的方法:教师要经常地谆谆教诲,禁止打骂儿童。只能让儿童接受以下的惩罚:罚站,最长不超过10分钟;赶出梯形教室,禁止和大家一起做手工作业;罚他(她)向后转,面对大家。

4. 保育室

保育室是指为有紧急事情的家长,临时照看学前儿童,解除家长的后顾之忧。

5. 流动车

对偏远地区的儿童,利用流动车,实行送教上门,到家服务。①

二、学前教育机构的管理

法国实行中央集权管理体制,其教育系统主要由初等教育、中等教育以及高等教育构成。学前教育是初等教育的重要组成部分。初等教育归教育部学校司管辖。

在法国教育系统中,学校一般指初等教育机构,包括"母育学校"和小学。它们隶属于市镇,没有行政和财政自主权,规模一般较小,有许多单个班级学校。一般情况下,校长在市镇的领导下直接处理行政、财务和教学事宜,不再设其余的职能部门,也没有教导主任、秘书和财会人员等。校长的权利非常有限,许多问题必须要得到主管部门的批准。每个学校有校务委员会,由校长、教师代表以及市镇有关代表组成,负责制订本校的内部章程,研究有关问题,并向决策部门提出意见和建议。

在法国,学前教育被定为非强制性的免费教育,幼儿教育机构有公立和私立之分,都不属于义务教育。法国家庭每年用于1个小孩在幼儿园的费用支出有学习用品50欧元、校园保险15欧元、集体活动经费15欧元、学校食堂午餐费为150～600欧元(依家庭收入情况而定),总计230～680欧元。但是,如果需要在规定时间外照看孩子,还需付一定的费用,这笔费用还是比较高的,私立幼儿园学费高达3000欧元,连同其他费用,每年家庭支出约5000欧元。

法国是当今世界幼儿教育水平较高的国家之一,6岁前的儿童的入学率很高。1970年,5岁儿童入园率已达到100%。1990年,2岁儿童入园率为36.2%,3岁儿童入园率为98%,4岁～6岁儿童入园率为100%。1992年,法国有19 041所幼

---

① 资料来源:中国育宝网,http://baike.baby868.com/cuoshi/200706/12-48437.html 法国学前教育的机构与发展。

儿教育机构。在边远地区实行接送服务,即使只有两三个孩子,也有流动车接送。法国2岁~5岁儿童入园率总比例从1960年到1992年有了很大提高,由50%增长到84%,自20世纪90年代起,这一比例一直保持稳定。

法国对2岁~5岁儿童的学前教育是国家初等教育组成重要部分,但不是义务教育(义务教育为6岁~16岁),儿童是否进幼儿园由家长决定。学前教育的目标是教授儿童学习语言和写字,锻炼反应和表达力,培养适应集体生活能力以及培养孩子的观察力、想象力和创造力等,为将来进入小学做好准备。幼儿园教育大纲由教育部制订,学校按照大纲开展教学,每周学时为24学时。

法国各学区设有教育行政机构,在学区长领导下工作,学区设多个督学。幼儿园与学区小学一样,业务上由学区分管的督学领导,学区幼儿园教师的评估由督学负责。园长在行政等级上不高于其他教师,只是受督学的委托,负责一线的管理,协调督学与教师、幼儿园与家长的关系。

目前,法国政府正在努力创造条件,增设班级,缩小班级规模,进一步提高保教质量。从近代起,法国政府就对母育学校的环境和设施有严格的规定,以便更好地实现幼儿教育的目标。1927年,政府规定校内应设游戏室、活动室、厕所、盥洗室、饭厅、厨房和运动场。1965年,政府又规定校内还要有接待室和教师宿舍、卫生室、储藏室、主任办公室、露天活动场所和暖气设备。

第二节 法国学前教育目标与实施

一、学前教育的目标

法国学前教育与其他国家有较为明显的不同,它承担着教育、诊断、治疗三种职能,即把社会、卫生、心理三者综合起来。法国学前教育的主要任务是促进幼儿身体、智力、性格和感情的全面发展。在体育教育方面,法国学前教育强调锻炼儿童的身体,增强儿童的体质,促进儿童身体的健康发展。在社会发展方面,注重培养儿童自我服务的能力,培养儿童的独立性,提高儿童的交往能力,使其学会关心和友爱,能与人分享、协商和合作。在智力教育方面,注重激发儿童的求知欲,培养儿童的学习兴趣、学习习惯、探索精神和口语表达能力,为读、写、算做好准备,同时努力发展儿童解决问题的能力和创造力,提高儿童的思维水平,充分发展儿童的各种潜能。在艺术教育方面,注重培养儿童的乐感、绘画能力和手工制作能力,发展儿童对美的欣赏能力和表达能力。此外,法国学前教育还强调增强儿童适应环境的能力,使儿童懂得民主,学会遵纪守法,塑造儿童健

第三章 法国的学前教育

康的人格。①

学前教育目标是学前教育的出发点,具有明确的导向性和概括性。法国的学前教育目标非常注重幼儿能力的培养,如交往能力、动手能力、适应能力等,并将能力单独划为一个领域。在衡量这些教育目标是否实现的问题上,法国专家提出要通过一些具体的指标来检验。例如,巴黎妇幼卫生保健医学研究所霍克尔教授提出,判断儿童的身体是否在健康发展,关键要看儿童的体重:在儿童出生后的3、5、8、12个月龄时,应称体重1次,1岁~3岁时,半年称1次,3岁~7岁时,每年称1次,并把每次称的结果记在由儿童年龄与体重构成的坐标图上,再连点成线,并对曲线图的形态和趋势进行分析、评价,如果儿童体重曲线与坐标体重曲线平行、向上,则表明这个儿童生长正常、迅速;如果儿童的体重有规律地增长着,则表明这个儿童在此年龄阶段的身体是健康的,反之,则表明这个儿童生长缓慢,身体不健康。②

二、学前教育的实施

学前教育活动是实现学前教育目标的重要途径。因为法国幼儿教育机构承担教育、诊断、治疗三种职能,有效地把社会、卫生、心理三者综合起来,所以法国的保育和教育结合得很好。与此相应,法国学前教育机构开展的活动包括四个方面:语言,包括口语和早期书面语言;共同生活,主要是对孩子交往能力的培养;发现世界,包括发现生命世界、物质世界和时间空间等;体育和艺术教育。需要强调的是,这些课程的设置并非完全孤立和封闭的。法国幼儿学校必须向家庭开放,并与之建立和保持彼此信赖的关系。另外,结构化学习也是法国学前教育课程的特点之一,强调结构化而非系统化的学习,在于尊重儿童的自我经验、需要和发展的连续性。教师的任务在于了解并尊重幼儿的生活节奏和学习节奏,帮助他们走向经验的有序状态,形成完整、健全的自我概念,结构化而非系统化的学习必然要求课程按活动领域而不是按学科门类进行运作。③

学前教育学校的教学活动是分班进行的,各班的侧重点有所不同。小班的教学以帮助幼儿适应集体生活为中心,注重发展儿童的感觉和运动能力,训练其口头表达能力。教学活动由教师自行安排,以游戏为主,让儿童在班级愉快的环境中自由发展。中班的教学形式仍是游戏和玩耍,但渗入了较多的文化知识性

---

① 曾莉:《法国学前教育的特点及启示》,载《教育导刊》,2008年第2期,第51页。
② 李生兰:《比较学前教育》,上海:华东师范大学出版社,2000年,第104页。
③ 邓志伟:《二十一世纪世界幼儿教育课程发展的趋势——日、美、德、法四国幼儿教育课程改革的启示》,载《比较教育研究》,1998年第6期,第51页。

内容,做一些学习书写的准备,比较数量多少,学会数 5 以内的物体,培养博爱的道德观念。从中班起,教师要特别注意发现在智力上、身体上有缺陷的儿童,以便尽早治疗和补救。大班教学的目的是培养儿童具有学习各种基础科学知识的正确态度,进行最基本的读、写、算训练,为进入小学做准备,并结合实际生活向儿童灌输一些基本的道德观念。

在不同年龄班,学前教育活动的重点虽有所不同(随着年龄的增长,交往和语言活动,尤其是科学技术活动占据着越来越重要的地位),但都强调教师在实施课程的过程中,应适当选择、运用科学而又合理的方法指导幼儿开展各种活动,使幼儿在轻松愉快的气氛中学习,获得发展。

另外,针对弱势群体儿童(如残疾、智障儿童、贫困家庭儿童等)接受学前教育,有关部门出台一些扶持政策。

第一,针对残疾、智障儿童,法国权利与资助委员会(CDA)制定有协助残疾、智障儿童接受教育的规定。孩子 3 岁以后,应家长的要求,幼儿园可接收残疾儿童,按照委员会制订的针对性方案,单独或集体对他们进行辅导和帮助。对学业有困难的儿童,每周有 2 学时的专门辅导课。

第二,针对贫困家庭儿童,幼儿园所在市区政府将伙食费分为 6~8 个不同等级,学生根据自己家庭人均收入缴纳相应等级的伙食费。在伙食费方面,对父母收入较低的贫困家庭小孩,学校根据父母收入情况而有所减免,如果子女多,家庭人均收入更低时,伙食费就更低。①

第三节　法国学前教师教育

一、学前教育师资的种类

法国幼师培训有着悠久的历史,早在 19 世纪三四十年代就有较大的发展,1831 年,柯夏在他的托儿所附设的教师养成所。1847 年,一个私人慈善团体在巴黎开设了幼教师资培训机构"学习之家"。1848 年,政府把它改为"国立幼儿师范学校"。1886 年,法国政府规定,母育学校的教师与小学教师是同级教学人员,都由省级师范学校培养,因此可以互换。入职后,按照国家规定,所有教师必须定期接受职后考核与检查督导,评价结果与教师的工资、调动、晋升等直接挂钩。1990 年,法国政府决定逐步由大学师范学院代替师范学校培养母育学校的

---

① 黄俭:《放眼世界科学发展基础教育》,载《基础教育参考》,2011 年第 10 期,第 51 页。

教师。1997年,法国总理若斯潘在纪龙德省乌尔坦发表讲话,他认为,为使法国进入信息社会,政府在制订行动计划时,必须把教育摆在核心位置。

法国政府对从教的教师要求是十分严格的,必须具有扎实的文化基础、不同活动领域的若干学科的知识以及教学能力。教师必须了解儿童,真正关心儿童,了解儿童发展的个性差异,同时,也要使儿童形成群属感,促使其社会化。教师了解儿童所必须具备的知识:一是以科学为基础的知识;二是与儿童经常接触所产生的知识。在法国公立学校(包括公立幼儿学校),教师都属于国家公务员,其录用有一套严格的程序,幼儿教师的学历资格为大学3年以上,并参加公开的竞争性公务员考试,政府择优录用。此外,法国的幼儿教师与小学教师是一起培养的,因此可以互换。入职后,按照国家规定,所有教师,包括幼儿教师必须定期接受职后考核与督导检查,评价结果与教师的工资、调动、晋升等直接挂钩。

二、学前教育师资的培养机构及其课程设置

(一)幼教师资的职前培养

1. 师范学校的招生

法国师范学校的招生名额由学区、省、教育部三级根据需要和预算来确定。师范学习按规定名额择优录取。因此,在法国,教师职位的竞争十分激烈,报考人数与录取人数之比通常是10:1。1986年5月7日,法国教育部重新规定了师范学校的招生原则和办法:报名起止时间由学区决定;凡持有两年或两年以上高等教育文凭者均可报考;教育部每年公布一次考试大纲,原则上考试在各省进行,由师范学校校长组织监考。考生必须经过初试(法国文学、语言、数学、科学、技术)、复试和口试、实践和操作(谈话、体育、造型艺术、音乐、朗诵)才有可能被录取,被录取的学生任命为教师,一入学就成为国家公务员,领取工资。

2. 师范学校的教学

1986年5月20日,法国教育部具体规定了师范学校的培训内容。师范学校的教学目的明确,即培养能胜任母育学校和小学教育全部课程的人。教学内容包括以下四类:

(1)教育理论和实践,占总课时的46.3%,包括教育哲学、教育史、教育社会学、普通教育学、心理学。

(2)学科基础知识,包括法语、数学、科学与技术、历史、地理、公民教育、体育、艺术教育。

(3)初等教育教师的行政和社会作用,包括理论培训和校外实习。理论培训的内容有:对教育制度历史和实施的了解;当前工作环境中所存在的经济、社会、

文化问题及其对学校和教学的影响；学校的其他教育活动及成人教育。校外实习包括在娱乐中心、文化中心和劳动部门的实习。

(4)增加选修课，包括教育理论和实践、外国文化、地区文化和语言等课程。

为了满足残疾儿童接受学前教育的需要，法国母育学校配备了特殊儿童师资。法国大部分特殊教育机构属于初等教育范畴，教师也属于初等教育教师之列。特殊教育师资除了要接受一般教师的培训外，即在成为正式初等教育教师之后，还要经过全国性的或全区性的专门培训，通过特教教师证书考试，实习1年，才能成为正式的特殊教育教师。

此外，法国对母育学校教师的职后培训也相当重视。法国教育部规定：每个初等教育教师(包括母育学校教师)，从工作第5年起至退休前5年止，有权带薪接受累计1学年的继续教育，旨在提高教学能力，更新知识，了解当前与教育相关的各种理论、观念的发展状况。母育学校的校长是从有经验的教师中选拔出来的，需经过120个小时的培训。培训内容涉及教育制度与组织管理、对教学大纲的评价、学校的内部和外部的交流与活动等。

(二)幼教师资的在职培训

20世纪70年代以前，法国在职教师的培训还没有形成完整的制度。20世纪70年代以后，在终身教育思潮的影响下，法国在职教师的进修有了较大的变化，政府在思想观念上肯定了教师培养应该包括职前和职后两个阶段。教育部规定，每位初等教师从工作的第5年起到退休前5年止，有权带薪接受累计为1年的继续教育，以补充知识，提高教育教学能力，进一步了解学校的社会和经济环境。培训有长期和短期之分，主要由本省师范学校负责实施。同时，幼儿教师在其职业生涯中还有各种各样的培训机会。①

第四节 法国学前儿童的家庭教育、社区教育与幼小衔接

一、学前儿童的家庭教育和社区教育

学前教育的高质量，体现在托幼园所教育与家庭教育、社会教育的有机结合。法国学前教育机构采用以下几种形式，来提高教育质量。

---

① 黄俭：《放眼世界科学发展基础教育》，载《基础教育参考》，2011年第10期，第50页。

第三章 法国的学前教育

（一）家长委员会

几乎每个学前教育机构都成立了家长委员会,由家长代表及教师组成,每年召开两三次会议,讨论学前教育机构的教育计划、课程设置、环境布置、活动安排等问题,以更好地促进儿童的发展。

（二）参与园教

学前教育机构鼓励家长来园参观、访问,参与、支持幼儿园的教育活动,和教师一起布置活动环境等。

（三）接送交流

教师利用家长接送孩子的时间,主动与家长交谈,并建议家长早上送孩子入园时,要把孩子送到班上,并和孩子玩一会儿后再离开；下午接孩子时,不是接了就走,而是积极与教师交流情况,以配合教师共同做好教育工作。

（四）参观展览

通过参观活动,帮助儿童学习在幼儿园、家庭都不可能学到的东西。例如,教师、家长把儿童带到巴黎动物园的未来博物馆去,让孩子目睹为1岁～4岁儿童举办的"暴力,该结束了"的游戏展览。此游戏有4条路线,每条线路都配有一则法国动物寓言,如狼群争地盘、小鸟抢食虫子、双峰骆驼取笑单峰骆驼、小猫指责老鼠。儿童手捧玩具沿线路进入迷宫,设法解决上述动物间的争论、矛盾。通过参观使儿童明白生活中的争执可以通过对话、谈判等方法来化解,而不是使用暴力的道理,学会倾听不同意见,宽容别人,帮助别人。

二、幼小衔接

法国一贯重视母育学校与初等学校的紧密联系。法国将学前师资和小学师资统称为"初级教师",一律由省立师范学校负责培养。这是法国幼小衔接的一个有效措施。为使学前教育与小学教育之间既体现出合理的层次性,又反映出它们之间良好的过渡性,法国政府在1975年颁布的《阿比改革法》,1989年7月颁布的《教育方针法》和1990年颁布的《教育法实施条例》都提出了要加强幼小衔接工作。

（一）尝试学习阶段

法国政府决定1991～1992年在33个示范省实施"学习阶段"的做法,即打破传统的年级概念,在包括母育学校和小学的整个初等教育中建立新的教学组织形式,把学前教育和小学教育合为一体,1992~1993年在全国更大范围内推行。把儿童按年龄划分为3个"学习阶段"的做法,能有效防止重复学习,使母育学校与小学阶段更好地衔接。为此,母育学校教师和小学教师每周要用1个小时的时间来研究每个阶段儿童应达到的实际水平,并确定每个儿童应具备的水平。

(二)合并母育学校和小学的监督视导工作

1990年,法国政府规定把母育学校的初等教育的监督视导工作合并起来,因此,初等教育的视导员及顾问都需要具有两个阶段的教育理论和实际经验,这有利于两者的进一步衔接。例如,为了合并母育学校与小学的监督视导工作,进一步做好母育学校与小学的衔接,1990年,法国政府规定把母育学校与小学的监督视导工作合并起来。另外,法国学前教育还通过成立家长委员会让家长参与教育,发挥家庭和社会对学前教育的监督和管理作用。

(三)增加男性教师的比例

心理学和教育学方面的研究成果表明,学前教育机构中的工作,由女性担任是不利于儿童心理和生理健康发展的。多项研究表明,由于男性教师的缺乏,使很多幼儿缺少坚强刚毅的性格。因此,法国学前教育提倡应增加男性学前教育机构的教师比例。同时,由于法国小学的男性教师所占比例要比母育学校高得多,在此形式下,就有必要鼓励男性教师进入母育学校担任教师。

由此可见,法国的学前教育水平在世界各国行列中一直处于先进地位,这得益于法国政府历来重视学前教育,学前教育被认为是国民教育的重要基础和为家庭解决照顾子女这样社会问题的重要手段。另外,法国政府对学前教育管理得法,建立了一套行之有效的教育行政与管理制度,并配有相关的教育立法文件及规定,保证学前教育工作有章可循、有法可依。

▶阅读推荐◀

[1] 李生兰.学前教育学(修订版).上海:华东师范大学出版社,2006.

[2] 吕达,周满生主编.当代外国教育改革著名文献(德国、法国卷),北京:人民教育出版社,2004.

[3] 刘存刚.学前比较教育.北京:科学出版社,2007.

[4] 周采.比较学前教育.北京:人民教育出版社,2010.

[5] 黄俭.放眼世界科学发展基础教育.基础教育参考,2011(10).

[6] 张斌贤.打开精神的城门——读朱华山《传统与变革的抉择:细读法国教育》.外国教育研究,2011(11).

▶复习与思考◀

1.法国学前教育机构主要采用哪些方式来提高教育质量?
2.法国实现学前教育目标的途径有哪些?
3.简述法国学前师资教育,并对此做简要的评价。
4.请查阅资料,结合我国幼小衔接实际情况,谈谈法国幼小衔接工作对我国的启示。

第四章
德国的学前教育

【内容提要】 德国近代学前教育比英国和法国发展得晚,19世纪初出现了一些慈善性质的保育机构,19世纪20年代以后受到英国学前教育发展的影响,开始学习英国幼儿学校的办学经验,发展学前教育。1840年福禄贝尔幼儿园的产生,极大地推动了德国学前教育的发展,从而使德国的学前教育走在了世界前列,成为其他国家学习的榜样。德国的婴儿教育日益受到重视,幼儿教育也取得了巨大的成就;学前教育机构种类繁多,通过各种活动来完成学前教育的任务,通过各种渠道来培养学前儿童的教师;强调对学前儿童的家庭教育进行资助和指导,重视学前教育与小学的衔接。

【学习要求】
1. 了解德国的学前教育发展基本状况。
2. 理解德国学前教育的内容及儿童家庭教育的援助。
3. 掌握德国学前教育的途径和课程。
4. 掌握德国幼小衔接的做法。

德国位于欧洲西部,有着悠久的学前教育历史。1837年福禄贝尔(Frobel, F. W. A.)在德国创办了一所学前教育机构,并于1840年正式将其命名为"幼儿园",这是世界上第一所幼儿园机构。与德国以往的幼儿保育机构不同,福禄贝尔的幼儿园以教育为主,到19世纪50年代福禄贝尔式的幼儿园已先后传到英、法、美、日、俄等国,对世界学前教育的发展产生了深远的影响。德国学前教育有重视家庭教育的传统,各个州在发展学前教育方面拥有较大的自主权,没有全国

第四章 德国的学前教育

统一的学前教育标准和要求。

第一节 德国学前教育机构与管理

德国学前教育机构数量众多,类型繁多,形式各不相同,多元化特征明显。"德国法律规定,抚养和教育儿童是父母的权利和不可推卸的责任。因此,学前教育机构只是一种社会福利教育机构,其作用在于弥补家庭教育的不足。幼儿园工作属青少年福利部门管辖。"[1]

一、学前教育机构的类型

德国学前教育为0岁~14岁的儿童提供保育、教育和养育服务[2],主要由三种系统构成:第一种是托儿所系统,为0岁~3岁儿童提供保育与教育服务;第二种是幼儿园系统,服务于3岁至入学前儿童;第三种是校外机构,服务于学龄儿童,在很多情况下可为10岁~12岁儿童提供服务。[3] 为与国际上通用的学前教育阶段相一致,本章主要介绍德国0岁~6岁儿童的学前教育机构。

(一)托儿所系统

1. 托儿所

托儿所是为0岁~3岁儿童开设的全日制保教机构,主要针对父母都工作的家庭,其工作人员大部分接受过较为专业的培训。它主要目的是使儿童身心全面发展。

2. "白天的母亲"

"白天的母亲"是由联邦青年、家庭、健康部于1974年核准设立的幼儿保教计划,由政府提供少量经费,让一些年轻妇女在照管自己孩子之余,再帮助邻近的职业妇女在白天照管1岁~2岁孩子,以便解决其实际困难。这些"白天的母亲"须参加短期培训,以获得科学育儿的知识。[4]

---

[1] 周采:《比较学前教育》,北京:人民教育出版社,2010年,第80页。

[2] OECD: *Early Childhood Policy Review 2002~2004 Background Report Germany*. OECD. 2004, p. 8.

[3] OECD: *Early Childhood Policy Review 2002~2004 Background Report Germany*. OECD. 2004, p. 9.

[4] 周采:《比较学前教育》,北京:人民教育出版社,2010年,第82页。

3.家庭托儿班

家庭托儿班主要由各州负责设立,家庭托儿班的工作人员被称为"保育妈妈",开放时间依据家长的需求而定。这一机构类型是根据1990年德国所颁布的《儿童和青少年福利法》而设立。

(二)幼儿园系统

1.普通幼儿园

从性质上看,德国普通幼儿园可分为公立幼儿园、私立幼儿园和独立幼儿园三种。公立幼儿园主要由联邦各州的青少年福利局或其他相应组织主办,接受政府资助,接受社会局幼教部门的监督和指导;私立幼儿园主要由教会或社会福利组织主办,接受一定的政府资助,但其教育宗旨及教师聘任不受政府监控;独立幼儿园在经济上自负盈亏,不接受政府资助,主要靠家长缴费。

德国普通幼儿园是根据1990年所颁布的《儿童和青少年福利法》所设立的,招收3岁~5岁儿童,实施半日制,以游戏为主要活动,很少教授读、写、算等基础知识。传统上的幼儿园一般按幼儿年龄分组进行活动,1岁前幼儿为一组,1岁~3岁幼儿为一组,3岁~6岁幼儿为一组。随着德国新生儿数量的下降以及学前教育研究的发展,这种传统的幼儿园组织形式发生了很大变化,现在德国幼儿园多采用混龄教育,不同年龄段儿童在一起进行活动,这样可以使儿童有更多机会和不同年龄的孩子接触,有利于儿童的社会性发展。

2.学校附设的幼儿园

目前德国学校附设幼儿园的数目相对较少。学校附设幼儿园主要招收已达6周岁或即将到达6周岁但身体与认知发展尚未达到入学标准的儿童。学校幼儿园的任务是为这些儿童提供一年的特别训练,使其身心发展能够达到进入小学一年级的水平,以便顺利过渡到小学。

3.学前班

学前班与学校附设的幼儿园类似,一般都与小学相连,但是学前班通常招收5岁儿童,为这些儿童进入小学做好准备,普及率较低。

4.特殊幼儿园

特殊幼儿园主要服务于有特殊需要的儿童,如失明、聋哑儿童等。随着融合教育的发展,普通幼儿园也接收各种有特殊需要的儿童,以便使这类儿童能够更好地融入社会。

(三)家庭日间看护机构

在德国,家庭日间看护机构在德国学前教育机构类型中占有特殊的地位。

德国法律规定,"母亲、父亲以及其他家长或监护人如果想自己组织照顾幼儿,应当接受指导和帮助"[1]。虽然法律规定这种机构主要面向0岁~3岁儿童,但是实际上家庭日间看护机构已经向所有年龄段儿童开放,并在原则上等同于其他学前教育机构。但家庭日间看护机构与其他学前教育机构在所提供的服务形式上有着很大的差异。目前为止,法律已经大范围向3岁以下的幼儿提供这种服务,但是实际上,这种机构包含所有年龄段儿童,并根据原则向所有幼儿提供,等同于日间看护服务。不过,所提供的服务形式不同。这类家长组织可以被认定为志愿性的学前教育机构,可以加入学前教育机构网状组织或作为个体机构独立工作。

二、学前教育机构的管理

由于各国学前教育行政体制、学前教育机构类型和对学前教育的看法不同,各个国家学前教育机构行政管理的形式也不一致。德国学前教育的组织、资金投入和管理基于两大重要的政治原则:联邦主义和辅助性原则。[2] 联邦主义意味着德国作为一个联邦国家有三级行政区划:联邦、州及地方。地方一级必须计划和确保学前教育服务的供给,但是辅助性原则要求任务必须由可能的最小的社会单元来执行,在这种情况下,可能的最小的社会单位是志愿性部门和家庭。因此,地方市政当局如果可以利用私立组织,那么并不直接管理早期教育服务的供给。基于这一原因,西德大部分学前教育服务由非营利性组织(主要是宗教)供给,它们从州和市政当局接收公共资助来完成这一任务。原西德国的11个州传统上一直将辅助性原则与儿童养育相联系,为大多数母亲提供育儿假期或部分时间段带薪雇佣。

德国学前教育不属于义务教育,而是保育的和社会性质的,其法律基础是《青少年福利法》,与学校教育有原则的区别。从主管部门来看,德国学前教育虽然属于基础教育,但不是公共教育体制的一个组成部分,不属于主管文化教育的机构管辖。在联邦一级,由联邦青年、家庭和健康部制定学前教育的指导方针;在州一级,主要由社会部门和卫生部管辖,少数由文化部代管;在地方,则由地方青少年福利局管理,国家对幼儿园的监督也由福利局来执行。[3] 从学前教育管理机制和许可证方面来看,德国每一个州政府在它的管辖区域中设置儿童服务的标准,这些标准由独立的青年福利局进行监测。各个州所设置的儿童服务标

---

① OECD: *OECD Early Childhood Policy Review 2002~2004 Background Report Germany*. OECD. 2004, p. 10.
② OECD: *Starting Strong II: Early Childhood Education and Care*. OECD. 2006, p. 333.
③ 周采:《比较学前教育》,北京:人民教育出版社,2010年,第83页。

准通常包括机构数量、开放时间、家长缴纳费用、建筑要求和维护、班级规模、师幼比例以及室内和户外空间等。对多数幼儿园来说,空间分配和户外活动时间段是非常重要的开办条件。同时,德国法律也赋予学前机构主办者一定的自主性,学前教育机构主办者可以自行决定其教育纲要、具体开放时间以及师资配备等,只要不危害儿童身心健康发展即可,否则,政府有关部门有权进行干涉。德国对于家庭日间看护机构的服务管理要求较低,这些机构不需要取得营业执照,没有主管部门对这部分学前教育机构进行监督管理。

第二节 德国学前教育目标与实施

德国属于地方高度自治的国家,迄今为止,在学前教育领域德国并没有发布具有国家约束力的指导纲要,并且存在着0岁～3岁儿童保育和3岁～6岁儿童教育相互分离的状况。"学前教育的课程也以地方或幼儿园为单位,没有全国统一的标准,甚至州一级也没有统一的课程标准,而是由幼儿园开办者自主决定,多以游戏等自由活动为主,不进行读、写、算等基础知识的教育"。[①]

一、学前教育的目标

德国学前教育的主要目标是帮助家长养育儿童,并培养儿童的责任感和社会能力。中央政府将学前教育服务作为社会福利事业的一部分进行管理。德国给予每一个州自主权,每个州可以自行实施州指导纲要、制定相应的法律。德国各州一般都对学前教育的目的有明确的要求,认为幼儿园是家庭教育的补充,应根据培养完人的原理来求得体、智、德的全面发展,做好进入小学的准备。

在德国的巴伐利亚州,经慕尼黑国家当前教育研究所及数十位专家学者们的共同研究决定,于2001年拟定一则关于学前儿童的教育计划,即《巴伐利亚学前儿童的陶养与教育计划》,包括"通过教育工作,促进幼儿基本能力的获得;实现家庭与学前教育机构、学前教育机构与小学间的衔接;注意特殊幼儿的整体教育;建立和父母教育伙伴关系;加强学前教育机构与专业机构之间的合作;观察研究幼儿个性发展等"[②]。计划主张应给予幼儿足够的自主权,让幼儿主动去尝试;并认为只有在开放式的游戏空间中,才能更好地培养幼儿的自主能力。该计划已于2003年在巴伐利亚州的百余所学前教育机构中进行实验。经过一系列

---

① 周采:《比较学前教育》,北京:人民教育出版社,2010年,第83页。
② 胡春光:《德国学前教育面临的主要问题与改革策略》,载《学前教育研究》,2009年第8期,第47页。

的实验、调整、修订,该计划于 2005 年底在全州实施。最后,还形成了《巴伐利亚儿童教育机构法案》,于 2005 年 8 月 1 日开始生效,该法案为所有入小学前的儿童服务,其宗旨在于强化幼儿的自主性、能动性及社会发展能力,并达到终身学习的目的。

二、学前教育的实施

与地方分权主义相一致,德国联邦和地方都没有明确规定学前教育的课程和教育方法。德国幼儿园一般没有正规的课程,不进行读、写、算等基础知识的教学,也不教授外国语,而是以游戏等自由活动为主。德国认为学前教育课程的目的在于,通过创造性合作或合作游戏,促进幼儿社会性行为能力的全面提高,锻炼幼儿自我发展的能力。所以,学前教育的课程属于体验领域,需要幼儿亲身去实践、去尝试,并参与其中,主要包括以下几个方面的内容:①

(1)游戏。这是幼儿生活与学习的主要形式,是幼儿通向真实世界的重要媒介。在游戏中,幼儿有充分的自由活动的机会,其个性发展也得到了充分的锻炼。

(2)社会与语言教育。从孩子的个性与社会背景出发,通过协调幼儿本身与其所在社会环境的主要矛盾,促进幼儿的语言和表达能力的发展。

(3)事实与环境教育。通过各种教育活动或其他方式,幼儿能接触自然,体验事实的真实情境,并参与其中,以唤醒其初步的环保意识。通过访谈和参观不同的机构,幼儿逐渐融入到所在的环境,对其周围环境产生初步的观察等兴趣,亲身体验,感受参与其中的乐趣。如"我家和我家附近的……"这一活动主题展示的是让幼儿认识自己所在环境及其周围的环境。幼儿对这一活动十分感兴趣,活动一直持续近半个学期之久。

(4)实际生活与家政教育。它主要是为幼儿创设固定的情境,让幼儿有机会在集体生活中掌握必备的生活技能,让幼儿主动参与家务劳动,使用一些简单的生活家具。这些活动主要是在为幼儿创设的模拟环境中进行,让幼儿有充分的自主权和主动参与的机会。

(5)动作教育。它是让幼儿通过触摸、操作、跑跳等动作来发展其能力,并激发幼儿主动行为的兴趣,提高其创新能力,从而对世界各部分之间的相互关系有初步的认知和了解。

(6)图像与劳作教育。它为幼儿提供各种不同的材料,引导幼儿熟悉不同的

---

① 邓志伟:《二十一世纪世界幼儿教育课程发展的趋势——日、美、德、法四国幼儿教育课程改革的启示》,载《比较教育研究》,1996 年第 6 期,第 38~39 页。

材料工具,激发幼儿对创造活动的兴趣,提高其自主动手能力,并适当给予幼儿实现自己想法的机会,继而能够训练他们的注意力。

(7)音乐律动教育。它通过有节奏的音乐、舞蹈等形式,让幼儿感受艺术美的魅力,享受艺术的熏陶和陶冶。

从教学计划来看,德国幼儿园一般只有宏观的学期计划与周计划,各个班的教师根据本班幼儿的发展水平制订活动目标与计划,如周活动计划、季度教学计划等。同时,德国幼儿教师会为本班的每一个幼儿建立个人档案,观察并记录每一个孩子的成长过程。从教学活动的组织来看,学前教育活动的组织强调在游戏中发展幼儿的自我,提高幼儿的积极性,丰富幼儿的生活体验。课程设计的重心是创设幼儿生活体验的生活环境和活动空间。德国幼儿园一般没有全班组织的集体教学活动,幼儿可以根据自己的兴趣和需要选择不同的玩具,在不同活动区玩不同的游戏,教师在幼儿旁边进行引导,而不直接干涉。同时,德国学前教育实施中的一个重要特点是混合编组,即不同年龄段的孩子在一起活动和游戏,而不是按同一年龄段的幼儿进行分组。混合编组的好处是让幼儿在类似于真实社会生活的环境中活动,有利于幼儿社会性的良好发展。

从教学方法来看,情境化教学是德国学前教育中主要的实践方法。情境论以德国教学改革倡导者鲁滨逊和巴西现代民族教育家弗莱雷的教育思想为理论基础。鲁滨逊认为教学应围绕学生的生活进行,培养其应付未来生活的能力。弗莱雷主张将儿童的社会学习与能力的训练结合起来,将思维和行动统一起来,使教学成为认识和解决问题的意识过程,培养受教育者独立自主的能力。[①] 在情境化教学活动中,教师的角色不是知识的拥有者或专家,而是工作的计划提供者,教师不是简单地决定儿童应该学习什么,而是重在激发儿童学习的兴趣。但是,情境化教学也有其不足之处,如情境化教学缺乏教学的精确性。考虑到情境化教学的这一缺点,德国联邦家庭事务、资深公民、妇女和青年部资助开展了"儿童日间保育中心教育任务"的示范项目,这一项目从1997年开始至2000年结束。之后,德国又开展了国家质量计划,从1999年起开始实施,共包含5个子课题,每一个课题都关注评估和提高学前教育领域不同部分质量的方法改进,这些部分包括:3岁以下儿童的服务;幼儿园;学龄儿童保育;教学中的情境教学法等。

---

① 周采:《比较学前教育》,北京:人民教育出版社,2010年,第85页。

第三节　德国学前教师教育

与欧洲其他国家相比，德国学前教育师资水平相对较低，学前教育保教人员多为兼职人员，在欧盟当中，除德国与奥地利以外，其他国家负责3岁~6岁幼儿的教保人员都具有大学学历，德国幼教老师的学历则是专科学校毕业。[①] 目前，德国政府对教保人员的师资问题有了很多建议，并制订了相关计划，但教保师资的改革依然缓慢。

一、学前教育师资的种类

德国学前教育师资的种类从大的分类框架来看，主要包括两类，即在以中心为依托的学前教育机构中工作的人员和家庭儿童保育者。

在德国，以中心为基础的学前教育机构中，主要的师资类型是儿童教育者，也有其他的师资类型，但在整体学前教育师资中所占比例较少。总体来看，在学前教育机构中工作的德国学前教育师资种类有以下几种：

（一）儿童教育者

社会教育者在德语中为"Erzieherin"，从德语"Erziehung"（养育）这一术语演变而来。实际上，"Erzieherin"这一术语译为"社会教育者"，是便与教师相区分。教师是与学校相关的术语，教师与儿童之间的关系聚焦于传播某些类型的知识，与幼儿教育者与幼儿之间的关系是不同的。在德国，儿童教育者可以在多种机构中工作，既可以在学前教育机构中工作，也可以从事家庭保育工作，还可以从事各种各样的青少年教育工作。

（二）儿童保育员

在德语中，儿童保育员为"Kinderp flegerinnen"，福禄贝尔首次使用这一术语，以此来表示接受过培训后去家庭中工作的人员，有些类似于儿童的奶妈或保姆。对儿童保育员的培训包括两年的中等职业学校课程，在莱茵兰－普法尔茨州，这种培训是成为社会教育者的前提条件，只有接受了两年中等职业学校课程培训的人员才能进入到社会教育者的行列中。

---

① 胡春光：《德国学前教育面临的主要问题与改革策略》，载《学前教育研究》，2009年第8期，第46页。

(三)高级社会教育者

高级社会教育者是在专科大学中接受了高等教育的人员。因为他们拥有更高的水平,有可能成为学前教育机构的领导,有资格在大型学前教育机构任职,也可能会与有特殊需要的儿童一起工作。与其他类型的教育工作者相比,在高级社会教育者中,男性所占的比例更大。

德国和其他国家一样,在幼儿年龄越小的机构中,男性工作者就越少,而工作的职位越高或越有名望,男性所占的比例就相应增多。

家庭保育者也是德国学前教育师资的一部分。以前这一部分学前教育工作者经常不接受任何培训,但是随着越来越多的关于家庭保育者机构的建立,这一状况发生了改变,许多机构为家庭教育者提供初步培训,并提供后续的支持。

二、学前教育师资的培养机构及其课程设置

德国学前教育师资培养分为 3 个不同的层次:大学、技术学院和训练学院[①],虽然在学前教育师资培训方面德国各个州有着共同的特点,但培训要求还是由每个州自行决定。

(一)大 学

大学培养为期 4 年,其中 1 年用于实践。大学入学者要求为 10 年级毕业生或具有 2 年职业训练的同等学历者。这部分学生接受为期 4 年的被称作"社会专科教育"方面的专业训练,培养课程学术性较强,分为基础课、主干课和论文。大学毕业生多数在学前教育机构中担任领导工作。

(二)技术学院

技术学院主要是培养儿童教育者,属于中等教育水平的职业学校。技术学院为期 3 年,其中 1 年用于实习。技术学院的入学者为职业学校的毕业生或其他中等学校的毕业生。学生在进入学校的前 2 年学习基础理论课和学术性课程,包括大约 15 个科目。第 3 年进入第二阶段,即职业实践培养阶段,也就是实习阶段。学生在培训结束时,必须参加由州有关部门和专科学校共同组织的毕业考试。技术学院开设的课程包括:德语、社会研究、宗教教育、心理学、青年援助、教学法、方法论、儿童和青少年文学、艺术、手工、音乐、韵律、游戏、运动等。

---

① 周采:《比较学前教育》,北京:人民教育出版社,2010 年,第 87 页。

（三）培训学院

培训学院的最初目标是为幼儿家庭提供援助，现在发展为主要培训学前教育机构的儿童保育者。培训时间为 1~3 年，各州的要求不同。培训学院的入学者为完成实科 10 年级学习或至少具有职业训练的同等学历者。近些年来，培训学院在课程设置上，增加了社会教育的培训。

为提高幼儿教师的专业素养和学历水平，德国开始在不莱梅大学、柏林的阿利斯所罗门专门学院、巴登－符腾堡的弗赖堡专门学院、德累斯顿科技大学、科布伦茨专门学院开设幼儿教师继续进修课程，为幼儿教师提供取得大学或硕士文凭的机会。① 同时，德国也制订了一系列计划来提升保教人员的素质。目前，德国提升教保人员素质的计划由"罗伯特－保时捷基金会"在积极推动。"罗伯特－保时捷基金会"成立于 1964 年，是一个致力于国民教育包括健康教育研究的教育基金会。"由于学前教育是一切教育之基础，而良好的学前教育需要优秀的专业教保人员，因此基金会在 2003 年制订了'幼儿早期教育计划'。2005 年又开始实施'日托机构教保人员专业训练计划'，并提出有关教保人员培养的具体建议，希望通过相关研究与努力，改善德国学前教育的品质及提升教保人员的素质。"②

第四节　德国学前儿童的家庭教育与幼小衔接

德国极为重视家庭教育，其法律认为教养儿童是父母的权利和义务，国家也提供多个援助项目为家庭教育提供支持。在幼小衔接方面，德国附设在学校的幼儿园和学前班发挥着重要的作用。

一、学前儿童家庭教育

德国学前教育的一个重要特色是重视家庭教育，认为教育幼儿的责任在于父母，德国宪法明文规定，教养儿童是父母的权利和义务，政府只起辅助作用，学前教育是对家庭培养和照看儿童的补充。德国政府部门、团体组织、出版界、教育专家、社会热心人士都以不同的形式资助、扶持学前儿童的家庭教育。德国在家庭教育方面的援助项目主要包括以下几种。

---

① Robert-Bosch Stiftung. *PiK-Profits in Kita-Das Program*. Robert-Bosch Stiftung：Stuttgart，2006：23，p.8~12.

② 胡春光：《德国学前教育面临的主要问题与改革策略》，载《学前教育研究》，2009 年第 8 期，第 49 页。

(一)推行婴儿读书计划

1995年,慕尼黑市政府在市内推行一项婴儿培育和发展的试验计划,免费向9个月大的婴儿赠送一个礼物包,包中有一本故事书、一本童话诗和一个婴儿图书证,以鼓励父母给婴儿讲故事,陪婴儿看图书,并到指定的国家婴儿图书馆借阅有关培育婴儿方面的书。现在德国其他地区和市镇纷纷推行婴儿读书计划,使孩子从婴儿时期就开始喜爱看书,增强未来的听写能力和遵纪守法的自觉性。此计划得到了青年父母和儿童教育工作者的广泛响应。[1]

(二)家庭社会教育援助项目[2]

这是为处于困难境地的幼儿家庭设立的免费援助项目,由慈善组织或社区青年福利部门资助,目的是帮助家庭在不依赖外援的情况下解决自己的问题。这个项目是由受过特殊训练的社会工作者来进行的。他们采取个别援助的形式,和家庭一起合作1~2年,每周共工作5~10个小时,主要是以咨询的方式帮助家长解决面临的社会和教育问题。这个项目也对那些未婚母亲的孩子实行援助。

(三)组织家庭互助活动

1987年,德国开始实施这一项目,主要是由幼儿父母自发组织,在家庭之间开展互帮互助活动。到1990年,不同的机构已经协调形成了规模庞大的家庭互助网,如单亲父母小组、父母儿童协会、儿童中心、儿童急救护理等,为幼儿的保育和教育提供更好的服务。

(四)对特困家庭进行资助

德国政府对特困家庭进行资助,发放教育津贴,其主要依据是家庭的经济条件和子女数量。政府在经济上对家庭的支持,使许多经济状况较差的家庭能够满足幼儿的生活及教育需求。

二、幼小衔接

在幼小衔接方面,德国采取的主要措施是设立学校附设的幼儿园或学前班,

---

[1] 陶金玲:《德国学前教育特色》,载《基础教育课程》,2006年第35期,第33页。
[2] 周采:《比较学前教育》,北京:人民教育出版社,2010年,第87页。

第四章 德国的学前教育

服务于已经达到入学年龄但身心发展尚未达到入小学要求的儿童,为这部分儿童提供小学预备教育。儿童可以在这两类机构中接受1年的特别训练,以便能够为顺利升入小学提供帮助。这两类机构具有明显的过渡性质,有利于幼儿更好地适应小学生活。

虽然在传统上,德国一向不重视学前教育,导致其发展相对晚于世界其他先进国家,但是经过长期的发展,德国的学前教育已逐渐形成自己的特色。其混合编班制,在一定程度上克服了分班对儿童身心发展带来的不利,对儿童的全面发展具有积极作用。因而,德国的幼儿园被认为是协调家庭对儿童进行教育的机构。

▶阅读推荐◀

[1] 曹能秀.学前比较教育.上海:华东师范大学出版社,2010.

[2] 胡春光.德国学前教育面临的主要问题与改革策略.学前教育研究,2009(8).

[3] 陶金玲.德国学前教育特色.基础教育课程,2006(35).

[4] 邓志伟.二十一世纪世界幼儿教育课程发展的趋势——日、美、德、法四国幼儿教育课程改革的启示.比较教育研究,1998(6).

[5] OECD. *OECD Country Note Early Childhood Education and Care Policy in the Federal Republic of Germany*. OECD. 2004.

[6] OECD. *OECD Early Childhood Policy Review 2002~2004 Background Report Germany*. OECD. 2004.

[7] OECD. *Starting Strong II:Early Childhood Education and Care*. OECD. 2006.

▶复习与思考◀

1. 德国学前教育的机构主要有哪几种类型?德国对学前教育机构的管理遵循哪些原则?
2. 德国学前教育的课程设置有哪些特点?
3. 德国学前教育的师资有哪几种类型?培养机构有哪些?
4. 德国学前教育的特点是什么?

第五章
日本的学前教育

【内容提要】 日本是一个自然资源极为贫乏的国家,它的发展靠的是科学技术,因此十分重视教育。在日本,人们对幼儿教育的作用有着深刻的认识。"留给子女最富贵的财富不是金钱而是教育"已成为许多家长的座右铭。日本文部科学省注重协调幼儿园、家庭、社会三者对儿童实施的教育,重视幼教师资的培养和提高,重视幼儿教育立法,实施科学管理。幼儿园发展速度快是日本幼儿教育的突出特点。

【学习要求】
1. 了解日本学前教育发展的基本情况。
2. 理解日本学前教育的内容。
3. 掌握日本学前教育的途径和课程。
4. 掌握日本学前教育发展的主要经验。

目前,日本学前教育的普及率和质量在世界各国中处于领先地位。日本在相关的法律法规中明确规定了3岁~5岁儿童的幼儿园教育为学制体系的一部分,重视学前教育对于儿童身心健康发展和人格形成的奠基作用。日本学前教育实行公办民办并举的办园体制,私立学前教育在日本社会中占有重要地位。在师资方面,日本学前教育严格控制幼儿教师入职资格,重视提高师资质量。除以上方面外,推进学前教育的弹性化和保育一体化,以及促进教育的连续性,进一步改进幼小衔接和幼小合作成为日本学前教育改革的重要方向。

第一节 日本学前教育机构与管理

日本学前教育机构主要包括幼儿园和保育所两种类型,近些年来综合性的早期保教中心发展较为迅速。在学前教育机构的管理方面,幼儿园属于文部科学省管辖,保育所属于厚生劳动省管辖,综合性的早期保教中心由文部科学省和厚生劳动省共同管辖。

一、学前教育机构的类型

日本学前教育机构主要分为幼儿园和保育所两种类型。长期以来,日本存在保教相互分离的现象,幼儿园和保育所分属不同的部门管理。幼儿园主要由主管教育的文部科学省管理,保育所则属于社会福利性质,由厚生劳动省管辖。为改变保教长期分离的现象,近年来,日本开始兴建新型的综合性学前教育机构——早期保教中心,这一综合性的机构发展较为迅速。

(一)幼儿园

日本幼儿园属于教育系统,主要接收3岁~5岁幼儿,标准的开放时间为一天4小时,可延长服务时间。日本《学校教育法》的第77条明确指出,"幼儿园应该提供一个有助于幼儿身心成长和发展的适宜环境",第80条规定幼儿园应服务于3岁至入小学年龄的儿童。

日本《学校教育法》第2条、《私立学校法》第3条规定:中央政府(包括国立大学法人)、地方政府(包括公共大学法人)的学校法人可以建立学校,它们所建立的学校分别为国立学校、公立学校及私立学校。这里的"学校"包括幼儿园、小学、初中、高中以及大学。据此,日本幼儿园可分为由中央政府设立的国立幼儿园,由地方政府设立的公立幼儿园,以及由私人、学校法人等其他法人设立的私立幼儿园。从财政来源看,国立幼儿园由国家设立,所需经费由国家负担;公立幼儿园由地方行政机关(市、镇、村政府)设立,经费主要由地方政府支持;私立幼儿园由个人、学校法人及其他法人设立,经费由创办幼儿园的个人或团体负责。①

---

① 谷忠玉、张文玲、王琪:《美日发展私立幼儿园的策略及启示》,载《教育科学》,2006年第3期,第86~88页。

（二）保育所

日本保育所基于1947年所颁布的《儿童福利法》而建立的，保育所作为一种儿童福利机构接受卫生和福利部的管辖，服务于家长或监护者由于工作、生病等原因而不能照料儿童的人。现在日本保育所承担着教育和保育两方面的职责。保育所接收0岁～5岁的幼儿，标准的开放时间为一天8个小时，服务时间可延长至11个小时。日本1947年制定并颁布了《儿童福利法》，将保育所分为公立和私立两种。公立保育所由都道府县和市町村政府设立，私立保育所主要由社会福利法人、公益法人（财团法人或社团法人）、宗教法人和个人设立。由于保育所属于社会福利机构，因此，地方和国家政府对保育所的补助较大。

（三）早期保教中心

日本长期存在着幼儿园与保育所两个系统相互分离的状况。随着新生儿出生率的不断降低，幼儿园与保育所相分离的状况使得进入这两种机构的儿童群体数量变得很少，这种状况不利于在群体生活中成长的儿童的发展。同时，这种规模对于实施管理来说显得太小。基于这些原因，日本各地开始建立能够同时发挥幼儿园和保育所这两种机构职能的整合性学前教育机构——早期保教中心。日本政府从2006年起开始认可这类机构。目前，日本早期保教中心共有4种模式：幼儿园与保育所整合模式、幼儿园模式、保育所模式及地方自主决定模式。目前，早期保教中心由文部科学省和厚生劳动省共同管理。依据地方政府所颁布的早期保教中心法律和条例，幼儿园接收0岁～5岁幼儿。

二、学前教育机构的管理

日本实行中央集权与地方自治相互结合的教育管理体制。从行政区划分来看，日本的行政区划为一都（东京都）、一道（北海道）、二府（大阪府、京都府）和43个县。日本的都、道、府、县为一级行政机构，直属中央政府，但都、道、府、县各拥有自治权。在学前教育方面，中央与地方合作的管理体制主要表现为两个层面：在中央层面，文部科学省与厚生劳动省负责对全国的学前教育事业发展进行管理指导、提出建议等；在地方层面，都、道、府、县教育委员会和都、道、府、县知事负责批准市町村学前教育机构的建立，对市町村学前教育机构的发展进行指导、提出建议；市町村教育委员会和市长、町长和村长主要负责建立和管理各种公立、私立学前教育机构。

从中央层级看，日本的学前教育机构主要由文部科学省和厚生劳动省管辖。日本《学校教育法》规定：意欲建立学校的实体必须遵循有关机构、组织等标准来建立,此标准由文部科学省大臣制订。① 在学前教育方面,按照《学校教育法》第25条的规定,文部科学大臣应对幼儿园的相关教育课程以及其他与保育内容相关事项做出规定。文部科学省在学前教育方面的具体职责主要是制订幼儿园教育基准及相关事宜、规划,并筹备幼儿园教育的振兴计划、负责学校保健及安全等。除文部科学省之外,厚生劳动省也是对学前教育进行管理的主要中央行政机构之一,负责管理保育所系统,保障儿童福利的实现。厚生劳动省负责指导全国保育所的发展,并提出相关建议。厚生劳动省中专门设立了雇佣平等和儿童家庭局,其职能主要是系统地管理保育和儿童福利事务。

在地方层级的学前教育行政管理中,教育委员会与地方政府长官分别承担不同的管理职责。公立幼儿园主要由都、道、府、县教育委员会负责审批开办,并对公立幼儿园的发展进行指导;公立幼儿园的建立和管理则由市町村教育委员会负责。私立幼儿园系统和保育所系统由各级地方政府长官负责建立,都、道、府、县知事负责审批,学校法人代表负责建立和管理私立幼儿园,市町村长负责建立和管理公立保育所,社会福利法人代表建立和管理私立保育所。

第二节 日本学前教育目标与实施

日本学前教育发挥着保育与教育的双重职能:照料婴幼儿,为正在工作的父母提供帮助,促进儿童身心健康发展,为塑造健全人格奠定基础等。为了保证学前教育目标的实现,日本颁布并多次修改了《幼儿园教育要领》及《保育所保育指南》。

一、学前教育的目标

日本文部科学省指出,幼儿园的目的是为幼儿提供良好的教育环境,促进其身心发展,为3岁~5岁幼儿提供1~3年的课程教育。日本《学校教育法》第22条明确规定,幼儿园教育为义务教育,它为以后的教育奠定基础,其目的是对幼儿进行保育,给予幼儿适当的环境,使其健康苗壮成长,并促进幼儿身心的发育。该项条款自《学校教育法》于1947年3月31日首次颁布之后,在数十年中均得到了坚持,成为日本幼儿园教育始终坚守的基本原则。日本《幼儿园教育要领》第2条第1~5款规定幼儿园教育的目标是:①养成健康、安全和幸福生活所需

---

① Nagaki Koyama, *Educational Administration in Japan and the Role of Local Governments*, 2008, p. 12.

的基本生活习惯和态度,以奠定幼儿身心健全发展的基础。②培养幼儿对人的丰富感情和信赖感,养成自立和合作的态度,并奠定初步的道德基础。③通过引导幼儿对自然和身边事情持有的兴趣和关心,培养其对自然等的丰富感情以及思维能力的萌芽。④通过在日常生活中培养幼儿对语言的兴趣和关注,使其养成听、说的习惯,并正确掌握语言的用法。⑤通过多种多样的体验,丰富幼儿的感性认识,使其能得到更好的发展。《幼儿园教育要领》第2条进一步指出,"幼儿期十分重要,它通过与家庭的合作为人的终身发展奠基;幼儿园教育通过在教育原则指导下的幼儿园生活,为幼儿发展其生存能力打下基础"。《学校教育法》及《幼儿园教育要领》中的规定突显了日本幼儿园教育对促进幼儿身心健康发展的重要性。

在保育所的教育目标方面,日本《儿童福利法》第39条规定保育所的保育宗旨为:保育所是接受家长的委托,对缺乏保育条件的婴幼儿进行保育。同条第2款规定在某些有特殊需要的场合,保育所可接受家长的委托,照顾缺乏保育的其他儿童。日本于1990年颁布的《保育所保育指南》总则中指出:"保育所是根据《儿童福利法》,以对缺乏保育条件的婴幼儿进行保育为目的的儿童福利设施。因此,保育所的保育必须以积极促进入所婴幼儿的福利为目的。"①保育所保育的基本目的就是通过与家庭、地区、社会的密切配合,去补充家庭保育,并创造能使孩子健康、安全、情绪稳定的生活环境,使其在充分发挥自我的过程中去开展活动,以求身心的健全发展。②具体来看,保育所保育目标包括以下6点:①在理想的环境和宽松的气氛中,适当地满足婴幼儿各方面的需求,使其情绪安定。②养成健康和安全等日常生活所必需的基本习惯,端正态度,使儿童拥有健康的身心基础。③通过与他人的接触,培养儿童对人的友好感情及信赖感,使其能尊重他人并拥有自主协调的能力,建立道德观念。④培养儿童对自然及社会现象的兴趣,陶冶丰富的情操,激发思考能力的萌芽。⑤在生活中培养儿童对语言的兴趣,使其能听、会说并能理解别人的话,掌握日常生活所需的丰富语言。⑥透过各种体验,培养儿童丰富的表现力,激发幼儿创造性的萌芽。③

---

① 李永连、李秀英主编:《当代日本幼儿教育》,太原:山西教育出版社,1997年,第261页。

② 李永连、李秀英主编:《当代日本幼儿教育》,太原:山西教育出版社,1997年,第261页。

③ 资料来源:厚生劳动省 http://www.mhlw.go.jp/bunya/kodomo/hoiku.html 保育所保育指针(最终改正:2008年3月28日)。

二、学前教育的实施

关于学前教育的实施,日本分别颁布了《幼儿园国家课程标准》和《保育所保育指南》,以便对幼儿园和保育所的教育与保育活动进行管理。

幼儿园教育内容和方法依据《幼儿园国家课程标准》进行。日本第一个"保育指南"发布于1948年,推荐了多种幼儿教育活动,例如观察、律动练习、休息、自由游戏、音乐、讲故事、画画、手工、自然研究、假装、戏剧或玩偶游戏、卫生保健。二战后,幼儿教育活动又增加了节日活动。这一课程指南在1956年进行了系统的修订,并被重新命名为《幼儿园教育指南》或《幼儿园国家课程标准》,以便与小学和初中的课程标准修订相一致。在此次的修订中,幼儿园教育内容分为六大领域:健康、社会、自然、语言、绘画和手工、音乐律动。第三次幼儿园课程指南修订是在1989年,这次修订中幼儿园教育领域被修改为五大领域:健康、人际关系、环境、语言和表达。它重点强调的是通过游戏和每日活动进行综合教育。在1998年的课程指南修订中,虽然教育领域保持不变,但如何进行这五大领域的教学则有所变化,这次修订提倡通过个人所处的环境进行教育,并且与社会变化保持一致。2008年,日本对幼儿园课程标准进行了又一次的修订,幼儿园学习的五大领域虽然没有变化,但是强调幼儿园最重要的目标是通过环境进行教育,并要考虑到幼儿年龄的具体需求。同时,这次修订提出幼儿园应当支持家庭和社区中的早期教育,并对如何在课外时间中进行幼儿教育活动进行了阐释。

从保育所系统来看,在二战之前,保育所的教学方法模仿幼儿园。二战之后,保育所教育内容和方法依据《保育所保育指南》进行。第一部《保育所保育指南》于1965年颁布,在这部指南中保育所的教育领域按照幼儿的年龄被分为三个部分,分别为:生活和游戏——2岁以下的婴儿;健康、社会和游戏——3岁儿童;健康、社会、语言、自然、音乐、艺术和工艺——4岁~6岁儿童。1990年、1999年日本对这部指南进行了两次修改,修改后的指南不再规定0岁~3岁儿童的教育内容,并将4岁~6岁儿童的教育内容规定为健康、人际关系、环境、语言和表达。

第三节 日本学前教师教育

学前教育师资水平是影响学前教育质量的重要因素。日本学前教育师资主要分为教谕和保育士两类。日本对学前教育教师的资格要求严格,而且培养途径也多种多样。

一、学前教育师资的种类

日本学前教育师资按照所处机构和身份职责,分为教谕和保育士两类。教谕指幼儿园中的教师,与小学及以上的教师身份基本相同,一般应在大学里完成一般的教养科目和专门科目,具有视野开阔、专业知识深厚的资质[①];保育士指保育所中的工作人员,与幼儿园教师相区分。

从学前教育机构的性质来看,日本幼儿园教师可以分为国立、公立和私立幼儿园教师三种类型。日本国立幼儿园中教师数量最少,私立幼儿园教师数量最多。日本《学校教育法》第27条第1、2款规定:幼儿园应设置园长、副园长和教谕。在特殊情况下,可以不设副园长。此外,幼儿园可设保健医、营养教谕、养护教谕、助理养护教谕及其他必要的教职员。该条第3~6款规定了幼儿园各类教职员的职责:园长掌管园务,监督所属教职员。副园长协助园长管理园务,并根据需要掌管幼儿的保育。在特殊情况下,可设置助理教谕或讲师以代替教谕。教谕掌管幼儿的保育。目前,教谕作为完成幼儿园正常教育教学活动,在幼儿园各类教职员的人数中占最大比例,是幼儿园教职员中的主体。而教谕中的女性教谕占绝大多数,这与幼儿园的保教并举以及女性自身的特点密切相关。

按照《儿童福利法》和《儿童福利法施行令》等规定,保育士是指在儿童福利机构中,按规定经过注册,使用保育士的名称,拥有专门的知识和技能、专门从事儿童保育事业,对儿童监护人提供保育指导的人。他们承担保育与教育的双重职责,在保育所中对婴幼儿进行护理和教育。过去,保育所职员的职称叫"保姆",1997年修订的《儿童福利法施行令》将保育所职员的职称改为"保育士",强调其专业性以及不排除男性的职业定位。此次改革提高了保育士地位,同时,保育士培养机构的教育内容的专业性也在不断提高。

二、学前教育师资的培养机构及其课程设置

日本历来重视教师的素质,幼儿教师被誉为人生的第一位重要的启蒙人。因此,日本文部科学省十分重视幼儿教师的培养,并颁布了一系列的法律、法规,如《教员许可法》和《教员许可法施行令》等。[②] 按日本有关法律的规定,凡是教师必须持有教师许可证。按照《教员许可法》的规定,幼儿园教师同中小学教师

---

① 史晓华:《日本的学前教育及其对我国的启示》,载《英才高职论坛》,2007年第1期,第38页。

② 史晓华:《日本的学前教育及其对我国的启示》,载《英才高职论坛》,2007年第1期,第39页。

第五章 日本的学前教育

一样,必须在经文部大臣认定的教师培养机构中修完足够的学分才能获得从教许可证。

日本当前教育师资的培养分两个阶段,一为职前培养,一为在职进修,两个阶段紧密结合。就职前教育来看,日本承担学前教育师资培训的机构多种多样,主要分为大学和短期大学两种,此外,还有大学院和专攻科以及国家指定的专修学校等。日本幼儿教师的学历以大学为主,幼儿教师在大学或初级学院接受训练。根据日本文部科学省2007年的调查,日本承担学前教育师资培训的大学共有113所,短期大学有204所,大学院为74所,日本大学和短期大学是承担学前教育师资培训的主要机构,当大学正规课程培养的师资力量不足时,其他类型机构能够进行灵活的补充。幼儿教师学习的课程主要有:《教育原理》《儿童福利》《早期教育和保育》《儿童健康》《儿童心理学》《早期教育内容——健康、人际关系、环境、语言、表现(音乐、律动、绘画、手工等)》。另外,幼儿教师要参加幼儿教育实践活动。教师有证书,分为定期证书(终身有效,全国通用)和临时证书(只有教师短缺时发放,仅在一定的地区生效,有效期为3年)两种。

日本学前教育师资培养的第二阶段是在职进修。日本对幼儿园教师的职后进修有严格要求,力求做到制度化、规范化。幼儿教师在职进修有国内培训、"公开保育"的活动、国际间研修交流、假期培训班等多种形式。根据《教育职员许可法》和《教育公务员特例法》的相关规定,幼儿园的教谕、助教谕和讲师均为教育职员,简称"教员"。凡属国立幼儿园的教员均为国家公务员,公立幼儿园的教员则为地方公务员,私立幼儿园的教员虽同样具有教育职员的身份,但并不属于国家或地方公务员。按照日本《地方公务员法》《教育公务员特例法》等法律的规定,应赋予教育公务员享受研修的机会,在不影响教学的情况下,经所属单位负责人同意,教育公务员可以离职进行研修以及长期的在职研修,教育公务员的任命者应对教育公务员的研修提供必要的设备并给予奖励,制订与研修相关的计划等,努力促进其实施。

日本保育所的保育士培养以短期大学和国家指定的专修学校为主。根据《儿童福利法施行规则》的规定,保育士可以通过国家资格考试拿到任职资格,凡是受过2年以上大学教育且修完62学分的,或者毕业于高等专业学校的及在保育所的工作时间达到国家规定的,都可以参加考试。

第四节 日本学前儿童的家庭教育与幼小衔接

日本父母把孩子的教育当成家庭最重要的任务。在日本的家庭教育中,母亲和孩子的关系特别密切。日本人认为家庭应该是一个放松的地方,孩子在家庭里应该是自由的,不受正式社交场合中需控制情感和保持良好举止的约束。在幼小衔接方面,日本在教育观念、教师职责及幼儿园与小学低年级课程内容衔接方面都在改进,以便幼儿从幼儿园顺利过渡到小学。

一、学前儿童家庭教育

大部分日本人都是家庭至上主义者。在日本的社会观念中,认为男人应以家庭为重,男人工作就是为了让妻儿过上幸福的生活,而妇女的生存意义就是建立一个幸福的家庭,宁可自己做出某些牺牲也要全力以赴做好家务和养育好子女。① 虽然近些年来,日本社会中越来越多的家庭妇女外出工作,但传统观念仍然占据主导地位。因此,日本社会极其重视家庭教育。

在日本家庭教育的价值取向方面,有研究者指出,当代日本家庭教育的价值取向主要有如下几个特征:第一,日本家长对子女学习成绩、竞争能力、金钱地位等功利性取向期待值比较低;第二,日本家庭教育比较注重"与他人协调"等有关"群体"的教育内容,在家庭教育价值取向上表现出"他人本位"倾向;第三,日本家长比较注重子女的个性发展,对子女有"全方位"期待倾向。②

在家庭教育目标的认识方面,研究者认为对幼儿的家庭教育目标应包括以下 6 点:培养健康的体魄;培养健全的性格;培养孩子对知识的好奇心;丰富孩子的言语生活;形成人类生活的基本习惯;培养孩子的自我控制力和耐性。③ 家庭教育应该以养成孩子"基本的生活习惯、生活能力、丰富的情感、对他人的关怀、明辨善恶的伦理观、社会的礼仪、自制心、自立心等,以及作为生存基础的资质、能力等"④为主要内容。

日本家庭早期教育注重儿童举止和合适的社会行为培养。密切的亲子关系和文化环境以及家长对教育的重视,使日本家庭教育能够为儿童入小学打下牢固的基础。在学前教育期间,日本母亲为孩子提供非正规的学习机会,培养孩子对文学、数学的兴趣。很多儿童在入小学一年级时已经能够读写 48 个基本的日

---

① 黄喜珊、刘鸣:《战后日本家庭教育的特色及启示》,载《现代教育论丛》,2008 年第 7 期,第 81 页。

② 张梅、胡学亮:《日本家庭教育价值取向及其背景——兼与中国的比较考察》,载《外国教育研究》,2011 年第 3 期,第 91 页。

③ 李永连、李秀英主编:《当代日本幼儿教育》,太原:山西教育出版社,1997 年,第 177~191 页。

④ 黄喜珊、刘鸣:《战后日本家庭教育的特色及启示》,载《现代教育论丛》,2008 年第 7 期,第 81 页。

本字符。① 同时,日本社会还注重在家庭教育中培养孩子的社会适应性,提高他们自主适应社会变化的能力。家庭作为一个社会化的场所,须向婴幼儿传达社会化要求,并培养他们的社会性技能。此外,由于日本特殊的地理环境,火山、地震等自然灾害的频发,使日本家长非常重视对孩子的安全教育,增强孩子面对灾害的应变能力。

在儿童进入学前教育机构后,母亲可以通过多种形式直接参与学前教育机构的活动。儿童每天在母亲和教师之间传递家园联系薄,学前教育机构通过举办家长和教师的联合会议,或家长俱乐部会议等形式与家庭进行密切联系。

二、幼小衔接

在日本,幼儿园教育与小学教育的衔接问题一直比较受重视。早在 1947 年,日本文部科学省就颁布了《保育要领》,明确提出学前教育机构与小学之间应进行充分沟通和联系,强调幼小衔接。1957 年,文部科学省又颁布了《幼儿园教育要领》,要求加强幼儿园教育与小学教育的联系②,强调幼儿园教育要适应小学教育要求,并帮助儿童为适应小学教育做准备。但这导致了幼儿园教育在某种程度上成了小学教育的提早开始。幼儿园教育像小学教育一样进行分科教学,课程分成健康、社会、语言、自然、音乐、绘画 6 门科目。1989 年日本对《幼儿园教育要领》进行了修改,认为无论是幼儿教育还是小学教育,其教育内容和教育方式都有自己存在的价值和理由,应该让这两个不同阶段的教育都展示出自己的特色。从 1989 年开始,日本的幼儿园不再进行分科教学,转而进行综合实践活动的新尝试。文部科学省用终身教育的观点看待幼小衔接,不再狭义地将其视为两个教育阶段的过渡,明确指出幼小衔接不是要幼儿园传授与小学特定学科内容相关的知识,而是培养儿童上小学后所需的生活与学习能力。③

目前,日本在幼小衔接方面的几大特点表现为:在教育观念上,从确保儿童由幼儿园到小学的顺利过渡转变为促进儿童的可持续发展;在教师职责方面,从幼儿园教师单方面支持配合小学教师转变为双方平等合作;幼儿园与小学低年级的课程内容由各自为政转为合二为一,小学低年级课程幼儿园化。④

---

① 周采:《比较学前教育》,北京:人民教育出版社,2010 年,第 158 页。
② 转引自小田丰、木夏良彦:《新时代的幼儿教育》,东京:有斐阁,2002 年,第 197 页。
③ 周采:《比较学前教育》,北京:人民教育出版社,2010 年,第 332 页。
④ 孔宝钢、胡娟:《日本幼小衔接的经验和启示》,载《幼儿教育(教育科学)》,2010 年第 12 期,第 51 页。

▶阅读推荐◀

[1] 曹能秀.学前比较教育.上海:华东师范大学出版社,2009.
[2] 周采.比较学前教育.北京:人民教育出版社,2010.
[3] 李永连、李秀英主编.当代日本幼儿教育.太原:山西教育出版社,1997.
[4] 张梅,胡学亮.日本家庭教育价值取向及其背景——兼与中国的比较考察.外国教育研究,2011(3).
[5] 黄喜珊,刘鸣.战后日本家庭教育的特色及启示.现代教育论丛,2008(7).
[6] 小田丰,木夏良彦.新时代的幼儿教育.东京:有斐阁,2002.

▶复习与思考◀

1.日本学前教育的机构主要有哪几种类型？日本对学前教育机构的管理体制是什么？
2.日本学前教育的目标包括哪些方面？
3.日本学前教育的师资有哪几种类型？培养机构有哪些？
4.日本家庭教育的特点是什么？
5.日本在幼小衔接方面有哪些做法？

第六章
世界其他国家的学前教育

【内容提要】 本章对世界其他国家如俄罗斯、澳大利亚、新加坡、加拿大等国的学前教育发展水平进行逐一分析,并简要介绍这些国家的学前教育发展状况,增加学生对各国学前教育的基本目标、课程及师资的了解,为我国学前教育的发展改革提供一个"参照物"。

【学习要求】
1. 正确认识各国的学前教育状况。
2. 掌握各国学前教育的目标与实施。

第一节 俄罗斯的学前教育

1991年,苏联解体,俄罗斯迅速走上了私有化的道路,这种状况给俄罗斯的文化教育事业带来了巨大的冲击。同时,俄罗斯在继承了苏联学前教育优良传统的基础上,在本国政治、经济、社会发展的新形势下锐意进取、改革创新,在学前教育理念、学前教育机构的多元化等方面形成了具有俄罗斯特色的新局面。1992年7月,俄罗斯出台了教育领域的根本大法《教育法》。该法要求对教育机构进行定期评估鉴定、资格认证。这为学前教育的发展提供了法律依据。同时,该法律的颁布,使学前教育的发展开始受市场经济的调节,教育必须满足家长的多层次的需要,并使儿童的发展适应未来社会。这种状况使俄罗斯的学前教育的福利性质发生改变,它不再是社会公益事业,而是受市场经济的调节。家长根

学前比较教育

据自己的需要自主选择幼儿园。幼儿园也改变封闭式的管理模式,让家长、社会团体和企业都可参与幼儿园的管理。

一、俄罗斯学前教育机构的类型及其管理

俄罗斯重视学前教育工作,把学前教育定义为"教育和文化事业的基础之一",公办学前教育机构比例大,教育公益性强,城乡分布较为均匀。托儿所和幼儿园为学前教育实施机构。

(一)托儿所

托儿所是俄罗斯学前教育机构体系的第一个层次,大都是私立机构,面向 2 个月至 3 岁的婴幼儿,每天的开放时间为 8~12 个小时,每周工作 6 天,但生源极不稳定。

托儿所对婴幼儿承担的任务主要是"看管""监护""保养",教育职责居于次位。因为受俄国低出生率和高死亡率的严峻现实影响,托儿所积极响应国家优生优育的政策,把养护看作自己的首要任务,所以,托儿所依照严格的程序选聘和任用养护人员,对养护人员提出了较高的素质要求。俄罗斯儿童教育家阿卜杜勒哈伊维奇说:"爱心和责任心,是儿童教育者最基本的素质。"对保育员来说,有一定的性别和年龄要求,一般是已婚并生育过的俄罗斯妇女,需有一定的文化知识和经验。此外,思想品质、身体健康状况和心理素质也是托儿所对工作人员素质要求的重要指标。[①]

(二)幼儿园

俄罗斯的幼儿园主要分为公立和私立两种类型,面向 2 岁~7 岁的儿童。按照 1992 年俄罗斯政府颁布的《俄罗斯联邦教育法》规定,学前教育机构的创办人可以是:①国家政权机关、国家管理机关、地方行政机关;②本国或外国的各种所有制形式的联合公司、企业、机关和组织;③社会、宗教组织及其联合组织;④俄罗斯联邦公民和其他国家的公民,等等。与此同时,俄罗斯政府加强了幼儿园管理体制和教学体制的改革,扩大了幼儿园的自主管理权和经营自主权,以满足不同地区幼儿园实际发展的需求。如《俄罗斯联邦教育法》明确规定:"学前机构可以在国家标准大纲的指导下,结合本地、本机构的具体情

---

① 冯永刚:《形式多样的俄罗斯学前教育机构之一 托儿所:俄罗斯学前教育机构体系的第一个层次》,载《教育导刊》,2007 年第 5 期,第 57~58 页。

第六章 世界其他国家的学前教育

况,制订具体的新大纲。"①

为规范幼儿园的办学行为,保证幼儿园的教育质量,俄罗斯教育行政机构对幼儿园的办学条件、教师的学历、敬业精神、责任心等都有明确的规定和严格的考核。此外,《俄罗斯联邦教育法》规定要建立专门的监督调控机构,定期对教育机构进行检查和专门鉴定,根据鉴定的结果,分三个等级,对国立、私立的学前机构进行教育资格认证和评估鉴定。

(三)托儿所—幼儿园联合体②

1959年,根据苏共中央和部长会议的决定,将幼儿园和托儿所合并,称为"托儿所—幼儿园",由教育部统一领导和管理。这种联合体是俄罗斯学前教育机构的重要组成部分,2个月至7岁的儿童均可入学。无论是在教育目标、课程实施、教育方法上,还是在教学形式和教育资源共享上,它都体现出了教育的整体性和综合性,以达到各因素协调发展和优势互补,促进儿童身心健康成长。这是一种深受家长喜欢的学前教育机构。

此外,俄罗斯还有一系列典型的学前教育机构。如培养俄罗斯世界冠军的摇篮——幼儿体育学校,在俄罗斯学前教育机构体系中,幼儿体育学校是一道亮丽的风景;让家长参与幼儿教育活动,以配合幼儿教师对儿童进行教学与管理为显著特色的学前教育机构——俄罗斯家长管理中心;为3岁~7岁儿童提供教育的学前教育组织——社会服务性学前班,是兼具全日制和寄宿制为一体的学前教育机构,确保学前儿童享有平等的受教育权。

近几年,由于推行鼓励生育的人口政策,全俄范围内出现了学前教育需求高峰,入园、入托名额供不应求。2008年年底时,城镇地区达到111:100。2009年初,等待入学的儿童达171.6万人。2010年9月,托儿所和幼儿园仅能接收的儿童达83.2312万人。截至2010年9月,俄罗斯有学前教育机构47 213所,其中,98%为公立。在学儿童为547.3757万人,约占适龄儿童总量的59%。在学儿童中,18%年龄在1岁~3岁,41%年龄在3岁~5岁,41%年龄在5岁~7岁且在学前大班学习。

根据《俄罗斯联邦教育法》规定,所有适龄儿童都应享受到免费的学前教育。2008年9月12日,俄联邦总理普京签署命令,批准实施《幼儿园工作规程》。此

---

① 冯永刚:《形式多样的俄罗斯学前教育机构之二 幼儿园:俄罗斯学前教育机构的主要类型》,载《教育导刊》,2007年第6期,第59~60页。
② 冯永刚:《形式多样的俄罗斯学前教育机构之三 托儿所—幼儿园联合体:深受家长欢迎的学前教育机构》,载《教育导刊》,2007年第7期,第60~61页。

规程对幼儿园的性质、任务及类别进行了界定,并就幼儿园的工作组织、班级编制、教育过程、幼儿园管理、幼儿园资金和财产等方面内容做了详细规定。

二、俄罗斯学前教育的内容和目标

俄罗斯学前教育界认为,学前时期是儿童生理和心理发展的最重要时期。因而学前教育就是要尊重儿童的天性和自然成长规律,把游戏作为学前儿童成长、学习的主要途径。学前教育的内容和方法必须有科学的依据,否则会给儿童的健康成长带来不利的影响。俄罗斯教育科学学院学前教育研究所是这方面的最权威的机构。俄罗斯幼儿园的课程设置和教育教学内容注重对儿童进行身体健康和品德方面的教育。

俄罗斯幼儿园的教育目标是在儿童认识世界的过程中积极培养儿童对生命和周围环境的人文关怀意识,重视儿童人性的发展,重视培养儿童与成人、儿童与自然之间的和谐关系。此外,博物馆也是俄罗斯学前儿童的良好教育场所。定期带领儿童到不同的博物馆参观是幼儿园一项重要的教育教学实践,也是俄罗斯学前教育实践的一道亮丽的风景线。"使儿童获得全人类的价值观"体现了俄罗斯学前教育理念的前瞻性和人文精神。①

三、幼小衔接

在幼小衔接方面,俄罗斯十分注重学前教育与普通初等教育的衔接性与连续性。早在 2003 年俄罗斯联邦教育部普通教育委员会就批准了《连续教育内容构想》(学前教育与普通初等教育阶段是彼此独立,又相互联系的两个阶段)。从儿童的心理特点出发为儿童养成良好的学习习惯打下基础,使儿童对小学阶段的学习产生一种向往和兴趣,在心理上做好进入小学学习的准备,使儿童尽量缩短入学后的不适应期。

第二节 澳大利亚的学前教育

澳大利亚虽是年轻的国家,但学前教育事业的发展较为迅速。自 2006 年以来,为促进劳动力就业和提高国家未来生产力,澳大利亚开始强调政府在幼儿教

---

① 王凤英:《21 世纪俄罗斯学前教育发展及特色探析》,载《外国教育研究》,2011 年第 5 期,第 57～61 页。

育与保育服务中的责任,加大相应投入。① 2009 年澳大利亚开始推进实施国家幼儿发展计划,提供优质、便利、经济适用的综合性幼儿教育与保育服务,确保所有幼儿做好未来学习与生活的准备。

一、澳大利亚学前教育机构的类型及其管理

由于澳大利亚的幼儿教育覆盖幼儿 0 岁～8 岁这个年龄段,因而,小学的前 3 年被看作幼儿教育的一部分。小学 1～3 年级学生因为家长们上班时间不能与其同步,所以安排课前、课后及假期的看护,这种看护服务的目的主要是游戏和娱乐性的,而不是教育性的,使学生除了 6 小时上课时间以外,从早上 7 点到下午 6 点都能得到看护。在澳大利亚,一般每年 2 月初开学,12 月中旬放假,12 月至次年 2 月为暑假。学校每个学年分为 4 个学期,学前班和幼儿园的时间安排和小学同步。

在澳大利亚,学前教育机构的形式是多种多样的。通常,小学以前的幼儿教育主要有 4 种形式:幼儿中心、社区幼儿园、学前学校和家庭日间看护。

在澳大利亚还设有附设于小学的预备班,主要为 5 岁～6 岁儿童提供 1 年的入学前教育,它主要由州政府设立和管理,而首都直辖区和澳北区的学前教育机构则仍由联邦政府负责设立。由于学前教育机构主要还是由地方自愿团体设立,因而,它们在管理、经费等方面都有较大差异。出于家长的要求,联邦政府于 1973 年组建了澳洲学前教育委员会,研究使所有儿童获得至少一年学前教育机会所应采取的措施。目前,绝大多数准备进入小学的 5 岁幼儿都参加了全日制小学预备班。4 岁幼儿接受学前教育的比例,除一个州 40% 外,其余各州均在 80% 以上。

(一)幼儿中心

政府认识到高质量的幼儿中心对在职家长的重要性,愿意为家长提供财政援助,以保证他们的孩子能进入经过认证的高质量幼儿中心接受教育和看护。幼儿中心招收从出生到入小学的儿童,即 0 岁～6 岁的儿童。幼儿中心根据儿童的年龄和发展情况将其分班,每个幼儿中心的幼儿总数限制在 75 名以内,同时,每个年龄班的幼儿人数是有详细规定的,师幼比例的规定也十分严格。但幼儿中心里混合年龄的班级也是普遍存在的。在一个有 7～14 个幼儿的混合班

---

① 和建花:《部分发达国家幼儿照看和教育体制及其新政策概述》,载《学前教育研究》,2007 年第 7～8 期,第 111 页。

里,至少有 2 名保教人员;在一个有 14 个以上幼儿的混合班里,至少有 3 名保教人员。

幼儿中心的工作时间是从早上 7 点到下午 6 点,每周工作 5 天。大部分的中心为孩子们提供上午和下午的茶点及午饭,这些费用都算在每周 50 小时的托幼费之中,其他的食品和看护需要家长另外缴费。

目前,各州主要通过幼儿园联合会或类似的自愿组织兴办幼儿中心和幼儿园,这些幼教机构有 76% 以上是私立的,政府对注册的私立幼教机构提供资助。这种幼儿中心因方便家长,所以需求量越来越大。

(二)社区幼儿园(招收 3 岁~5 岁幼儿)

在澳大利亚,社区幼儿园是存在时间最长的一种幼儿看护和教育的形式。社区幼儿园是由家长代表和其他有关人士组成的委员会管理,这个管理委员会聘任幼儿园主任,被聘任的主任必须具有大专以上学历。这个委员会支持园主任和教师建立和执行规章制度,制订收费标准、集资以及组织家长参与幼儿园的建设和维修工作。

社区幼儿园是以社区为基础,为社区服务,同时它也接受来自政府的援助。政府的资金通过一个叫作"托幼协会"的组织发放到社区幼儿园,这个组织代表着社区幼儿园和家长的利益,同时也代表着教师和孩子们的利益。托幼协会帮助幼儿园主任和家长委员会履行职责,帮助幼儿园建立幼儿教育的课程并监督课程的实施。幼儿在进入小学前 2 年进入社区幼儿园,各个幼儿园中每个不同年龄的孩子可以自由确定、选择入园的时间,家长为自己的孩子提供午饭。

社区幼儿园的课程是以游戏活动为主的教育性课程,教师鼓励孩子们在游戏中表现自己的创造性和解决问题的能力,鼓励孩子们与教师和其他的孩子进行交谈,交流对各种活动的感受。教师还随时随地鼓励孩子们认字、读字,激发孩子们从事各种艺术活动和体育锻炼的兴趣。教师尽量组织孩子参加"综合性"的活动以促进孩子们在认知、语言、体能和社会性方面的全面发展。

(三)学前班

学前班一般附设于小学,在大部分情况下是这所学校的一部分。最近,行政体系的变革更是把学前班置于小学校长的领导之下,然而学前班的教师还只是负责学前班的教学。一个学前班最多只能接收 25 个孩子,由一个受过训练的教师和一个教师助理负责。课程设计、教学方法与幼儿园极为相似,孩子们根据自己的兴趣和需要,在教师的帮助和鼓励下通过参加自选活动或集体活动,来提高自己各个方面的能力。

家长和孩子可以自行选择每周入班的时间。但是在农村,因为家长需要走相当长的路送孩子进入学校,所以学前班的工作时间以及孩子们入班的时间都会有很大的变化。

(四)家庭日托

一些家庭经过政府主管部门(家庭服务与土著及海岛居民事务部)的批准在自己的家里提供托幼服务。很多家长愿意把自己的孩子送到这样的家庭中看护,他们喜欢这种看护的家庭气氛。

另外,还有临时和计时托幼服务,以及工作单位托幼服务,虽然规模不大,但是像其他的幼儿中心一样,这种服务是以看护为主的,也比较受家长的欢迎。

二、公开课程与隐蔽课程

澳大利亚的学前教育课程以多种理论知识为基础,而且经过精心设计、合理组织,有利于儿童的学习和发展,适应儿童的身心发展,适合儿童的年龄特征和个体差异,反映儿童的独特的知识经验、兴趣需要和家庭背景。

M.A.埃贝克认为学前教育课程可分为"公开课程"与"隐蔽课程"两大类。①

(一)公开课程

这种课程也叫"正式课程""显性课程",指的是有目的、有组织的各种教育活动,具有计划性、预期性等特点。在组织这类课程时,需要注意以下几个问题:①考虑到全体儿童的普遍情况;②从每个儿童的具体情况出发;③兼顾学前教育机构的特殊状况和社区的一般条件;④尊重澳大利亚的文化传统和全人类的文化遗产。

(二)隐蔽课程

隐蔽课程又叫"非正式课程""隐性课程",指的是无意识、无计划的各种教育活动,具有潜在性、随意性等特点。这类课程主要体现在学前教育机构的物质环境和社会环境方面。

三、澳大利亚学前教师教育

澳大利亚政府对各级学校教师资格均有明确的规定:学前及初等教育阶段

---

① 崔松鹤:《澳大利亚学前教育的课程与设计》,载《北方论丛》,2002年第1期,第126~128页。

的教师在高中毕业后须经过三年的专门训练。目前,学前教育师资及大部分初等教育师资由高级教育学院开设的三年制师范课程负责培训。在师资培训中,通过增设选修课、加强教育实践来培养个性全面发展的学前教师。

随着澳大利亚国家幼儿发展计划的实施,政府对幼儿教师的学历要求越来越高,特别是在社区幼儿园和学前班里,教师的学历要达到大专以上水平。同时强调幼儿教师必须具备幼儿发展和社会学方面的知识,以保证在教学过程中懂得如何观察和评估幼儿的发展,设计适当的活动以促进幼儿的全面发展,运用社会学的知识正确了解社会,适应澳大利亚多元文化的国情。

教师工作的重点是照顾和看护孩子,但是随着教师水平的提高,幼儿教师的工作已经注意到对儿童,特别是对大班、中班及学前班儿童开展教育活动。这是当前幼儿中心工作中的一个改变,随着幼教认证体系的不断发展,在这方面还会出现一些新的变化。

第三节 新加坡的学前教育

一、新加坡学前教育机构的类型及其管理

作为英联邦国家,新加坡的学前教育体制基本上沿袭了英国的学前教育体系,学前教育组织多由民间开办,如宗教团体、私人机构、商业机构、社团等。新加坡的学前教育主要由新加坡社会发展、青年及体育部和教育部管理。[1]

新加坡学前教育强调必须从小进行基本的社会行为准则、价值观、道德观的教育,以培养具有完整、良好个性品质的未来新加坡人。这是新加坡学前教育的基本理念,即希望幼儿能拥有以下的品质:能辨别是非对错;能与他人沟通;具有好奇心及勇于探索的精神;掌握听说的技能技巧;能与他人和睦共处;拥有健康的生活以及养成良好的习惯;爱家人、朋友、师长和幼儿园;具有优良的道德品质;具有独立生活的能力。

学前教育主要有两种形式:托儿所和幼儿园。

(1)托儿所,由社会发展和体育部管辖。它包括为职业妇女而设的托儿所、员工福利托儿所、社会服务性的托儿所(常由教会开办)、私立托儿所、商业机构的托儿所等多种形式。托儿所分全日制和半日制(家长按个人情况做选择),主要招收18个月左右的和3岁~6岁的儿童。

---

[1] 宋若云:《编译新加坡学前教育简况》,载《基础教育参考》,2011年第19期,第55页。

第六章 世界其他国家的学前教育

(2)幼儿园,由教育部管辖。它包括:启蒙班(招收3岁~4岁的儿童)、幼儿园一年级(招收4岁~5岁的儿童)、幼儿园二年级(招收5岁~6岁的儿童)。幼儿园教材、课程和教师资质由教育部统一审核监管。课程安排分上午、下午,每天上2.5~4小时的课,每周上5天课。幼儿园实行四学段制,每学段10周,一学段为1月到3月中旬,放假1周;二学段为3月到5月,6月初放假4周;三学段为6月底至9月初;四学段为9月中旬至11、12月,中间放假6周。新加坡也有其他类型的学前教育机构,如学前学后托管中心、育儿中心(社会发展部)、豆豆班(2岁)、特殊学校、语言中心、才艺班、激励课程班(适合懒散的孩子)、露营活动和假期文化营等,也为不同需求的家长和儿童提供教育服务。新加坡对职业妇女、多子女者及低收入家庭的孩子入园提供很大的优惠。

二、新加坡学前教育课程

依据教育部的规定,幼儿园每日课程活动包括语言、数概念、自然科学的概念,创造力、解决问题的能力、自理能力,音乐律动,以及社会性交往、户外活动等。内容主要包括英文、华文、马来文、数学、科学、音乐律动、美劳、游戏、户外活动、室内活动、电视观赏、故事分享、道德教育以及电脑。由于教育部规定幼儿园必须以英文和第二语文(母语——华语、马来语等)为媒介语,因此,双语教学成了新加坡幼儿园的特色。

2003年1月21日,新加坡教育部首次针对学前教育提出课程六大指导纲领,即强调儿童身心的全面发展,强调儿童综合学习、积极学习、互动学习,从游戏中学习的能力,注重教师与家长在孩子学习中扮演的角色。

三、新加坡学前教师教育

在幼儿教师的培训上,新加坡和其他许多国家不同。新加坡没有专门培养幼儿教师的师范学校,教师培养工作由培训完成。据市场调研,目前新加坡现存的幼儿教育机构共有1300多家,按平均每家10位在职教师,教师人数应超过万人。新加坡在职幼儿教师大多为中学水平,少部分是高中、中专水平。由于新加坡尚未建立完善的幼儿教师培养体系,幼儿教师主要通过私立教育机构的短期培训进行自我提升。据了解,1995年以来通过私立教育机构参加过短期培训的人数已超过2万人。近年教育部开始鼓励引进拥有大学学位的幼儿教师,目前仅10~20名。幼儿教师人均工资1600新元左右,拥有大学本科学位的幼儿教师或资深教师月工资2000~3000新元,拥有中学或中专学历的幼儿教师月工资1500~1800新元。同时,新加坡政府十分重视学前教育,从2001年开始,教育部和社会发展和体育部联合拟定学前教育师资培训与鉴定的新方案,提出课程培训框架以及不同层级幼教工作者的资格要求,为托儿所与幼儿园的教师、园长开办培训课程,并发专业文凭,包括"学前教育证书""学前大专教育文凭",以及"学前行政管理证书"等。其中课程培训框架规定了不同层级教师培训的入学资格及相应的课程。而不同层级幼教工作者的资格包括主管的资历要求、幼教教师的资历要求(分部门主任/高级教师、教师、语文教师、婴儿护理教师等层次)、幼教助理的资历要求等。

由于国土面积小、自然资源缺乏,因此新加坡非常注重人力资源的培养。它所实施的精英政策,导致了教育的过早分流和就学时的择名校倾向。许多学校从小学一年级开始就根据学生的成绩分班,使得家长送孩子入园时眼睛就盯着孩子的成绩。他们较关心的是孩子的写字、算术,而对游戏、听、说、读等培训关注得比较少。因而,在新加坡,幼儿园布置写字的家庭作业是司空见惯的事。由于幼教机构多为私人开办,入园人数的多少和人均缴费的高低成为幼儿园发展的根本保障,因此幼儿园十分重视家长的意愿。

随着与国际交流的加强,新加坡幼教正逐步与国际幼教接轨,正从以往的注重知识的传授和学业成绩,转而关注儿童身心发展的独特性。许多幼儿园在教育活动中加入了更多的游戏元素,强调互动学习及从游戏中学习,这使幼儿教育更生动有趣。

第四节 加拿大的学前教育

一、加拿大学前教育的机构

加拿大的学前教育机构分类较明确,主要有学前班、日托中心、幼儿园三类,孩子入读的年龄、在园的时间等相对灵活。

(一)学前班

学前班一般由政府机构(如社区中心等)主办,入读的一般为两岁半以上的幼儿。孩子自带点心,一次时间为两个半小时左右,每周去的次数比较灵活,可以选择去两次或三次。这种机构的好处就是在园的时间短,孩子比较容易适应,能大大缓解分离焦虑。

(二)日托中心

日托中心分为公立的和私立的。与学前班相比,这种机构的优势在于孩子的入园年龄相对灵活,小至几个月,大至5岁,而且提供全天看护,即孩子在园的

第六章 世界其他国家的学前教育

时间一般为上午七八点到晚上六七点,很适合父母均全天工作的家庭。有的日托中心需要孩子自带午餐,有的日托中心则提供午餐。此外,还有一种私立性质的蒙特梭利日托,这种日托中心收费相对高一些,孩子的入园年龄、在园时间比较灵活,可以全天,也可以选择去几个小时。相比而言,此类机构最大的优势是拥有较齐备的教具,在教学安排等方面更加系统、正规,孩子能够学习数字、字母、阅读、写作、音乐、数学、科学和手工制作等方面的知识和技能,从而为以后入读小学做准备。

(三)幼儿园

孩子满 5 岁后可以入读公立小学的幼儿园,作息时间跟小学一致,一般是上午 8:45 到下午 3:15,需要自带午餐。从幼儿园开始,孩子逐渐会受到一些文化知识方面的教育,从而为入读小学做准备。

二、加拿大学前教育的目标

加拿大学前教育的宗旨在于保证儿童的幸福、安全,开发儿童的内在潜力,学前教育的内容涉及语言、数学、科技、社会发展、艺术五大领域。课程目标是为所有儿童提供能充分发展其最大潜能的生活和学习环境;注重培养儿童的语言能力和解决问题的能力,促进儿童健康快乐地发展。加拿大学前教育教学主要以意大利的瑞吉欧理论为基础,教学活动也多以主题的形式开展,其综合性很强,渗透到五大领域中。

三、加拿大学前教师教育

加拿大学前教育师资水平较高,公立幼儿园教师必须是大学(4 年)毕业,再参加 1 年教师专业培训,取得教师资格,再持推荐信到省里登记,经过省、市、学校严格、全面、细致的考核,予以聘用(1~2 年为代课教师)。蒙氏幼儿园的教师还需接受 1 年蒙氏教育培训,若担任 2 岁以下孩子的教师,在此基础上还需经过半年的专门护理的培训(包括急救训练),方可录用。

可见,加拿大的学前教育师资力量是十分强大的,这在一定程度上保证了其基础教育质量。而且在加拿大,教师这个职业是非常受人尊重的,较高的社会地位和待遇更加坚定了许多人加入该职业领域的意愿。这一点与我国现有的学前教师教育现况相比,是十分先进的,也是值得我们借鉴的。

▶阅读推荐◀

[1] 王凤英.21世纪俄罗斯学前教育发展及特色探析.外国教育研究,2011(5).
[2] 和建花.部分发达国家幼儿照看和教育体制及其新政策概述.学前教育研究,2007(7~8).
[3] 崔松鹤.澳大利亚学前教育的课程与设计.北方论丛,2002(1).
[4] 宋若云.新加坡学前教育简况.基础教育参考,2011(19).
[5] 于志涛.澳大利亚国家幼儿发展计划及其启示.教育导刊,2010(7).
[6] 冯永刚.形式多样的俄罗斯学前教育机构.教育导刊,2007(5~10).

▶复习与思考◀

1. 查阅资料,谈谈俄罗斯的学前教育发展状况。
2. 根据你所掌握的资料,谈谈澳大利亚学前教育课程对我国学前教育改革的影响。
3. 简要评述新加坡的学前教育发展状况。

第七章
各国学前教育之比较

【内容提要】 由于政治、经济、文化等方面的不同,各国在学前教育发展上,既有相同点,也有不同点。本章将从机构管理、目标与实施、师资培训、家庭教育与幼小衔接等几个维度,对本书上编中提到的不同国家的学前教育发展状况进行简要的比较和分析。

【学习要求】
1. 了解各国的学前教育状况之间的差别。
2. 掌握各国学前教育的目标与实施之间的异同。

第一节 各国学前教育机构与管理之比较

一、学前教育机构的类型

在学前教育对象上,不同国家略有不同。其中,英国、新加坡和澳大利亚招收的是5岁以下的儿童;而美国、法国、俄罗斯以及中国招收的是0岁~6岁的儿童;日本则相对以上国家教育年限较长一些,其教育对象的年龄是0岁~7岁。

学前教育机构的种类在各国也存在着比较大的差异。其中,英国的种类最为繁多,多达11种:幼儿学校、日托中心、联合托儿中心、家庭保育、学前游戏小组、父母婴儿小组、社区中心婴儿室、4岁幼儿班、学前班、亲子小组、儿童保育中心；美国有8种：儿童保育中心、学前教育中心、幼儿园、幼儿学校、家庭日托、入学准备班、早期教育补偿中心、儿童玩具图书馆；法国有5种：幼儿园、幼儿班、托儿所、保育室、流动车；澳大利亚有幼儿园、学前班、全天日托中心、家庭日托、课后托管班、学前儿童特殊服务等；新加坡和日本学前教育机构则以托儿所和幼儿园为主。

日本的学前教育在2006年以前主要由文部科学省管辖的幼儿园（对象为3岁~5岁儿童）和厚生劳动省管辖的保育所（对象为6个月至5岁的婴幼儿）承担。在此基础上，2006年，日本的学前教育又增加了由文部科学省和厚生劳动省共同管辖的"认定型儿童园"，目的是加强保育与幼儿教育的协作，同时缓解"入托难"和"入园难"的矛盾。目前，"认定型儿童园"共有4种类型：保幼结合型、以幼为主兼具保育功能型、以保为主兼具幼教功能型、地方裁定型（未经文部科学省和厚生劳动省的认定，由地方政府批准的暂时性保育设施，如父母临时有事，无法照看儿童等）①。

在学前教育的发展中，私立学前教育机构起了重要的作用。如1989年，美国私立幼教机构中的入学儿童占入学儿童总数的37%。1990年，英国受教儿童中有6%受教于私立幼教机构。1992年，法国私立幼儿园儿童占入园儿童总数的12%。② 2008年度，日本共有13626所幼儿园，其中国立的为49所（占0.4%）、公立的为5301所（占38.9%）、私立的为8276所（占60.7%）。③

多种多样的学前教育机构，在学前教育普及率上起到了积极的作用。如美国2007年5岁儿童入园率达87.1%。④ 2009年法国3岁~5岁儿童的入园率为100%。⑤ 另外，经济的发展也对入园率产生了正面影响。日本战后数年内经济迅速回升，从20世纪70年代起转入经济稳定发展时期。据资料显示，到1974年为止，日本人均GDP高达4000美元，比战前增长许多。1975年，日本3岁~5岁儿童的毛入园率约达61%，到了2008年，日本学前教育3岁~5岁儿童的毛入园率整体上已经达到91.3%。⑥ 见下页图示：

---

① 李春生编译：《日本学前教育简况》，载《基础教育参考》，2011年第10期，第50页。
② 李生兰：《比较学前教育》，上海：华东师范大学出版社，2009年，第266~278页。
③ 中国驻法使馆教育处供稿：《法国学前教育简况》，载《基础教育参考》，2011年第19期，第45页。
④ 刘翠航编译：《美国学前教育概况》，载《基础教育参考》，2011年第9期，第45页。
⑤ 中国驻法使馆教育处供稿：《法国学前教育简况》，载《基础教育参考》，2011年第19期，第45页。
⑥ 李春生编译：《日本学前教育简况》，载《基础教育参考》，2011年第10期，第50页。

1975 年日本学前教育毛入园率

机构类型 \ 年龄	5 岁	4 岁	3 岁
幼儿园	64%	48%	6%
保育所	23%	24%	19%
合计	87%	72%	25%

2008 年日本学前教育毛入园率

机构类型 \ 年龄	5 岁	4 岁	3 岁
幼儿园	57%	54.6%	39.9%
保育所	40.8%	41.3%	39.9%
合计	97.8%	95.9%	79.8%

二、政府对学前教育机构的关注

随着经济、社会的不断发展，很多国家对学前教育的关注度逐步提高，政府的财政投入以及法律支持率也不断提高。

如美国，在 20 世纪 80 年代前，政府对学前教育投入较少。20 世纪 80 年代以来，联邦和地方政府越来越重视婴幼儿及学前教育，通过各种立法项目加大了对教育的投入。美国当前享有各级政府资助的学前教育项目约占整个学前教育投入的 80%，这些资助投入多种多样的学前保育、教育项目中（如"启蒙计划""早期启蒙计划""儿童保育和发展基金""贫困家庭短期补助计划""社会服务补助金""特殊教育学前班基金""特殊教育学前班基金"等），从而加强学前教育建设。

法国学前教育经费比重也较高，2008 年教育经费为 1294 亿欧元，学前教育经费为 135 亿欧元，占全国教育经费的 15.6%。日本在 1974 年学前教育经费占总教育经费的 3.7%，2008 年提高到 4%。

俄罗斯地大物博，人口密度较低，居民居住分散，给教育工作尤其是学前教育工作造成了巨大障碍。目前，由于俄罗斯还没有建立起全国性的学前教育组织，因而一些农村、山区城镇和边远落后地区还没有足够的生源、资金和物资设备来组建正规的幼儿园。另外，由于气候、交通、工资待遇等问题，许多幼儿师范学校的毕业生不愿到这些地区任教，从而导致这些地区师资力量严重不足。因此，各地区教育委员会根据实际需要，成立了家长管理中心，一方面，积极招聘幼儿师范学校的毕业生来中心任教；另一方面，为补充师资，让家长参与到中心的教育活动中来，以便充分利用家长资源，让家长参与幼儿教育活动，配合幼儿教师对儿童进行教学与管理。这是俄罗斯学前教育机构的显著特色。这种学前教育机构主要存在于经济不发达的俄罗斯各山区和城镇，一般提供半天或全天服务。

俄联邦政府在 2007 年开始向有学龄前儿童的家庭发放餐费补贴，从 2008 年平均补贴金额为每月 169.3 卢布，截至 2010 年上半年，每月达到 263.96 卢布,并呈现出逐年增长的趋势。①

同时,各国在控制师生比上也有所不同,西方国家的整体情况好于亚洲。如英国的师幼比在 1:3～1:5 之间。在澳大利亚的家庭日托里,5 岁以下的师幼比在 1:5 以下,在学前教育中心,5 岁的师幼比为 1:8。在日本,1 岁～2 岁师幼比 1:3,3 岁以上的师幼比则为 1:20。新加坡师生比通常是 1:25(5 岁的 1:20,4 岁的 1:15),个别私立教育机构师幼比可达 1:15。

第二节 各国学前教育的目标与实施之比较

一、学前教育的目标

总的来说,各国学前教育目标都是围绕着幼儿身心健康而制订的,旨在丰富幼儿的经验,促进幼儿全面发展,为小学以及未来的发展做准备。但在具体表述上各国不尽相同,如美国提出要培养儿童社会交往的能力、自我服务的能力,增强儿童的自尊意识,培养儿童的学习能力、思考技能及学习准备技能,提高儿童语言和文学表达的能力,发展儿童的独立性,促进儿童的均衡发展等。在理解学前教育目标时,美国还强调要重视儿童的多元文化教育,培养儿童积极的文化意识,使儿童成为一个世界人。

西欧的英国学前教育的目标是使幼儿在身体、智力、语言、情感、社会、精神、道德和文化等方面得到发展,特别强调要丰富儿童的历史和地理知识,培养儿童的社会、文化技能,帮助儿童了解人类与社会的关系、科学与技术的关系,以及信息技术对世界发展的作用,培养儿童的个性与各项能力,为儿童将来走向社会打好基础。法国的学前教育目标是促进儿童体力、社会性、智力、艺术能力的和谐发展,为儿童未来的社会生活做好准备,其中特别强调要培养儿童的乐感、绘画能力和手工制作能力,发展儿童对美的欣赏能力和表达能力,增强儿童适应环境的能力,使儿童懂得民主、科学,学会遵纪守法,培养健康的人格,以增加幸福指数。

在俄罗斯,学前教育的目标是促进儿童身心健康成长,发展儿童智力,向儿童传递人类文化遗产,为儿童提供学习民族艺术品的机会,培养儿童的美感。②

中国幼儿园保育和教育的主要目标是促进幼儿身体正常发育和机能的协调

---

① 刘杉杉编译:《俄罗斯学前教育简况》,载《基础教育参考》,2011 年第 15 期,第 35 页。
② 李生兰:《比较学前教育》,上海:华东师范大学出版社,2009 年,第 266～278 页。

发展,促进身心和谐发展,激发求知欲,培养"五爱"(爱家乡、爱祖国、爱集体、爱劳动、爱科学)情感,培养良好的行为习惯。培养幼儿初步的感受美和表现美的情趣和能力。① 新加坡提出要为儿童进入小学做好准备。日本学前教育目标强调公民素质教育,提出要培养儿童具有社会所期望的品质。②

澳大利亚提出学前教育要促进儿童在体力、社会性、情感和认知等方面的发展,提高幼儿的社会交往能力,培养儿童积极的自我意识,增强儿童的自信心,提高儿童解决问题的能力、表达能力、想象能力和创造力,并注重向儿童介绍土著人习俗和艺术,使儿童初步接受多元文化的熏陶。

二、学前教育的实施

学前教育的实施是对学前教育过程的组织,包括学前课程方法、途径和组织形式。③ 在学前教育的实施方面,每个国家都重视通过游戏向幼儿施教。虽然各国开展的活动不同,但总体看来都注重为幼儿创造条件,开展各种有益于身心、有益于个人发展的活动。

美国、日本、澳大利亚和中国都以一日活动来实现教育目标。同时,还重视利用环境来促进幼儿的学习和成长,如美国适当开辟各种学习区:家庭区、积木区、图书/语言区、木工区、艺术区、操作区、体育区等,澳大利亚创造条件让儿童玩水、玩沙。日本有大小组活动、观察活动、谈话活动,而且还顾及个体的差异开展自由活动和个人活动。

欧洲国家普遍强调要根据儿童的年龄特点和个性特征,开展各种活动来实现教育目标。如英国,开展的教育活动主要有游戏活动、区域自选活动、探索活动、创造活动、美术活动、语言活动、音乐活动、专题活动;俄罗斯教育活动主要有游戏活动、自由活动、交往活动、语言活动、舞蹈活动、艺术活动等;法国的活动主要有体育活动、口头表达与书面表达活动、艺术与审美活动、科学技术活动等。

第三节　各国学前教师教育之比较

学前教师教育是指培养和提高学前教育师资的专业教育。20 世纪 90 年代以来,学前教师教育的内涵逐渐丰富,外延不断扩展,已经发展成职前培养和在职进修相统一、正规教育与非正规教育相结合和多层次、全方位的幼儿教师终身

---

① 中华人民共和国国家教育委员会(第 25 号)《幼儿园工作规程》(1996)。
② 李生兰:《比较学前教育》,上海:华东师范大学出版社,2009 年,第 279~280 页。
③ 刘晓东、卢乐珍等:《学前教育学》,南京:江苏教育出版社,2004 年,第 400 页。

教育。本节主要探讨两方面的内容:学前教育师资的种类和学前教育师资的培养机构和课程设置。

一、学前教育师资的种类

学前教育师资的种类实际上是指从事幼儿教育的幼儿教师类别。幼儿教师有广义和狭义之分。广义上来讲,幼儿教师是指学前阶段的幼儿教师,包括各种学前教育机构的幼儿教师和保育员;狭义上来说,幼儿教师指的是与保育员相对的幼儿教师,即和保育员一起工作,但主要承担教学工作的教师,其师资水平和社会地位一般高于保育员。在本节中,所提到的幼儿教师是指广义上的。①

各个国家学前教育的师资情况不同,但从类别上来看,一般分为三类:幼儿教师、保育员和特殊教师。这三类教师的划分只是一般情况,实际上各个国家之间的差别很大。

英国的幼儿教师和保育员分别在不同的机构接受训练,具有不同的任教资格,然后在不同的学前教育机构执教,从事不同的工作。而美国学前教育师资则没有明确的幼儿教师和保育员之分,而是将幼儿教师分为若干种水平。②

日本的学前教育机构有两种:幼儿园和保育所。在幼儿园的教师称为"教师",在保育所的教师称为"保育士",两者均为教师,只是所在的机构不同。幼儿园里教师分为四种类型:持专修许可证者(完成大学研究生院硕士学位课程者)、持一种许可证者(四年制大学的毕业生)、持两种许可证者(短期大学毕业生)和持临时许可证者。保育士有两种类型:一种是由厚生劳动大臣指定的专门培养保育士的短期大学、大学,或保育专门学校培养;另一种是通过各都、道、府、县的"保育士考试"的高中毕业生,或非厚生劳动大臣指定的大学、短期大学毕业生。

澳大利亚师资类型主要有三种:幼儿教师、教养员和保育员。这三类教师的社会地位不同,待遇也不一样。幼儿教师主要毕业于州立师范学院、私立师范学院和大学,多在幼儿园中执教,工资待遇和工作环境与中小学教师一样。此类教师在澳大利亚学前教育师资队伍中占较大比例。教养员主要毕业于技术和继续教育学院或高级学院,并获得资格证书或助教文凭,有部分毕业于大学的教养员专业。他们中的多数就职于保育机构,少数在幼儿园助教,社会地位和工资待遇比幼儿教师差。保育员主要拥有短期培训证书,多在联邦资助的儿童保育中心工作,主要负责照顾婴幼儿的身体、卫生保健和清洁工作。

---

① 曹能秀:《学前比较教育》,上海:华东师范大学出版社,2009年,第144页。
② 曹能秀:《学前比较教育》,上海:华东师范大学出版社,2009年,第146页。

二、学前教育师资的培养机构及其课程设置

20世纪80年代以来,随着幼儿教师学历层次和实际能力的不断提高,社会对幼儿教师培养提出了更高的要求。目前,各国学前教育师资的培养机构基本上都以高等院校中的研究生院、本科、专科为主,可分为以下几个层次:课程培训机构、职业中学和幼师学校、初等学院、大学。

(一)课程培训机构

课程培训机构主要是各国不同种类的学前教育协会或团体为了满足社会对幼儿教师的需要而设立的有关教师职前培养机构。这种机构通常作为正规幼儿教师职前培训的补充形式,与正规教育一起担负着培养幼儿师资的任务。如美国的专业认同评议会,每年都会出台相应的"CDA专业培训方案"。该方案是专为毫无托儿经验人员、无早期教育学分人员而设立的。该方案设有儿童发展课程,并安排无托儿经验人员在学前教育机构获得工作经验,取得必备的实际技能。在专业认同评议委员会登记入读的学生,在它的直接监督下完成训练,然后获得相关证书。

(二)职业中学和幼师学校

初中毕业的学生可以进入职业中学,学习2~4年学前教育课程,并进行一定时间的幼儿园见习和实习,毕业后可从事保教工作。幼师学校也招收初中毕业生,学制一般为3年。如20世纪90年代以来,俄罗斯学前教师教育继承了苏联的两极教师教育体系(中等和高等),幼儿教师职前培养主要机构之一为中等师范学校,兼收初高中毕业生,学习年限为3年。我国幼儿教育师资培养的主要机构之一为中等学前师范教育,包括幼儿师范学校、普通师范幼师班和职业高中幼师班等。近些年来,我国也在大力提高学前教育师资的学历。

(三)初等学院

该机构存在于大部分国家。一般来说,各国的高中毕业生都可以通过考试或申请进入初等学院,学制为2~3年。如在美国,初等学院主要是社区学院,学制为2年,培养为5岁以下儿童服务的日托中心教师。各社区学院可以让本社区没有机会到外地高等学校学习,但有能力的高中毕业生在此接受专业教育。这些高中毕业生进入社区学院,在完成基础课、专业课的学习和参加教育实践后,可获得副学士学位。毕业后,他们要么在托幼机构做助理教师,有了1年的经验后,成为主教师;要么继续升入4年制大学。此类社区学院适应性强,收费

较低,即可满足毕业生继续升学的要求,又可为地方教育部门培养幼儿教师,从而促进地方学前教育事业的发展。①

(四)大学

许多国家的大学设有学前教育系(早期教育系或教育学院),招收本科生和研究生。曹能秀在其著作《学前比较教育》中提到,在澳大利亚,除州立师范学院和私立师范学院外,高等教育学院和综合性大学是两类各具特色的幼儿园教师职前培养机构。高等教育学院的幼教专业招收高中毕业生,通过3年学习之后,可获得教学证书,再经过至少1年的教育实践,然后可获得教育学学士学位。也有一些州的高等教育学院的学前教师教育课程是4年一贯制。综合性大学则让学生攻读3年文理专业课程,再进行统一的学前教育专业培训,以此来培养幼儿园教师。部分综合性大学还开设了硕士学位课程。此外,高等教育学院和综合性大学还为非教育专业的本科生设立了1年的学前教育课程,使他们有机会选择幼儿园教师这一职业。②

在课程设置上,一般分为3部分:公共基础课程、学科专业课程以及教育实践课程。

(一)公共基础课程

公共基础课程又称"通识课程",是学前教师教育课程体系的重要组成部分,处于基础学科的地位。其主要目的是:培养教师正确的人生观、世界观;培养教师人文精神和健全的人格,塑造教师的气质特征;培养教师认识事物和解决问题的能力;增强处理社会关系以及交流、协作的能力。其内容一般有人文科学、自然科学、社会科学和工具类课程,如法国师范学校的公共基础课包括法语、数学、科学与技术、历史、地理、公民教育、体育和艺术教育等课程。美国4年制早期教育专业的公共课程内容涉及人文、历史、哲学、艺术、科学、戏剧、政治等学科,占整个课程的三分之一。③

(二)学科专业课程

学科专业课程包括两个部分,即教育专业课程和学前教育专业课程。其内容涉及教育学、教育心理学、教育教学方法、教育组织与管理、儿童生理学、儿童

---

① 冯晓霞:《幼儿教育》,长春:吉林教育出版社,2000年,第130页。
② 曹能秀:《学前比较教育》,上海:华东师范大学出版社,2009年,第148~150页。
③ 曹能秀:《学前比较教育》,上海:华东师范大学出版社,2009年,第151页。

心理学、儿童教育理论等方面的内容,使得教师能够了解教育的性质,掌握教育的基本规律,获得教师应有的技能。另外,根据学前儿童的特殊性,学习有关幼儿方面的理论知识与实践,使其能胜任学前教育的工作。如美国学前教育专业课开设了学前儿童发展、学前儿童健康与安全营养、学前儿童教育、学前儿童课程、学前儿童的观察记录和评价等课程。

此外,还根据学前教育的特殊性、教育对象的差异性,开设了家庭教育、特殊教育等课程。例如,法国20世纪80年代的师范学校培养母育学校和小学教师的学科专业课程有教育哲学、教育史、教育社会学、心理学、母语学校、残疾儿童的适应与一体化,以及外籍儿童就学问题等。① 澳大利亚的学前教育专业课程大部分采用专题设课的形式,开设各种学前教育的理论和实践课程。以昆士兰技术大学的幼儿教育系为例,其课程设有幼儿教育导论、幼儿课程讨论、家庭和幼儿教育、幼儿的教学科学和文化、幼儿的音乐和运动、幼儿科学和健康教育、幼儿的角色和社会教育、幼儿的食物、幼儿的安全游戏和体育教学、角色游戏、绘画等。

(三)教育实践课程

教育实践是幼儿教师职前培训的重要组成部分。它主要用来帮助教师将理论与实践相结合,加深理解所学到的理论知识,真正做到学以致用。各个国家都十分重视学前教育理论与实践的结合。如澳大利亚学生在3年的学习期间,要到儿童保育中心、幼儿园、学前班以及小学低年级进行教育见习和实习,时间为19周。见习和实习安排在各个学期,为学生提供大量观察儿童、班级、幼儿园和小学的机会,使学生获得与个别儿童、小组儿童和全班儿童相互沟通的技巧,掌握教学的基本技能。②

各国除了重视职前的理论学习和教育实践外,也关注教师的职后培训。如英国采取短期培训、课程学习、学术交流、现场指导、外出参观等多种形式来提高教师的专业水平;法国规定教师每5年要轮训1次;俄罗斯认为教师的职前教育只是教育工作的起点,就职后仍需要继续接受教育,提高职业道德水平加强自身修养;日本利用园内培训、园际之间研修交流、公开保育活动、假期培训班、研究集会等来提高在职教师的素养。

---

① 曹能秀:《学前比较教育》,上海:华东师范大学出版社,2009年,第152页。
② 李生兰:《学前教育学(修订版)》,上海:华东师范大学出版社,2006年,第247页。

学前比较教育

第四节 各国学前儿童的家庭教育、社区教育与幼小衔接之比较

一、学前儿童的家庭教育和社区教育

很多国家重视将学前教育机构的教育与家庭教育相联系,通过各种形式对家庭教育进行指导,不同的国家所采取的形式有所不同。如美国采用了与家长一起制订计划、开展双亲日活动、召开家长会、举办家庭教育讲座、组织家长讨论、向家长开放园所、设立家园联系栏等形式。俄罗斯幼儿园注重从儿童的发展水平和家庭的实际出发,启发家长发挥应有的教育作用,如指导家长教孩子游泳等方面的技巧,帮助孩子做好入学的各种准备工作。英国的家庭教育指导方式主要有父母联系卡、父母屋、布告栏、家庭教育讲座、家长参观、家长委员会、邻里互助小组、专题辅导班、非正式会谈、家长专题讨论会、家长信函等。法国也成立了家长委员会,要求教师利用家长接送孩子的时间和家长交流信息,鼓励家长参与园教。日本还开展了家庭教育研究,广泛建立家庭文库,倡导推行父亲运动,在形式上有保育参观、家庭教育讲座、家长委员会、妈妈会议等。中国有家长会、家访、家庭教育专题讲座、家庭教育专题研讨会、幼儿园半日开放活动、亲子同乐活动、班级家庭教育黑板报和墙报、幼儿园家庭教育学报等。新加坡有家园合作会议、教育信息角、讨论辨析会、亲子活动、接送交流等。

此外,一些国家还注意充分利用社区资源来带动学前教育的发展。如美国教师经常带领儿童到博物馆、动物园、电脑房、展览馆去参观学习。英国常组织儿童春游,参观玩具馆、美术馆、科学馆、博物馆等。法国也常为儿童安排各种参观游览活动。

值得一提的是,新加坡不仅注重挖掘社区潜力,还注重形成全社会关心幼教的风气,他们建立玩具图书馆、流动故事站,并在图书馆、社区中心、政府机构、法院等公共场所,开辟儿童活动的天地。

二、幼小衔接

教育学中的"衔接"一般是指两个相邻的教育阶段之间的相互联系。幼儿园教育和小学教育是临近的两个教育阶段,它们有各自的特点和任务,但彼此又有着密不可分的联系,小学与幼儿园相比,无论是教育内容,还是教育环境、教育方式都有着较大的变化,儿童将面临人生的第一次重大转折和各种各样的问题。

许多国家都将关注点聚焦于此,采取了一系列的措施来解决幼小衔接中出现的问题。

日本和法国通过政府出台教育政策,直接对幼小衔接进行干预。日本在1947年颁布的《保育要领》中明确指出,学前教育机构与小学之间应该进行充分沟通和联系。关注幼小衔接,并不断地进行政策的改进和完善。法国在1990年颁布关于建立初等教育3年制学习阶段改革计划的法令,尝试着通过打破传统的年级概念来实现幼小衔接的顺利进行。美国和英国用分年级的做法减少幼儿入小学所面临的一系列困难。

很多国家都设置了跨越幼儿期和儿童期的教育机构。如美国的第一所公立幼儿园附设在公立小学内,接纳4岁~6岁的儿童,对上小学一年级之前的儿童限定进行为期1年的预备教育,主要是促进幼儿各方面的发展,为入小学做准备;日本设置了幼年学校,儿童4岁入幼年学校,学制4年,之后再接受4年小学和6年中学的基础教育。

各个国家还通过加强两个教育阶段的互相了解来实现幼小衔接。如在美国为了更好衔接,幼儿园的教师和小学教师要了解双方教育的任务和特点,尤其是双方教育对象的心理发展水平和特点,幼儿园教师可担任小学一二年级课程,小学一二年级的教师也可担任幼儿园的工作。近年来,日本非常关注幼儿园和小学建立长期的经常性的合作关系,在实践中常采取两种形式:一是幼儿园和小学联合组织开展的各种交流和合作活动;二是幼儿园教师和小学教师有意识地增加交流和合作活动的频率。

目前,各个国家还通过加强幼小衔接的实验来实现幼小衔接。如美国一些有效衔接机构开展了以下活动:①定期与小朋友和家长电话联系,或面对面访谈,分享小朋友的学习状况,进而让小朋友和家长了解学校、教室环境;②在进入小学前和小朋友建立良好互信关系;③邀请小朋友在入学前参观校园环境;④为小朋友准备入学前在家中进行的活动,如提供暑假阅读书单或阅读书写游戏;⑤举办亲子座谈会,帮助他们了解学校相关要求及情况;⑥与当地家长会或教师协会做好联系工作,让家长了解幼小衔接机构,提供家长联谊机会;⑦提供相关资讯,如小学注册须知、户籍地所属各所小学的介绍,小朋友的营养餐注意事项等;⑧进行家庭访问;⑨为家长组织辅助团队;⑩帮助小朋友提早注册,以便学校多了解即将入学的小朋友。①

另外,在开展幼小衔接的过程中,各国还关注并酌情解决在幼小衔接过程中

---

① 周采:《比较学前教育》,北京:人民教育出版社,2010年,第330~336页。

存在的各种问题,如儿童在学习方式、学习环境等方面的断层,幼儿园教育小学化,在幼儿园和小学合作过程中存在合作关系不平等,学前教育是否要义务化等问题。

总之,在了解了各国学前教育发展概况之后,相信广大学前教育工作者可以以此为出发点,进一步去探索学前教育发展规律,了解学前教育发展趋势。同时,有些国家先进的教育理念、方法及形式,可为我国的学前教育改革提供可借鉴的经验,从而更好地促进我国学前教育的发展。

▶阅读推荐◀

[1] 李生兰. 学前教育学(修订版). 上海:华东师范大学出版社,2006.
[2] 周采. 比较学前教育. 北京:人民教育出版社,2010.
[3] 曹能秀. 学前比较教育. 上海:华东师范大学出版社,2009.
[4] [美]林秀锦. 美国的早期保育与教育. 南京:江苏教育出版社,2006.
[5] 朱家雄. 幼儿园课程. 上海:华东师范大学出版社,2003.
[6] 张燕. 幼儿教师专业发展. 北京:北京师范大学出版社,2006.
[7] 崔淑婧、刘颖、李敏谊. 国外幼小衔接研究趋势的比较. 学前教育研究,2011(3).

▶复习与思考◀

1. 查阅资料,谈谈文中所提及各国不同教育机构功能有哪些?
2. 根据你所掌握的资料,选择两个国家学前教育课程的目标和实施进行比较。
3. 举例说明幼儿教师的种类、职前培养机构和课程的基本情况,并加以分析评价。
4. 请查阅资料,举例说明在幼小衔接过程中应注意哪些问题?

下编 专题学前教育比较研究

第八章
蒙台梭利教育法

【内容提要】 著名教育家玛利亚·蒙台梭利是欧洲新教育运动的代表,她通过不断的研究和实验,创办了举世闻名的"儿童之家",创立了蒙台梭利教育法,极大地推动了现代幼儿教育的改革和发展。本章从蒙台梭利教育法的理论入手,对蒙台梭利的儿童观和教育理念进行介绍;重点讲解蒙台梭利教育方案的内涵。本章旨在通过具体、形象的描述,尽可能详尽地展现蒙台梭利教育法的内涵与特色。

【学习要求】
1. 了解蒙台梭利教育法的产生及发展历程。
2. 理解作为蒙台梭利教育理论基础的蒙台梭利儿童观和教育观。
3. 掌握当代蒙台梭利教育法的基本内涵,客观评价蒙台梭利教育法的优劣。

第一节 蒙台梭利教育法的形成、发展及其教育理念

一、蒙台梭利与蒙台梭利教育法的形成、发展

玛利亚·蒙台梭利(Maria Montessori,1870～1952,以下简称"蒙台梭利")是意大利著名的幼儿教育家。1896年,蒙台梭利以优异成绩从罗马医学院毕业,成为意大利的第一位女医学博士,但因为当时社会对女性学医存在歧视,她仅被聘为精神病诊所的助理医师。由于当时的医院将精神病患与智障者同置一

处,因此,她开始研究智障儿童的医疗与教育问题,进而发现这些儿童之所以存在这些缺陷,主要是因为在他们生命的最重要时期(3岁~6岁)被忽视的缘故。随着观察与研究的深入,蒙台梭利将自己设计的一套教学法,应用到智障儿童身上,成功地使这些儿童学会了读和写。因此,她意识到若将相同的方法应用在正常儿童身上,必能将他们从传统教学中解放出来,并使他们在心智成长上有令人惊喜的表现。于是,蒙台梭利开始认真地研究正常儿童的教育问题。1901年,她重新回到罗马大学研习,进修教育学、实验心理学、人类学、哲学等课程,为进一步加深自己的理论基础和更好地教育未来的"新人类",她进行了深入研究和积极探索。

1907年,蒙台梭利在罗马的一幢旧公寓里,招收了60位0岁~6岁的贫困幼儿,创办了第一所"儿童之家",之后又相继开办了几所同样性质的学校,招收3岁~6岁的儿童。在实际的教学活动中,她更加肯定孩子具有自我教育的本能。因此,成人必须为孩子准备一个良好的学习环境,在多样化的教具操作中和教师的引导下,让孩子自我教育。

蒙台梭利孕育多年的教学理念终于得到了实践的验证,并不断地经历"观察—实践—修正"的过程,确立了系统化、科学化的幼儿教学法,极大地推动了现代幼儿教育的改革和发展。她在实验、观察和研究的基础上撰写了《蒙台梭利早期教育法》《蒙台梭利儿童教育手册》《童年的秘密》《发现孩子》和《有吸收力的心理》等著作,先后被译成37种语言。许多国家设立了蒙台梭利协会或蒙台梭利培训机构,以她名字命名的蒙台梭利学校遍及110多个国家。她的传记被列入《12位帮助世界的人们传记丛书》中。英国教育家赞誉她为"20世纪赢得世界公认的推进科学和人类进步的最伟大科学家之一"。美国教育家赞誉道:"当代讨论学前教育问题,如果没有论及蒙台梭利体系,便不能算完全。"德国教育家这样评论道:"在教育史上,能像蒙台梭利教育法如此举世瞩目的并不多见。"

二、蒙台梭利教育法的儿童观及其教育理念

蒙台梭利以她广博的医学、生物学、哲学、心理学、人类学和精神病学等知识为基础,在教育实践中逐步形成了自己独特的教育理论,成为20世纪上半世纪意大利幼儿教育的理论支柱。

(一)儿童观

1. 儿童具有"内在生命力"

蒙台梭利教育法之所以能成为影响整个世界的教育体系,关键在于她在总结卢梭、裴斯泰洛奇、福禄贝尔等人的自然主义教育思想的基础上,形成了自己

第八章 蒙台梭利教育法

独具革命性的儿童观。蒙台梭利教育法的理论基础主要是蒙台梭利的儿童观,她认为儿童具有一种与生俱来的"内在生命力",这种生命力是以一种积极的、活动的、发展着的状态存在,具有无穷无尽的力量。教育的任务就是激发和促进儿童"内在生命力"的发挥,使其按自身规律获得自然而又自由的发展。

她不是把儿童看作未长成的"小大人",而是把他们看成与成人互为相反的两极,即儿童是成人之父、是现代人的老师。而教育工作者能做到的,只是为儿童准备一个适当的工作环境、活动场所。她主张不应该把儿童作为一种物体来对待,而应作为人来对待。儿童不是成人和教师进行灌注的容器,不是可以任意塑造的蜡或泥,不是可以任意刻画的木头,也不是父母和教师培植的花木或饲养的动物,而是一个具有生命力的、能动的、发展着的活生生的人。教育家、教师和父母应该仔细观察和研究儿童,了解儿童的内心世界,发现儿童"童年的秘密";热爱儿童,尊重儿童的个性,促进儿童智力、精神、身体与个性的自然发展。

蒙台梭利认为,儿童处在不断生长和发展变化的过程之中,而且主要是内部的自然发展。在这个连续的自然发展过程中,幼儿的发展包括生理和心理两方面。儿童期是人的一生中最重要的时期。她认为,儿童发展有一个胚胎期,包括生理和心理两个方面。其中,心理胚胎期是人类特有的,新生儿就是这个胚胎期的开始,是儿童通过无意识地吸收外界刺激而形成各种心理活动能力的时期。在心理方面,幼儿心理发展既有一定的进程,又有隐藏的特征。幼儿是一个"精神(心理)的胚胎",每个婴儿都有一种创造本能,一种积极的潜力,能依靠所处的环境,构筑一个精神世界。因此,幼儿不仅作为一种肉体而存在,更作为一种精神而存在。每个幼儿的精神也各不相同,各有自己的创造性的精神。成人应专门设置能满足儿童各种内在需要的环境,尽量排除不利于生命力成长的各种因素。

在蒙台梭利看来,幼儿身体内含有生机勃勃的冲动力。正是这种本能的自发冲动,赋予他积极的生命力,促使他不断发展。这种本能对幼儿发展表现出两种功能,一是主导本能,这种本能给处在生命初期的婴儿提供指导和保护,甚至决定物种的生存。二是工作本能,这是人的基本特征。幼儿正是通过不断的工作来进行创造,使他自己得到充分的满足,并形成自己的人格。它既能使人类不断进步,也能使人类环境不断完善。

2. 儿童具有"吸收性心理"

儿童具有"吸收性心理",在生命的最初几年里,儿童正是依靠这种"吸收性的心理"积极主动地吸收环境,获得了关于周围世界的各种经验。

蒙台梭利认为,儿童心理构建的过程发生在 0 岁~6 岁的这一段时间,有两个不同的阶段。第一个阶段是指 0 岁~3 岁,这时,儿童处于无意识"吸收性心理"阶段。这个阶段,儿童通过感官和运动探索环境,同时吸收周围环境中的语言。儿童保存着经验的记忆,但是属于无意识的,即他们不能随心所欲地唤起和使用它们。第二个阶段是3岁~6岁,儿童大约在3岁的时候,这种强大的吸收力变得有意识、有目的。其间,儿童开始注意到事物间的联系,并进行比较。由此,儿童开始对感官经验进行分类和整理,把以前吸收的许多感觉印象带入意识中。通过这一过程,儿童一步一步地构建自己的心理,直到具有记忆力、理解力和思维能力。

3. 儿童发展存在"敏感期"

蒙台梭利最早将"敏感期"的概念引入儿童发展并运用于儿童教育中。她提出处于不同阶段的儿童对不同的事物有着不同的敏感度。在蒙台梭利看来,敏感期是一种与成长密切相关,并和一定年龄相适应的现象,它只持续一个短暂的时期,然后消失,而且只要消失就永远不会再出现。如果儿童某一种能力发展的敏感期处于适当的环境之中,他就会轻松愉快、迅速有效地掌握某种能力;反之,即使付出巨大的努力也难有满意的效果。

蒙台梭利归纳出几个敏感期:①秩序敏感期,即从出生的第1年开始一直持续到4岁。这是幼儿的一种内部的感觉,以区别各种物体之间的关系,而不是物体的本身。②细节敏感期,即幼儿在2岁~3岁时会表现出对细节的敏感,他的注意力往往集中在最小的细节上。这表明幼儿的精神生活的存在,以及幼儿和成人具有两种不同的智力视野。③协调性敏感期,即在幼儿发展中最易观察到的一个敏感期。幼儿通过个人的努力学会走路,并逐渐取得平衡。这个敏感期是在2岁~3岁时出现的。④触觉敏感期,即幼儿会朝着外界的物体伸出小手。正是通过手的活动,幼儿才能发展自我,发展自己的心灵。⑤语言敏感期,即2个月左右的婴儿开始吸收语言,他所获得的语言是他从周围环境中听到的。当他说第一句话时,并不需要为他准备任何特殊的东西。在蒙台梭利看来,语言能力的获得和运用,是幼儿智力发展的外部表现之一。在这些敏感期期间,儿童的吸收力非常强,而且在此期间所学的东西往往会伴随一生。因此,教育者要根据儿童所处的不同敏感期对儿童进行特别教育,以期儿童得到最好的发展。由于这些敏感期的时间各不相同,而且所持续的时间长短不一,因此,教育者要因人而异,抓住时机,对幼儿进行有针对性的培养。

4. 儿童发展具有阶段性

蒙台梭利认为儿童成长的过程是有既定的"自然程序表"的。人到了24岁左右才算是真正完成成长阶段,而儿童期的发展阶段则到18岁结束。在此之前,蒙台梭利将之分为:第一阶段(0岁~6岁)是儿童各种心理功能形成期。其中,从出生到3岁是"心理胚胎期",这一时期儿童没有有意识的思维活动,只能无意识地吸收一些外界刺激;同时也是个性形成期,儿童逐渐从无意识转化为有意识,慢慢产生记忆、理解和思维能力,并逐渐形成各种心理活动之间的联系,获得最初的个性心理特征。第二阶段(6岁~12岁)是儿童心理相对平稳发展时期。第三阶段(12岁~18岁)是儿童身心经历巨大变化并走向成熟的时期。每一阶段都有不同的特征,发展过程中每个阶段都不能忽略。因此,教育就是要遵循儿童自己内在的法则进行活动。当教育是顺着生命的法则进行时,儿童就会充满生命力,呈现喜悦、希望、秩序和主动学习的现象;反之,如果教育的活动是违背生命法则的,那么生命力就会被扭曲,呈现悲哀、失望、愤怒和被动等现象。

(二)教育理念

1. 儿童是在"工作"中成长的

蒙台梭利对活动在儿童心理发展中的作用给予高度评价。她认为,使幼儿身心协调发展的活动就是"工作",而且儿童"工作"遵循着秩序法则、独立法则、自由法则、专心法则和重复练习法则。在自由开放的空间中,如果儿童能全神贯注地"工作",说明这种"工作"能满足他内在的需要。这个过程也就是幼儿生理和心理实体化的过程。这不仅使幼儿得到了心理上的满足,而且使他们获得了独立的能力。总之,"工作"对于幼儿来说是极有帮助的,有助于肌肉协调和控制,有助于培养独立性和意志力,能使他们发现自己的潜力,使其在生命力不断展现的神秘世界中练习自己并进一步完善自己。

蒙台梭利对儿童的游戏和"工作"进行了具体的区分,即把儿童日常玩耍和使用普通玩具的活动称之为"游戏",而把儿童在"有准备的环境"中自发地选择和操作活动材料,并因专注于活动而有所发现和发展的活动称之为"工作",从而导引出关于儿童心理发展是通过"工作"而不是通过游戏实现的论点。

2. 自由与纪律

蒙台梭利认为,要建立一种合乎科学的教育,教育者必须采用以自由为基础的教育方法去帮助儿童获得自由。前一个"自由"是指活动的自由。在她看来,只有在自由环境下获得经验才能使人具有发展的可能,因此在蒙台梭利教室里,儿童可以自由选择教具、活动,自由决定工作时间,自由进行人际交往。后一个"自由"是指独立自主的人格。其基本原则是使儿童获得自由,使儿童的天性得以自然地表现。蒙台梭利认为,"小孩会在许多的诱因中做选择,但他只应该选择他知道的事情……小孩的选择是在我们呈现给他的选择之中做选择,才是真正的选择"。因此蒙台梭利所主张的自由,是要在儿童有了知识和纪律之后才能拥有的。蒙台梭利认为,做你想做的事并不表示你就得到自由了,而是要做正确的事。真正选择的自由,必须以具有思考与推理能力为基础,因为每一次选择的活动,都必须先有心智上的判断。换句话说,在蒙台梭利教室里,保持着一种"有限制的自由"的氛围,即有目的和仔细地选取和使用材料的自由,在学习中自我指导的自由,与他人相互交往的自由,在教室里自由行动的自由。教师只观察,并根据儿童需要准备他们所需要的物品。

根据蒙台梭利的观点,只有在自由的氛围中,才可能有真正的纪律。幼儿有充分活动的自由并不意味着可以为所欲为。蒙台梭利认为,幼儿必须在自由的基础上培养纪律性。自由和纪律是同一事物不可分割的两个方面。自由活动是形成真正纪律的重要方式,而真正的纪律也必须建立在自由活动的基础上。经过长时间的培养,儿童内心会逐渐形成遵守纪律的意识。这时,儿童便能自己选择想做的事,并会自发地集中注意力去做。

3. 有准备的环境

在蒙台梭利看来,儿童是不知疲倦的探索者,会从环境中获取一切他想要的东西,并且把它变成自己的一部分。从理论上说,儿童不是经验的被动接受者,而是有意识的、自由的探索者。

蒙台梭利学校的课堂是一个"有准备的环境"的课堂。所谓"有准备的环境",就是一个符合儿童需要的真实环境,一个提供儿童身心发展所需的活动练习的环境,一个充满爱、快乐和便利的环境。儿童通过这样的环境能培养自己的能力,形成真正的"自我建构"。在蒙台梭利看来,孩子出生后接触到的环境实际上是成人为了自己生活上的便利而创造出的"成人的文明环境",而这种环境是没有考虑到儿童的身心特点的,是不适合儿童发展需求的。因为生活在成人世界中的儿童,与周围物体的差距大,而看不出事物与自己的关联性。姑且不论年龄大小的差距,孩子的步调和节奏与大人悬殊异常,尤其是 6 岁以前的孩子,他们需要与大人不同的环境,否则成长时期的原动力就无法正常发挥出来,亦无法使自己的能力正常伸展。的确,成人世界和儿童世界距离太大,如果儿童远离"最近发展区",那么他们就必然会感到慌恐、困惑、不知所措,其发展也会受阻。为了让儿童得到正常和不断地发展,成人必须在了解儿童身心发展特点(阶段性、敏感期等)的基础上,为儿童提供适合儿童发展的"有准备的环境"。

"有准备的环境"是蒙台梭利教育的核心,它主要由两部分构成:一是物质环境,二是人文环境。物质环境主要是指蒙台梭利教具、各种符合儿童尺寸的室内设施,以及教师自制的各种教学材料。人文环境则主要是指各种有价值的人类文化遗产。利拉德对蒙台梭利学习环境做了 6 点概括:①自由;②结构和秩序;③真实和自然;④美和鼓励;⑤蒙台梭利学习材料;⑥社会性生活的发展。

第二节 蒙台梭利教育法的内涵

一、教育目标

蒙台梭利认为,儿童都具备自我成长并形成健全人格的生命力,但这只是发展的可能性,儿童发展的状况如何,要依据他们所处环境的情况而定。但是为了让儿童得到良好的发展,教育者心中必须有一个理想的儿童形象作为教育目标,即具有健全人格的儿童。而创造新人类,是教育应该追求的直接目标。

如果说让儿童形成健全的人格是蒙台梭利教育法的直接目的,那么,终极目的就是通过培养具有健全人格的儿童,建设理想的和平社会。

经历了两次世界大战的蒙台梭利对建设理想的和平社会充满了期望,在她看来,和平是指通过教育创造新人类——内心种下了和平种子的健全发展的人类,并通过新人类创建新社会——理想的和平社会。从这个意义上说,创建新社会是蒙台梭利所追求的教育的最终目的。

蒙台梭利强调教育的直接目的和最终目的是既相互独立又相互联系的。她把前者称为新人类的创造,把后者称为新社会的创建。教育的目的就是两者的完美结合。

二、教育内容及其组织

(一)蒙台梭利学前教育的课程内容

蒙台梭利教育法的内容主要包括主题教育活动内容(团体教育活动内容)和区域教育活动内容(分组及个别教育活动内容)两大方面。在蒙台梭利教室里,教育活动主要分为集体教育活动和个别教育活动。集体教育活动主要是通过主题教育的形式进行的,个别教育活动主要是通过区域教育活动的形式进行的。

主题教育活动主要是指教师和幼儿一起在由红、黄等色的标志线围成的圆圈上进行的团体教育活动。主题教育活动的内容丰富多彩,可以根据儿童发展的情况、儿童周围环境变化的情况,特别是自然界变化的情况和社会变化的情况进行多种安排。主题教育活动的方式和手段多种多样,可以通过语言活动、身体活动来进行,也可以通过艺术创造来进行,还可以通过外出参观访问等多种方式来进行。

区域教育活动既可以是分组教育活动——不同的区域将儿童的活动分成了不同的小组,也可以是个别教育活动——每一个孩子都可以自由地选择活动的区域及区域中的活动材料。蒙台梭利的区域教育内容主要分为日常生活训练、感官教育、数学教育、语言教育、文化科学教育、历史地理教育和艺术表现等几个领域。当然,这只是蒙台梭利室内教育活动的主要方面,没有包括室外的。事实上,蒙台梭利从不认为教育内容仅仅局限于室内,室外教育活动(如走出幼儿园的各种交往及在交往中学习和发展的活动等)也是蒙台梭利教育内容的重要组成部分。从某种意义上说,所有可以促进儿童发展的教育内容都可以是蒙台梭利的教育内容。

1. 日常生活训练

在蒙台梭利学校所设的课程中日常生活训练是无处不在的。日常生活训练的直接目的是通过具体的学习及教师指导下的反复练习来促进独立自主能力的养成;同时,通过不断地活动,促进儿童意志力、理解力、专注力和协调力的发展,以及良好"工作"习惯的养成。

儿童在参与生活实践的过程中,形成一些技能和倾向,这有助于他们在其他活动中专注学习。通过体验熟悉的、类似家庭生活的情景,如打扫、做针线活、整理花园,儿童可以学会把精力集中在一个活动上,并且学会按顺序从头至尾地做一件事,学会为实现特定的目标协调自己的肌肉运动。接受一项任务后,确定"工作"的步骤,通过实践获得独立性。所以,像切土豆这样的活动,虽然直接目的是削皮、切块,但潜在目的是培养儿童的独立性、秩序感、专注能力、手眼协调能力和自尊心。在日常活动中,儿童通常从事一些适合于儿童特性的事情,参与周围的文化生活,从而使儿童从家庭顺利过渡到教室。

一般来说,日常生活训练可以分为4类:

(1)基本动作。它包括走、站、坐、搬、折、倒、缝、切等动作。

(2)社交动作。它主要包括不造成别人的困扰,能站在别人的立场思考问题,学会打招呼、致谢、道歉、物品的收受、用餐的礼仪等方法。

(3)关心环境的行为。它是指对人类以外的环境的关心,如美化环境、照顾与饲养动植物等。

(4)照顾自己的行为。如穿脱衣服、刷牙、穿脱鞋、剪指甲等事,必须独立完成。

由于受国家、地区、地理与文化的影响,日常生活训练没有标准化的内容,因而在这一领域中,教师的创造性活动最多。不同的蒙台梭利教室的日常生活训练存在很大差异。每个老师可以根据本班学生的需要、兴趣或文化结构设计活动。例如,在夏威夷的一所蒙台梭利学校里,教师根据夏威夷的文化和自然环境对教室进行布置,用当地常见的自然物来装点教室,如用绳子串花、串种子、串叶子,用小贝壳或种子倒水、舀水,用大贝壳做盛水器皿,用夏威夷本地的树皮制成穿衣架等。

随着儿童的日渐成熟，教师和家长可以让他们学会做一些更复杂的事，如烹调、急救、修理自行车、打电话、使用计算机等，并了解一些简单的机械知识。

2.感觉教育

(1)感觉教育的目标。蒙台梭利认为，感觉教育的目标包括两个方面：生物学方面和社会学方面。

从生物学方面来讲，感觉教育就是培养幼儿发展各种感觉。因为感觉教育是培养儿童心智发展所需要的能力。蒙台梭利认为，3岁～6岁是各种与心智发展有密切关系的感觉逐渐发展的时期；而"敏感期"潜在的内在生命力只有受到外界环境的刺激才能得到充分发挥。因此，教育就要提供各种刺激，使儿童与生俱来的各种感受能力得到充分的发展，而这些刺激就是感觉教育。

从社会学方面来看，儿童为了适应实际生活和未来世界，必须对环境有敏锐的观察力，因此必须培养幼儿观察时所需要的能力。

(2)蒙台梭利认为感觉教育对儿童的发展具有极其重要的意义。

感觉教育能促进儿童感觉机能的发展。蒙台梭利认为，感觉教育最基本的意义就是使各种感觉器官（如视觉、听觉、味觉、嗅觉、触觉等器官）得到发展，并加强其机能的敏感性，以便通过感觉从环境中吸收对自己成长和发展有意义的东西。

感觉教育能帮助儿童获取各个方面的正确知识。蒙台梭利认为，儿童的知识主要不是从他人的说教中获得的，而是脚踏实地地通过自己的感觉获得的。因此，她主张感觉教育不仅要发展儿童感觉器官的功能，而且应该让幼儿认识环境和理解环境，如从认识感觉对象的属性（色彩、形状、数目等），进而对有关环境的认识形成概念，并用语言传达给他人，由概念产生逻辑思考，最后形成真正的知识。

感觉教育能使儿童养成集中注意力的习惯。感觉教育重在培养儿童的感官和双手，有了敏锐的感官和双手，儿童在使用教具进行工作或实地观察时，就可以把注意力全部集中在对象上，从而养成自发集中注意的习惯。

感觉教育是形成健全人格的基础。感觉教育可以帮助儿童形成正确的概念、正确的价值判断以及正确的行为，而这一切都是人格形成的基础。所以从这个意义上说，感觉教育有助于儿童健全人格的形成。

(3)感觉教育的内容。感觉教育的内容由视觉、触觉、听觉、味觉和嗅觉5种感觉教育组成，感觉教具基本上由16种构成，但感觉教具并不完全是16种，因为从广义上来讲，所有的蒙台梭利教具（如数学教具、语言教具、文化教具）都含有感觉教育的元素。

视觉教育的目标：教育儿童辨别物体大小、颜色、长短、形状，并初步了解大小、颜色、长短、形状等抽象概念。

教具包括圆柱体组、粉红塔、棕色梯、彩色圆柱、色板、几何图形嵌板、长棒、几何学立体、构成三角形、二项式及三项式。

触觉教育的目标：培养儿童各种触觉，如手接触物品的感觉、用手握持的知觉及压觉（重量感）等，初步了解各种触觉的抽象概念。

教具包括触觉板、布盒、温觉筒、重量板和几何学立体。

听觉教育的目标：培养儿童对声音的强弱、高低、种类（音色）的辨别能力。声音的种类有无数种，难以制作特别的教具，但可以从实际生活中听到声音，或对各种音乐进行分辨，并初步了解音乐的抽象概念。

教具包括音筒和音感钟。

味觉教育的目标：在用舌头来感觉味道时，初步形成对味觉抽象概念的认识。

教具包括味觉瓶。

嗅觉教育的目标：在用鼻子来感觉嗅觉时，初步形成对嗅觉抽象概念的认识。

教具包括嗅觉瓶。

(4)感觉教育需要注意的问题。蒙台梭利指出，在进行感觉教育时，应该注意几个问题。

第一，重视视觉、听觉、触觉的训练。蒙台梭利的感觉教育是在重视所有感觉器官训练的基础上，特别重视视觉、听觉、触觉的训练，而且把对触觉的训练放在最为重要的位置上。在蒙台梭利看来，对儿童触摸能力的训练不仅能为他们小肌肉动作的发展打下良好的基础，而且能让儿童亲自动手，促进他们的思维在活动中得到最初的发展。

第二，注意感觉教育的适宜时期。蒙台梭利认为视觉、听觉、触觉、味觉、嗅觉等感觉的发展最迅速的时期在是3岁～7岁，如果在这一时期忽视了感觉教育，成人之后感觉的发展会进入相对停滞期，而且很难补救。

第三，运用使感觉教育的刺激孤立化的手段。蒙台梭利认为儿童在平时的感知中混杂着各种感觉，如视觉、听觉和触觉等，仅仅视觉就包含大小、形状、颜色等多种因素。蒙台梭利的感觉教育主张"刺激孤立化"，即集中在"某种感觉"的"某种属性"上进行的感觉训练。她所设计的所有感觉教具都是针对特定的刺激，如长短、大小、颜色、声音等，从而使每一件教具的目的集中在训练儿童的某一感觉的某一机能上，使儿童的精神完全集中于某一点。

第八章 蒙台梭利教育法

3.语言教育

语言教育的内容比感觉教育的内容多,它包含整个教学环境,甚至包含整个世界。蒙台梭利的语言课程提供的是一种背景而不是具体内容,是一道种类繁多的拼盘,而不是一道精心准备的品种单一的菜肴。这拼盘中的关键在于对孩子们进行口头语言教育。

蒙台梭利的语言教育就其具体内容来说主要包括听和说、读和写两部分,前者指的是口头语言教育,后者指的是书面语言教育。让儿童在操作教具的过程中,通过听觉练习、动作指令、口语练习、视觉差异练习等来促进儿童的书写、语音、阅读能力的发展。

在蒙台梭利教室里,所有的环境都有利于培养儿童语言的发展,既有需要交际的社会环境,又有孩子之间的自由交谈空间。如在课堂上,教师可以提供准确的专门术语;在歌曲、诗歌小组,可以相互谈话;在图书馆的角落里,可以发现值得一看的精品图书等。蒙台梭利课堂为语言发展提供了丰富的背景,这些为儿童最终掌握书面语言打下基础。

蒙台梭利认为语言作为表达工具,口头语言和书面语言都是一种必然的结果。儿童要想学习写(这被看作社会活动),他们必须先具有写的机械运动能力。这一能力可以通过使用一些训练材料而获得。

蒙台梭利还认为,儿童可以在使用自己的木制字母,或用手触摸贴在石板上的由砂纸做成的字母轮廓等活动中,培养写字的机械运动能力。通过把这些运动与视觉、触觉、动觉和听觉(在儿童摆弄字母时,教师读出字母的发音)相联系,儿童逐渐在头脑中形成了有关字母的概念,并记住相关的字母,这些都是通过吸收语言和触觉来探索物体的"敏感期"。最终,有了这些符号及它们发音的记忆储备,儿童开始通过"书写"(用声音拼写)词汇和句子来表达自己的意图,起初是用木制字母(可移动的字母)来书写(临摹),然后他们就学会用铅笔或其他的书写工具来写这些单词了。

蒙台梭利让年幼儿童熟悉字母符号的方法是想让儿童在关键的"敏感期"里熟悉书写语言的工具,这样,儿童"爆发"式地书写语言就慢慢成为自发的过程,而不是学习书写规则和机械练习的结果。

大多数现代蒙台梭利学派的教师都把金属图片、砂纸字母和可移动的字母作为专门教授语言的主要材料。根据儿童的具体需要和兴趣,他们还编制了很多的日常能看到的活动,开发了能够激发语言能力发展的材料,如名称卡片、押韵的词或图片、故事接龙卡片、组字图片、同音字组卡片、字与图匹配卡片、听写游戏、命令游戏(用图片和单词卡片进行指令)和语法游戏等。

4. 数学教育

蒙台梭利教育中的数学教育包括三大领域：算术、代数、几何。在儿童期第一个阶段（0岁～6岁）的数学教育是以算术为主的。蒙台梭利认为秩序、精确、注意细节来源于生活。而感觉材料为她所说的"数学头脑"奠定了基础，即在获得数学能力之前的活动为儿童准备好了获得数学能力所需要的准确性和逻辑秩序。因此，蒙台梭利算术教育的目的有：①让儿童有系统地了解逻辑性的数量概念，奠定未来学习的基础。②培养幼儿对整体文化的吸收、学习，形成人格所需的判断力、理解力、推理力、想象力等。

蒙台梭利算术教育的教具及使用各种教具的目的简述如下：

(1) 目标：理解0～10的量与数，认识数量与数字。

教具有：数棒、砂数字板、数棒与数字板、纺锤棒与纺锤箱、0的游戏、数字与筹码。

(2) 目标：认识十进位的基本结构。

教具有：金色串珠、数字卡片、量（串珠）与数字卡片。

(3) 目标：了解十进位的加减乘除概念。

教具有：串珠、数字卡片。

(4) 目标：加强加减乘除的练习。

教具有："点的游戏"练习纸、邮票游戏、彩色串珠棒、金色串珠棒。

(5) 目标：认识连续的数字。

教具有：塞根板（Ⅰ）、塞根板（Ⅱ）、数字的消除（练习纸）、100数字排列板、数字的填空（练习纸）、100串珠链（短链）、1000串珠链（长链）。

(6) 目标：初步认识平方、立方。

教具有：正方形彩色串珠、立方体彩色串珠。

(7) 目标：练习基本的四则运算。

教具有：几何卡片、几何卡片订正表。

通常情况下，在蒙台梭利教室里，呈现给孩子的材料要简洁，要依据孩子的意愿和兴趣而提供。同时，材料是儿童自己选择的，不是教师指定的。孩子们获得和使用这些材料不是为了推动他们的早期智力开发，而是为了推动他们抽象能力的发展。当儿童发现了数字间的关系时，他们就逐渐形成了数学思维和解决问题的能力。美国蒙台梭利协会数学教育委员会认为，"数学能力在解决每日生活中的问题时得到了发展，包括空间概念、大小概念和数量概念"。我们鼓励孩子运用新的和富有想象力的方法来把问题想明白，并使用所学的概念。这种在解决问题时，理解和使用概念的能力是所有教育的目的，而不只是数学教育的目的。

5. 艺术表现

蒙台梭利教学具有帮助儿童感知、表达基本音乐成分,并训练其音乐欣赏力的传统。像"沉默游戏"、传声筒、蒙台梭利铃(分辨音高之用),这些为训练耳朵而分辨声音的活动,是蒙台梭利儿童早期音乐训练的核心课程。蒙台梭利还提过一些音乐活动,像韵律运动(跟着一连串不同的韵律做运动)、听经典音乐和其他类型的音乐、合唱、只用一种乐器演奏等,这些活动在现代蒙台梭利教室里也可以看到。

美国蒙台梭利协会提出,"在强调发展儿童认知技能的同时,必须注意儿童的情感生活,注意他们的内在思想和感受,注意他们自我表达的方式"。正是为了达到这个目的,现代美国蒙台梭利教程强调,让儿童通过可视艺术、音乐、舞蹈和戏剧来表达自己。

蒙台梭利是教育中的环境美学的先锋,她看到了环境中的审美质量和总体平衡对年幼儿童发展的重要作用。她常用间接的环境布置法对年幼儿童实施美育。她感到在儿童成长的早期环境中,用优美的、精心挑选的艺术作品来布置环境是十分重要的。

如今,在蒙台梭利教室里,我们既可以看到对蒙台梭利观点的呈现,也可以看到教师们已经意识到在儿童自我表达中的视觉艺术和符号意义的重要性。在蒙台梭利环境中,有大量的可供自我表达的艺术媒介,比如油画、泥塑、抽象派的拼贴画材料、各种不同的绘画和颜料等。美国蒙台梭利训练课程还会安排关于儿童艺术表达形式的集中指导。许多蒙台梭利专业发展机构为教师提供服务,以深化教师对儿童发展的这一重要领域的认识,并提高教师的教育技巧。

6. 文化科学与历史地理

文化科学课程包含天文与地质、地理与历史、植物与动物,并会因各地的环境文化不同而有所差异。文化课程中的内容没有先后顺序之分,视班级幼儿情况而定。

蒙台梭利认为人类的需要是十分广泛的,所以人类要使用不同的方法来与自然相互作用,以满足多种需要,而对世界不同文化的学习也是一种对人类所使用的各种方法的学习。在蒙台梭利教室里,文化庆典,即对某一特别文化的了解或者使用不同文化背景下的物体或容器,这些是孩子们可能吸收到不同文化的方法。在完整的课程设计中,孩子们可以从很广的范围内和很多的活动中自由地进行选择。例如,学习日本文化时,在生活实践区内,儿童可以做日本寿司;在感知区,年幼的孩子们把不同花色的漂亮服饰搭配起来;在语言区,他们可以学习日本人在日常交往中的表达方式("你好""对不起""谢谢");在数学区,儿童可以数烧制在搪瓷碟中的洁白的小石子;在地理区,他们可以玩着亚洲地图的拼图游戏;在艺术区,他们可以搭建日式假山花园;在生活实践和戏剧表演活动结合区,建造一家日本茶社,每次进两个人,互相为对方提供茶道服务(儿童需先观看茶道表演)。

在大多数蒙台梭利教室里,教师都会为孩子们提供地形的自然模型,例如,被水环抱的岛屿、绿波荡漾的湖泊等,或大陆,或地球上其他区域的拼图游戏。

对学龄前儿童来说,科学探索要涉及"直接观察",在"直接观察"中,对自然属性的感觉为后来的抽象思维提供了实验性基础。对年幼的儿童来说,这意味着与自然界的日常接触,它为孩子们提供认识事物和把自然现象归类的机会,还为孩子们提供问"什么"和"怎样"的机会,还为他们提供与成人接触的机会。这些成人愿意做天生具有好奇心的儿童的良师益友。

(二)内容的组织与呈现

上述教具在呈现给儿童时是有先后顺序的。就整体课程而言,蒙台梭利教育各个领域的教学内容的呈现顺序也是规划好的。

幼儿刚入园时,以实施日常生活训练开始,然后逐渐进入感觉教育,但这并不意味着日常生活训练就此结束了,接着是以感觉教育为基础、核心,开展语言教育和算术教育,进而到文化教育,包括音乐、美术、地理、植物等教育,儿童以这些教育为基础,满足其成长的需求。蒙台梭利把日常生活训练放在感觉教育之前,为的是培养其独立自主能力,因为她认为在接触感觉教育教学前,应先培养幼儿独立自主的能力和人格,这对未来的学习会有深刻的影响。

感觉教具是为了促进高层次认知学习而做准备的教具,因此,它不只是以刺激感官为目的的,更是为了能进一步促进儿童进入高层次课程学习而设计的。因此,依顺序排列时,感觉教育是在语言、数学、文化教育之前开始的。

同时,蒙台梭利教育还依照幼儿发展情形将课程与教具相配合,呈现顺序具体如下[①]:

1. 第一阶段

日常生活训练:不出声音地移动椅子、打蝴蝶结、扣纽扣等。

感觉教育的教具:圆柱体。

2. 第二阶段

日常生活训练:不出声音地站起来或坐下、沿直线行走。

感觉教育的教具用于练习的大小教具、长的阶梯(长棒)、长方柱或大阶梯

---

① 简楚瑛:《学前教育课程模式》,上海:华东师范大学,2005年,第24～27页。

(棕色梯)、立方体(粉红塔)。

3. 第三阶段

日常生活训练：孩子自己洗漱、自己穿衣服、清扫桌面灰尘、学习使用各种东西等。

感觉教育：在引导孩子辨认刺激等级(触觉、色彩等)时，让孩子自由练习。

触觉是最原始的感觉，触觉器官最为单纯，分布也最广。因此，当开始实施注意力教育时，我们可以向孩子提示触觉板的粗糙面和光滑面，接着是温觉练习。以此为基础，结合以后要介绍的手的运动练习，可以培养孩子的书写能力。

接着进行"颜色配对"(色板)的感觉练习，也就是辨认两种颜色的同一属性(这是色彩感觉的第一个练习)。

然后，我们开始提示听觉刺激和压觉刺激。

孩子认识木质嵌板之后，我们给孩子相同形状的几何卡片(几何图形嵌板卡片)。这些卡片是为了学习抽象符号而准备的。这些练习可以说就是由感觉练习过渡到书写的桥梁，也是从准备工作到进入实际的引导之门。

4. 第四阶段

日常生活训练：孩子准备午餐，整理桌子，学习整理房间；教他们盥洗时如何照顾自己；在线上的韵律活动中学习自由与平衡的走路方法；知道控制和指挥自己行动的方法，如何移动东西而不使东西掉落或破损，也不发出声。

感觉教育：在这阶段反复进行所有的感觉学习。此外，加上一对钟(音感钟)组的系列活动，让孩子认识音符。

书写或构图练习：这时，孩子不用手指触摸，而是用铅笔在纸上留下双重的线。然后，再用颜色铅笔涂满图形。同时，教孩子触摸并认识用砂纸做的英文字母。

算术教育：孩子依照蓝色和红色，一段一段地数不同的棒子，从一段开始到十段为止，进行数字的认识。同时在桌上，可以在数字下面放置相应数目的颜色筹码游戏，筹码排成两行，以便分辨奇偶数。

5. 第五阶段

继续前述的练习，并且开始进行更复杂的韵律活动。

三、教育方法

蒙台梭利教育法由三要素构成：有准备的环境、教师和教具。

(一)有准备的环境

蒙台梭利非常重视环境，如果说儿童是蒙台梭利课程的中心，那么环境就是课程的基础。什么环境才是适合儿童的呢？蒙台梭利认为适合儿童的环境就是有准备的环境。它包括教师、教学气氛、课程等。具体而言,有准备的环境应该符合以下几个要求:

1. 能让幼儿自由、充分地发挥其内在生命力的地方

环境的提供可以尊重每一个儿童的兴趣、需求、节奏、步调与能力。因而,幼儿可以在已设计好的、适合他们需要的环境中选择"工作"(活动)。

2. 丰富且安全的环境

环境的提供,不仅是能满足儿童生物性的需求(如食物、活动空间等),而且能刺激、激发儿童的潜能。因此,要使儿童各方面得到发展,就必须提供满足儿童心智、道德、精神与社会等需求的环境。

3. 自由活动的环境

蒙台梭利认为儿童心智的成长与动作是息息相关的。儿童通过自由选择的活动,去吸收环境的养分来获得心智发展所需的要素。因此,环境要给儿童提供动手操作的场所与用具,以便儿童能持续地去做收集、分解、移动、转换等有助于心智发展的活动。

4. 真实与自然

蒙台梭利指出,环境中的真实与自然,有助于幼儿探索内在与外在世界所需的安全感,从而成为敏锐的、有鉴赏力的生活观察者。

5. 要有美感

蒙台梭利认为美感能够唤起幼儿生活的反应能力,而真正的美是以生活为基础的。所以,教室中的布置无需豪华,但是教室的颜色要明朗、令人愉快,并有整体的调和感。

6. 要有限制

蒙台梭利强调的自由是有限制的自由。因此,在提供的环境里儿童能做对的事情,而不是想做什么就做什么。在"团体利益优先"的原则下,对违反共同规则、妨碍或干扰别人活动的儿童,则应限制其自由。

7. 要有秩序

幼儿对秩序的"敏感期"在2岁~6岁,此时环境中呈现的秩序有助于儿童的学习及对未来的准备。

8. 要与整体社会文化有关联性、连贯性

蒙台梭利教育的目的之一就是让儿童做好进入社会的准备,因此,为其准备好的环境应与整体社会文化有关联性、连贯性。

（二）教师——"导师"

蒙台梭利认为教育不是教师自上而下的教授，而是教师协助儿童自下而上的自我发展。正是从这种教师观出发，蒙台梭利把"儿童之家"的教师称为"导师"，而不是"教师"。在蒙台梭利的教育方案中，教师具有以下角色：环境的提供者、示范者、观察者、支持者和资源者。

具体而言，教师的责任包括：

1. 预备环境

我们不止一次强调，一个适合生命发展的环境对儿童的重要性，因此，在蒙台梭利的教学中，如何为孩子准备一个适合他们生命发展的环境，被列为首要的条件。

2. 发现意愿

儿童表现在外的行为，往往是内在需求的反应，尤其是幼儿会在某一阶段对某种需求有特别的"敏感期"。如果能掌握这一时期的需要而予以教育，对孩子的启发效果将是事半功倍的。

3. 协调意愿

蒙台梭利教育机构中的老师与传统教师最大的差别在于他们所扮演的角色不是在"教"学生，而是充当儿童学习的协调者。他们必须依孩子的需要而整理环境，并且观察孩子的需要和意愿，提供适当的教具来让孩子"工作"。

4. 延长工作周期

如果孩子已经专心进入"工作"情境，教师就该鼓励他继续操作，以"延长他的工作周期"，让孩子酌情反复操作。

蒙台梭利说："延长工作周期的目的，在于培养孩子的专心和耐力。"因此，蒙台梭利特别重视并且告诉教师，需要"等待"孩子反复练习，并予以鼓励，使孩子乐意"再来一遍"，甚至几十遍。由于儿童知道如何使用教具，因而当孩子愿意对教具进行反复操作时，儿童才会"真正的成长"。这种反复操作的情况，只有当儿童感到"工作"的乐趣，且能够符合内在需要时，才会发生。

5. "观察—实施—记录—研究—发现—再设计"的循环行为

由于孩子的不断成长和他们之间的个别差异，以及"敏感期"的不同，因此，老师的教育规划需要不断改进。唯有透过实际的观察、记录、研究，才能切实地发现儿童内在的需要，并给予适当的教育和引导，使其生命更好地成长。

（三）教具——工作材料

在蒙台梭利教育观念中，教具是其思想具体呈现的方式，是有准备的环境教学中必不可少的组成部分,也是蒙台梭利教育方法最具吸引力的部分。蒙台梭利将她创造的教具称之为"工作材料",这些工作材料不是教师教学的辅助工具,而是儿童工作的使用材料,并具有充分的教育意义。

蒙台梭利教具大体可以分为四类:生活训练教具、感官训练教具、学术性教具和文化艺术性教具。其中,以感官训练教具最具特色,感官训练教具具有如下特色:

1. 刺激的独立性

每一种教具只训练一种感知能力,以排除其他感觉的干扰,使相应的感官以最大的敏锐度去感知这种刺激,以便得到纯正、清晰的感觉。

2. 操作的顺序性

感官教育主要是针对儿童的"敏感期"而拟订的,而"敏感期"的出现是服从个体发展规律的,所以要根据这种规律设计有顺序的系列教具,并循序渐进地进行训练。

3. 工作的趣味性

教具对儿童的吸引力不在于它的外表,而在于它能够满足儿童内在的需求,因而可以长时间地吸引儿童。

4. 教育的自动性

在蒙台梭利教室里,不是由教师直接把知识教给儿童,而是儿童通过操作相关的教具来进行自我学习的。蒙台梭利教具的"自我纠正错误"功能,使儿童的自我教育、自我提高成为可能。

四、教育评价

蒙台梭利教育方案不重视课程评价,也没有明确地对课程评价进行定义。这与蒙台梭利教育方案的操作过程有一定的关系。蒙台梭利教育法中的课程评价是以教具为中心,通过幼儿操作、教师观察等基本途径进行的。蒙台梭利教具具有很强的"自我纠正错误"功能。儿童容易发现自己的操作过程是否正确,这就使儿童自我评价成为可能。教师的评价主要是为了鼓励和引导儿童的活动,并通过不断调整教育材料,促进儿童的良好发展。从这种意义上说,蒙台梭利的教育模式是一种自我教育、自我提高的活动过程。因此,蒙台梭利教育方案的评价是隐性的,是一种具有客观标准的结果性评价,也是为发展服务的过程性评价。

第三节 我国对蒙台梭利教育法的评价与运用

一、我国对蒙台梭利教育法的评价

我国学者朱家雄对蒙台梭利教育法做过这样的评价:"蒙台梭利教育法的长处可以粗略地归纳为对儿童的爱、信任和尊重,细致而耐心地观察和及时地指导。"迄今为止,蒙台梭利教育法在世界范围内仍有相当的影响,说明有其吸引人之处。例如,蒙台梭利教育法强调个别化的学习,特别是蒙台梭利设计的教具使个别化教学的实施成为行之有效的手段;又如,蒙台梭利课程模式强调儿童主动学习和自我纠正,能使儿童身心的内在潜能得到充分的发展。皮亚杰在评价蒙台梭利教育法时曾说:"蒙台梭利对智力缺陷儿童心理机制的细致观察成了一般方法的出发点,而这种方法在全世界的影响是无法估计的。"

但是,蒙台梭利教育法带有一定程度的机械的和形式化的色彩,教师的作用是比较被动和消极的,这不利于发挥教师的主导作用。课程的结构化程度较高,因此,儿童行为常被结构化的活动所限制,这也不利于发挥儿童的主体作用。另外,有人批判蒙台梭利教育法偏重智力训练而忽视情感陶冶和社会化过程。[1]

二、蒙台梭利教育法在我国的运用与发展

(一)我国幼儿教育界运用蒙台梭利教育法存在的误区

当前,在我国幼儿教育实践中,学习、探索、研究及应用蒙台梭利教育法的风气浓,但是存在很多问题。[2]

1.幼儿教育实践中只重形式而忽略其教育精髓

在幼儿教育实践中,引进与移植的形式主义非常严重。比如,蒙台梭利的教具是其教育法的构成要素之一,非常有特色,有的幼儿园在移植蒙台梭利教育法时,认为将蒙台梭利教具摆放在教室的各个区域就是蒙台梭利教育法了。实质上,蒙台梭利课程的核心在于观察、了解儿童发展的内在需要,以确定其个别化教学的目标,而后提供适宜的环境,满足儿童的不同需要。

2.忽视儿童的情感陶冶和社会化过程

从日常生活训练、感觉教育、数学教育、语言教育和文化教育五大领域来看

---

[1] 朱家雄:《幼儿园课程》,上海:华东师范大学出版社,2003年,第249页。
[2] 袁爱玲:《当代学前课程发展》,广州:广东高等教育出版社,2007年,第151~152页。

蒙台梭利教育法设计的教育内容，会发现蒙台梭利教育法缺乏与同伴协商合作的机会，忽视了儿童的情感陶冶和社会化过程。现代幼儿教育在发展儿童的认知能力同时，强调社会适应技能的掌握和情感的陶冶，幼儿应能主动地参与各项活动，乐意与人交往，学会合作与分享，学习如何与他人建立良好的关系，保持友谊和解决冲突等。蒙台梭利教育法针对孤立的感官进行训练，强调操作步骤和程序，但缺乏增进社会互助与语言交流的机会。

3. 忽视了蒙台梭利教育本身存在的局限性①

蒙台梭利教育法重视幼儿的内在需要，强调借助能满足内在需要的环境与活动来促进幼儿的自我发展，这是有积极意义的，但蒙台梭利教育法毕竟是脱胎于智障儿童的训练方案，再加上时代的局限，其不可避免地存在着一些局限性：孤立的感官训练，忽视创造力的培养，缺乏增进社会互动与发展语言的机会。

造成以上问题的根本原因是目前师资水平没有达到蒙台梭利教育法对教师的要求。就中国而言，蒙台梭利师资培养的现状如下：第一，培养师资的机构良莠不齐；第二，缺乏务实的师资训练课程；第三，缺乏具有公信力的蒙台梭利师资认证制度；第四，缺乏对师资培育机构的管理与评价；第五，缺乏对学员素质的管理要求。

(二) 蒙台梭利教育在实践中的改进与发展

针对以上存在的局限，一些新一代的蒙台梭利教育思想的追随者对原有的方案进行了改进。主要表现为以下几个方面：②

1. 强调课程的实质，而非形式

现代的一些蒙台梭利教育法的使用者强调把握蒙台梭利课程的实质，即回应学习者，支持他们与环境的相互作用，而不要过于拘泥于形式。

2. 扩展课程内容

将蒙台梭利教育法中的原有的五大领域扩展至十大领域，分别是：日常生活训练、感觉教育、语言教育、数学教育、文化教育、体能教育、音乐教育、美术教育、戏剧(角色扮演)教育、社会教育(包括社会交往技能的练习)。

3. 关注儿童的现实生活与经验

针对蒙台梭利教育法脱离生活的做法，一些课程设计者将蒙台梭利教育方案与单元主题方案有机结合，创造"蒙台梭利幼儿单元活动"。在蒙台梭利幼儿

---

① 冯晓霞主编：《幼儿园课程》，北京：北京师范大学出版社，2001年，第149页。
② 袁爱玲：《当代学前课程发展》，广州：广东高等教育出版社，2007年，第152~153页。

单元活动课程中,单元主题活动的主题往往来自幼儿的实际生活,这在一定程度上弥补了蒙台梭利教育方案的不足。在作息时间安排上,基本沿用了蒙台梭利教室的作息时间安排,只不过对其原有时间段的互动安排进行了一些改动,如上午团体时间成了单元主题活动的时间,下午仍保留原有的活动,如讲故事等。另外,幼儿可以选择蒙台梭利教育方案中设计的有关的工作,也可以选择与单元主题有关的工作,这主要看其内在的兴趣与敏感度。

4.对儿童实施混龄编制

对儿童实施混龄编制是以实现儿童的个性差异的良性互补为目的。这里的"混龄"是指控制在一定程度内的不同年龄的组合。把不同年龄的儿童混合在一起学习,有积极的因素,也有消极的因素,但我们更多地看到了这一做法的积极方面。

5.强调儿童的主动探究与自主活动

为了培养儿童的主体性角色及自主意识和自主活动能力,在课程实施中,开展"区角游戏""区角活动"等,让儿童在有准备的认知环境中自由地活动,以活动促进认知,在活动中学习体验,逐步实现人格的独立和心智的发展。

同时,为了提高蒙台梭利师资培育水平,可以采用以下做法:第一,提高培育师资的讲师品质;第二,建立完善的师资认证制度;第三,重视理论与实践相结合的师资培育课程;第四,落实教育实习制度的实施。

蒙台梭利的教育理念虽然有其历史的局限性,但也有积极的现实意义。在科学技术日新月异的今天,人才的早期教育被越来越多的人重视,它为人一生的发展打下基础,从幼儿期开始培养自我教育能力将会使他们受益终生。在我国开展素质教育的今天,更需要强调自我教育、自我发展,以教师为主导,以学生为主体,使学生具备一种自我获得知识、更新知识的能力。素质教育是我国教育领域的一场革命,而创新人才的培养是重中之重,这一切的关键在于下一代自我教育能力的提高和自由的、宽松的、良好的学习环境的创建。当然,蒙台梭利教育法是建立在人类成长自然法则的基础上,以全新的思想建立一种适应儿童自主学习、健康成长的教学体系,从这些方面来看,蒙台梭利的教育观念是值得我们借鉴的。

▶阅读推荐◀

[1] [意]玛利亚·蒙台梭利.蒙台梭利儿童教育手册.肖咏捷,译.北京:中国发展出版社,2003.

[2] [意]玛利亚·蒙台梭利.蒙台梭利早期教育法.祝东平,译.北京:中国发展出版社,2003.

［3］蒙台梭利教育研究组编著.蒙台梭利幼儿数学教育.兰州：兰州大学出版社,2001.

［4］蒙台梭利教育研究组编著.蒙台梭利幼儿感觉教育.兰州：兰州大学出版社,2001.

▶复习与思考◀

1.试分析蒙台梭利教育法的主要特色。
2.蒙台梭利的教育内容及其组织实施有什么特点？
3.借鉴蒙台梭利教育法时,我们应注意哪些问题？

第九章
瑞吉欧幼儿教育体系

【内容提要】 瑞吉欧幼儿教育体系曾风靡世界各国,它的精神理念与教育经验得到各国教育界、学术界和政治界人士的赞赏,被美国《新闻周刊》评为"全世界最好的教育系统之一"。近年来,瑞吉欧幼儿教育体系引起了我国学前教育工作者极大的热情和广泛的关注。其主要特色有社会支持和家长参与、民主与合作的学校管理风格,以及相关的合作教学、弹性计划等内容。

【学习要求】
1. 了解瑞吉欧幼儿教育体系形成与发展的时代背景。
2. 理解瑞吉欧幼儿教育体系的基本情况和主要特色。
3. 明确瑞吉欧幼儿教育体系对我国幼儿教育改革和发展的启示。

第一节 瑞吉欧幼儿教育体系简介

一、瑞吉欧幼儿教育体系的形成与发展

瑞吉欧·艾米莉亚市是意大利北部的一个小镇。在瑞吉欧幼儿教育体系创始人洛瑞斯·马拉古兹(以下简称马拉古兹)的发起和领导下,凭借市政府和社区民众的全力支持,以及教师和教研员们数十年的艰苦努力,瑞吉欧·艾米莉亚市建立了一个公共的儿童保教体系,形成了一套特殊的教育哲学和教育理念、学校管理方法及环境设计的想法,建立了一个全新的教育系统,并在全世界巡回展

出,人们称之为"瑞吉欧·艾米莉亚教育体系"(以下称为"瑞吉欧幼儿教育体系")。它被视为欧洲教育改革的中心,越来越得到世界的认可,并对世界各国的学前教育改革产生了深远的影响。

瑞吉欧幼儿教育体系根植于二次世界大战后,1945年在瑞吉欧·艾米莉亚市附近的村庄,一些农民通过家庭式的协作,用所剩的战争材料建立起了一座学校。他们希望为儿童提供一个适当的场所,使儿童能得到照料和教育。在这个学校建立之后,又有几位家长经营的学校陆续建立发展起来。马拉古兹也开始加入到其中,他帮助公民在瑞吉欧建立了第一个市政学校,期望国民运动也能发展到幼儿园,让人们意识到儿童作为未来公民应享有的权利。1963年,意大利民众充分肯定了非宗教性幼儿学校设立的权利,从而打破了天主教会垄断幼儿教育的局面。1963年,瑞吉欧·艾米莉亚市开始设立自己的教育设施网络,创立一些幼儿园,招收3岁~6岁的幼儿。1967年,所有由家长经营的民间学校全部由瑞吉欧·艾米莉亚市政府收回管理。20世纪70年代到20世纪80年代,意大利妇女就业的机会增加,为婴儿提供服务开始被看作每个工作家庭的福利。另外,将子女送进托幼机构接受照顾与教育也逐渐成为一种社会风气。因此,在1970年,瑞吉欧·艾米莉亚市又创办了招收4个月到3岁的儿童中心。

1971年,瑞吉欧·艾米莉亚市举办第一次全国"学前学校新经验"会议,出版了第一本以幼儿教育为主题的书——《一个新幼儿学校的经验》。几个月后,又出版了《社区式经营的学前学校》。在这两本书中,瑞吉欧幼儿教育中的教育家详细地介绍了瑞吉欧·艾米莉亚市的学前学校教师的想法与经验,这些想法与经验冲击着传统的教育理念,大胆提出与运用了一些创新的做法,而且在实践中取得了令人瞩目的成绩。瑞吉欧·艾米莉亚市的学前学校很快为全国的民众所熟知。1980年,全国儿童早期教育研究小组作为独立的组织在该市成立。而且,从1981年起在世界各国举办题为"如果视线跨越围墙"(1987年更名为"儿童的一百种语言")的展览会。

1991年12月,美国《新闻周刊》评出了"全世界最好的10所学校",瑞吉欧幼儿教育体系是其中唯一的一个早期教育类体系;1995年,美国著名教育学家和心理学家布鲁纳在该市参观后,给予该模式极高的评价,他说:"当年我参观举世闻名的瑞吉欧托儿所和幼儿园时,原以为会看到'另一个小城的奇迹',然而出乎意料……最打动我的地方是他们如何培养孩子的想象力,他们如何强化孩子对于'可能性'的认识和知觉。"布鲁纳认为现在有责任向全世界广泛地推广瑞吉欧幼儿教育体系过去和现在的经验,开拓一种世界性的合作。哈佛大学教授加德纳是如此介绍瑞吉欧幼儿教育体系的:"它是一系列的幼儿学校,在这些学校中,每个孩子的智力、情感、社会性和道德潜力都得到精心的培育和引导,学校的主要教育手段和工具吸引着孩子在一些诱人的长期方案中流连忘返,这些方案都是在优美、健康和充满爱意的环境中进行的。"如今,瑞吉欧幼儿教育体系已经在世界各国产生了深远的影响。

二、瑞吉欧幼儿教育体系的文化背景与理论基础

(一)文化背景

瑞吉欧幼儿教育体系的高质量儿童保育教育根植于当地的传统。瑞吉欧·艾米莉亚市是艺术、建筑胜地,具有良好的公共生活传统和艺术、人文的精神氛围,以其富裕、低失业率、低犯罪率、高质量的社会服务,以及高效的地方管理机构闻名于全国。居民有强烈的民主参与意识和公共社区观念,不同的社会阶层常通过政治活动和经济合作来解决问题。在这样的社会背景下,马拉古兹提出:"儿童有强大的不可估量的力量;儿童应受到绝对的尊重;教师在教儿童之前必须了解儿童。"也就是在这样的社会背景下,马拉古兹的这一思想才有可能真正得以实现。几十年来,瑞吉欧早期教育服务质量不断地得到民众和政府的支持,这使得瑞吉欧幼儿早期教育得到当地市政大力支持。

在意大利,很多社会科学方面的文献证实了儿童的内在价值以及家庭的重要性。意大利是世界人口出生率最低的国家之一,虽然大家庭正在减少,但是家庭与家庭之间保持着亲密的关系。对儿童的教育成了大家共同的责任。

这样一种理想的学前教育体系出自意大利的瑞吉欧·艾米莉亚市并不是偶然的,而是由一种特定的文化和一种独特的价值观孕育而成的。因此,瑞吉欧幼儿教育体系能够吸引和打动人的绝不只是一种教育策略或者方法。[1]

(二)理论基础

瑞吉欧幼儿教育体系的创始人马拉古兹认为,该体系的建立曾受到许多思想家、教育家的影响,其中主要受进步主义思想家杜威、克伯屈和建构主义学派皮亚杰和维果斯基等人的影响,还借鉴了布朗芬布伦纳的教育生态学观念、加德纳的多元智力理论等。马拉古兹对这些思想和理论进行整合、提炼、升华,创造出了植根于自己的社会文化土壤的早期教育理念与体系。因此,瑞吉欧幼儿教育体系的课程模式体现出以下几种教育思想的精华:

1. 进步主义教育

杜威从实用主义哲学出发,主张教育即生活、教育即生长、教育即经验,并

---

[1] 朱家雄:《幼儿园课程》,上海:华东师范大学出版社,2003年,第271页。

提出了"从做中学"的教育原则,指出使用问题教学法让儿童在生活中发现问题和解决问题。杜威认为,在课程设计和教材选择中,应以儿童的兴趣和自由为导向,但也不可忽略经验的价值,应将学科的知识融入儿童的经验之中。杜威的进步主义和民主主义的教育思想影响了当时整个世界的教育,克伯屈提出的"设计教学法"、艾沙克斯的"英国幼儿学校"教育实践等,都是这一思想影响下的产物。可以说,进步主义的教育思想和实践对瑞吉欧幼儿教育体系的儿童观、教育目的、教育价值观产生了很大影响。

2. 建构主义理论

(1)皮亚杰的思想。皮亚杰的发生认识论研究的是认识发生、发展的过程以及认识的结果和心理起源的问题。从本质上说,皮亚杰的发生认识论是一种知识的建构理论,强调个体内在的机制——同化和顺应在认知发展中的作用。①在皮亚杰心理学理论的影响下,瑞吉欧幼儿教育体系中的课程强调幼儿的主动学习,主张教育要以幼儿的年龄为依据,促进幼儿对知识的自主构建,发挥其创造性。

创建人马拉古兹充分肯定了皮亚杰理论对瑞吉欧幼儿教育体系的影响,认为皮亚杰的发生认识论对其影响最大,但是他也直言不讳地指出了皮亚杰理论在早期教育中运用时所存在的种种弊端,诸如低估了教师在促进儿童发展中的作用,人为地将思维和语言割裂,过分强调发展的阶段性,过度重视逻辑数学思考能力,过度使用生物科学和物理学的研究模式等。

(2)维果斯基的"最近发展区"理论和发展的社会文化派理论。马拉古兹赞同维果斯基关于"最近发展区"的假说,并以此作为解决教与学这一两难问题的依据。①他坚持了维果斯基的"教学不应以儿童发展的昨天为目标,而应以发展的明天为目标",同时,教育者不仅要了解儿童的现状,还要判断儿童发展的动态和趋势,让孩子"跳一跳,够得着",帮助儿童勇敢地迎接挑战,激发其创造力和意志力,体验成功的快乐。②他还弘扬了维果斯基对教育的解释,即教育作为一种代与代之间的文化传递活动,实际上就是在成人和儿童之间发生的"社会共享"的认知。教育首先是一种关系,一个相互交流的可能性空间。教学的本质特征不在于"训练""强化"儿童已经形成的心理机能,而在于激发即将萌芽的心理机能并促使它实现。

总之,瑞吉欧幼儿教育体系吸收了进步主义教育思潮和建构主义理论,并将这些理论与瑞吉欧幼儿教育体系的教育实践结合起来,并在实践中验证理论,从

---

① 史静寰、周采主编:《学前比较教育》,大连:辽宁师范大学出版社,2002年,第391页。

而形成更切合实际的观点。

三、瑞吉欧幼儿教育体系的儿童观和教育观

(一) 走进儿童心灵的儿童观

在《孩子的一百种语言》一书中,马拉古兹的一首诗《其实有一百》充分表达了这一思想。

孩子,是由一百种组成的。
孩子有一百种语言、一百双手、一百个想法,
一百种思考、游戏、说话的方式。
还有一百种聆听的方式、惊讶和爱慕的方式;
一百种欢乐,去歌唱去理解。
一百种世界,去探索去发现,
一百种世界,等着孩子们去梦想去发明。
孩子有一百种语言,但被偷走了九十九种。
学校和文化使他们的身心分离。
他们告诉孩子:不需用脑思考,不需用手行事,
只需听不必说话,只要理解不要快乐。
爱和惊喜,只属于复活节与圣诞节。
他们催促孩子:去发现早已存在的世界,
在孩子的一百种世界中,他们偷走了九十九种。
他们告诉孩子,工作与游戏、真实与幻想、科学与想象、
天空与大地、理由与梦想这些事都是水火不容的。
总之,他们告诉孩子,没有一百存在。
然而,孩子则说:不,其实真的有一百。

从这首诗中,我们可以看出瑞吉欧幼儿教育体系中的儿童观:
(1) 儿童是社会的一分子,是社会与文化的创造者,是拥有独特权利的个体。
(2) 儿童是主动的学习者,有自己的独特学习方式,通过积极建构学习知识来发展自己。
(3) 儿童有巨大的潜能,知识的建构是一个社会过程,离不开儿童与同伴和成人的交往。
(4) 儿童的学习是螺旋式递增过程。
(5) 儿童天生都是艺术家,能够广泛运用各种不同的象征语言和媒介(一百

种语言)来表达自己对世界的认识。

这些独特的看法虽然不是出于某些理论的指引,却是瑞吉欧教育在实践过程中对儿童的观察、了解及经验的总结,是与幼儿发展相关的实实在在的事实,是一种新的理念。

(二)教育观

瑞吉欧幼儿教育体系的教育观主要有:
(1)教育的目标就是要创造一个和谐的环境,使幼儿形成健全的人格。
(2)教育就是要为幼儿带来更多的可能性,使其去发现和创新,并帮助儿童主动建构知识。
(3)教育应以儿童为中心,应从儿童的兴趣和需要出发,在教育过程和课程决策上,儿童有参与发表意见的机会。
(4)以学定教,幼儿的学习往往为教师补充教育的资源、提供适宜的选择,并为做出建设性的想法提供支持与来源。
(5)在儿童的探索活动中,教师应掌握正确的时机,协助儿童发现问题、提出问题。
(6)幼儿园是社会生态大系统中的一个组成部分,社区的生活形态、发展模式、机构组织对幼儿园的发展有一定的影响。

第二节 瑞吉欧幼儿教育体系的课程

马拉古兹曾说:"我们是真的没有计划或课程,但是若说我们只依赖那种令人羡慕的技巧,像临时起意的课程,那也不正确,我们并不依赖机会,因为我们深信我们也可以期待某些我们尚未了解的事物。我们知道的是,与幼儿一起共事,是三分之一确定,以及三分之二的不确定和新事物。"① 瑞吉欧幼儿教育体系的创造者们并不同意将他们的体系称之为一种课程模式,因为在他们看来,一旦被冠以模式化的套路,就会与瑞吉欧幼儿教育体系中的"动态性"和"生成性"的品质不相吻合,他们希望他们的实践能不断得到改善和充实。

一、课程目标

瑞吉欧幼儿教育体系的课程继承和发扬了杜威的"教育无目的论"。因为在

---

① C. Edwards 等:《儿童的一百种语言》,罗雅芬等译,台北:心理出版社,1998年,第99页。

杜威看来,教育的目的是教育者在不同阶段根据不同的教育内容而制订的,教育目是发展的、可变的,并不是真正的无任何目的的。瑞吉欧幼儿教育课程设计体现了杜威教育目的观。课程必须要有大的规划,教师预先设定总的教育目标,但不为每个子项目或活动设定特定的目标。瑞吉欧幼儿教育课程目标强调在活动中生成,以及目标和活动的统一。马拉古兹也曾说过:"目标很重要,不应消失在视野中。"因此,该体系只在其方案活动中提出一般性的教育目标,这种目标是教师根据对儿童的了解和对可能发生情况的预见所制订的一种弹性目标,是可变化、可发展的。尽管如此,该体系的课程还是具有一定的目标和追求,教育者们所追求的目的是让儿童能愉快、幸福、健康地成长。其中,主动性、创造性又被视为这些目标的前提与核心。

二、课程内容

(一)基本理念

瑞吉欧幼儿教育的课程与传统教育的课程不同,瑞吉欧幼儿教育没有明确规定的课程内容,没有固定的教材或预先设计好的教育活动方案。因为他们认为,幼儿本身的需要、兴趣、经验和能力是极为多样化的。教师和他们在一起,就是在同三分之一的确定性和三分之二的不确定性与新异性打交道。如果预先确定好学习的终点和程序,只能是对幼儿学习潜力的束缚和阻碍,只能把学校推向"有教而无学"的状态。

因此,所设的幼儿学校坚决摒弃了教师预先确定课程的做法,而是把课程设计视为师生(包括家长)共同建构的过程,视为一个保持着高度动态性、灵活性和开放性的过程。在他们看来:①

(1)因为课程最终关注的是学而不是教,课程与教学都是为儿童的学服务的,所以支持、帮助、引导和促进幼儿充分地学习和发展显得尤为突出。因此,关注幼儿的实际需要远比关注课程本身的系统性和有序性重要得多。

(2)不预先确定课程并不意味着在活动开展之前教师毫无计划,只是这种计划不是对活动的具体目标与程序的规划,而是包括多种可能性的"假设"。瑞吉欧幼儿教育体系中的教育者认为,如果教师有 1000 个假设,那么,他就容易接受来自孩子的第 1001 个或 2000 个不同的反应。教师只有自己设想足够多的可能时,才更容易接受未知,对新的想法更能以开放的态度来接受。

(3)活动的进行不仅依靠开始的假设(计划),还依靠孩子们的反应和教师灵

---

① 冯晓霞:《弹性计划——师生共同建构课程》,载《学前教育》,2000 年第 4 期,第 4~5 页。

活的策略。在教学过程中,教师注重的是儿童而非计划,通过对幼儿细致的观察,从他们的反应中敏感地捕捉蕴涵其中的巨大的学习价值,给予及时而适当的引导。教师坚信在旁边站一会儿,给学习挪出一些空地,仔细观察孩子们的所作所为,而后,如果能够很好地领悟些什么,教学就可能不同于往常。

(4)"追随儿童"、以儿童为本的课程并非放弃或忽略教育目标。目标固然是重要的(这里的目标指的是一般性的目标),并且应该始终保持在教师的视野之内,但更重要的是为什么要有这些目标,以及怎样实现它们。教师只有真正理解、明白了这些,教学过程才能变得自然、流畅、有效,充满智慧和创造性。

(5)"追随儿童"的课程既可以是由教师发起,也可以由儿童发起。但无论如何,它都是一个切磋学习、经验共享的过程。这种切磋学习与经验共享不仅发生在儿童之间,也发生在师生之间。瑞吉欧幼儿教育特别强调了儿童作为"资源人"的作用和价值。他们认为,儿童并非只有自己的需要和兴趣,他们也拥有自己独特的经验和潜能;他们有自己的"问题",也有自己的"理论";他们不仅希望得到,也希望给予。因此,他们可以为课程的发展、为教学、为教师提供积极的帮助。

前文提到,瑞吉欧幼儿教育的教师认为,和儿童在一起"就是在同三分之一的确定性和三分之二的不确定性与新异性打交道"。确定性可能来自对儿童发展的一般规律、早期学习和早期教育基本原理的掌握;不确定性和新异性则更可能来自儿童感兴趣的问题和现象,而其中的某些问题和现象可能正是教师的"未知领域"。对此,教师十分坦然。他们不仅不怕自己驾驭不了局面,而且把未知视为自己继续学习的条件或动力,乐于把它们作为一种"方案"(主题)平等地与孩子一起去研究、去求索。他们相信孩子们随时随地都能够通过提供主意、建议、难点、问题、线索和途径等方式,给自己并给教学以启发、支持和帮助。儿童所提供的一切,会与教师的经验、智慧和思考一起形成一份"极为骄人的资源、财富"。

(二)课程内容的来源

瑞吉欧幼儿教育体系强调儿童通过实际操作来获得知识经验,因此,课程内容既没有从传统教育分科课程中选取知识,也没有把课程内容划分为几个领域,但它的课程内容是很广泛的,一个主题包括了多个方面。其课程最大的特色是生成课程,强调在活动中、在儿童与环境的互动中寻找课程的来源,以儿童的兴趣、经验为中心。课程内容来自周围环境,来自儿童生活中感兴趣的事物、现象和问题,来自他们的各种活动。[①]

(1)儿童周围的环境。它包括自然环境、社会环境等。儿童的生活经验总是和其生活的周围环境联系在一起的,儿童往往会对周围的环境产生兴趣。瑞吉欧幼儿教育的教师经过仔细观察,并创造条件让儿童进行积极的思考、讨论,把儿童的兴趣融入自己的课程中,从中选取合适的课程内容。瑞吉欧幼儿教育的课程内容的一个重要特色就是它特别重视本社区、本国的文化特色,他们认为,各个不同的地方有自己的文化特色和价值观。同时,课程是在社区环境中进行的,社区的文化对课程内容有很大的影响。但是,它也注重对儿童进行世界各个地方的观念、文化教育,让儿童从小知道世界是多元的,要学会接纳不同的观念、文化。

(2)儿童及教师的兴趣。瑞吉欧幼儿教育的教师善于发现儿童对某一活动或某一事物的兴趣,并加以引导。同时,教师把儿童看作平等的个体,与儿童一起分享自己的兴趣,一起创造,积极地影响幼儿,让儿童尽可能地产生兴趣,并在此基础上生成主题,使儿童在活动中始终保持高度的热情。

(3)儿童发展的阶段任务。受心理学家、教育学家的影响,儿童是不断发展的个体,在儿童的不同发展阶段有不同的发展任务。瑞吉欧幼儿教育的教师根据发展的任务来选择课程内容。如提供机会、环境和材料来促进幼儿社会性的发展,从幼儿的活动中发展幼儿,使课程目标变成幼儿自己想要达到的目标。

虽然瑞吉欧幼儿教育的课程内容丰富多彩,不是仅限于幼儿的一个或几个方面,而是指向各个领域,促进儿童全面发展,但是社会性的培养是它的一个重点,比如,使儿童学会合作、分享,并从中获得高度的自信心等。

(三)选择课程内容的原则

在选择课程内容时,儿童对主题的兴趣是重点。然而,并非儿童所有的兴趣都值得教育者们花费心力和时间去参与的。凯兹和查德提出了选择课程内容(主题)的一般性原则:

(1)探究的过程应该帮助儿童更精确、更充分地了解自身的经验及环境。
(2)主题应该提高儿童仔细观察周围环境现象的能力与特质。
(3)主题应该能给儿童提供大量互动的机会。
(4)主题应该给儿童提供机会去了解不同媒介、素材的功用及局限,并发展其运用各种媒介的能力。

---

① 袁爱玲:《当代学前课程发展》,广州:广东高等教育出版社,2007年,第140~141页。

除了参考一般性原则之外,选择适合低龄儿童所进行的课程内容(主题)时,还必须考虑到一些实际的情况。课程内容不仅要顾及儿童学习的方式,还要顾及他们尚未具备熟练的读、写技巧的事实。由于课程内容的适应程度与儿童实施课程的成败息息相关,因此以下几点可能有助于课程内容的选择。

(1)当所选择的主题十分具体,并且包含充分的第一手资料、直接经验,以及给儿童提供具体实物进行操作,这个课程成功的可能就变得很大。

(2)当主题与儿童的先前经验相关时,课程也较容易成功。

(3)参观邻近学校的地方,参观使课程的进行更为容易,因为儿童可以重复参观许多次。

(4)一个主题如果能让儿童最大限度地脱离成人的协助,可以自主探究,那么它就有可能发展成为成功的课程。

(5)当儿童能运用符合他们年龄的技能或技术呈现他们所知及所学时,课程将会变得十分丰富。

(6)选择与教育主管机构的课程目标有关的主题,较容易获得家长及行政部门的支持。

(7)当主题与幼儿本身及家庭文化背景有密切联系时,可能会引起深度学习与技能的转换。

选择主题时的实际考虑会使教师有机会辨别出哪些是可能成功的主题,同时也有助于达成课程目标。

三、课程设计与方案活动

(一)课程设计理念[①]

1.摒弃以儿童为中心、忽略教师作用的放任自流式教育,强调团体中心、关系中心,构建儿童与教师、成人一起游戏、说话、思考的课程模式

瑞吉欧幼儿教育体系以儿童、教师和家长三者为中心,从过去的个体中心走向团体中心,从实体中心走向关系中心(关系涉及三个方面:①幼儿与教师平等、对话的关系;②幼儿园与家长沟通、合作、共同管理学校的关系;③教师与教师集体协作的关系)。儿童成为中心意味着儿童的兴趣和需要在教育中得到充分的关注和尊重,他们的主体性地位在教育中得到了真正的确立和发展;教师中心则

---

① 高雪珠:《来自孩子生活的课程——再读〈儿童的一百种语言〉》,http://sfyj.news.tcedu.com.cn/art/2014/4/12/orrt_13001_55987.html,2010-4-12。

赋予教师在教育中引导、组织、促进学生发展的重要作用,他们制订研究和观察计划,选择有利于儿童的教学内容和方式,建立教学模式;家长中心是把过去被排除在学校教育之外的重要教育资源纳入教育体系,使家长有机会支持和参与子女在学校的成长和发展过程。瑞吉欧幼儿教育的有效开展正是立足于这三者中心地位,以及三者间所构成的融洽、合作的互动关系。

因此,瑞吉欧幼儿教育不仅要充分尊重儿童的个性、爱好,促进其自主、自由的探索和发展,而且也要体现教师、家长的引导作用;不仅要关注儿童的成长,而且力图使教育过程成为教师、家长自身的学习和发展过程。这样的团体是在相互尊重的基础上构成的有机整体,是一个高效的团体。

在瑞吉欧幼儿教育的课程中,教师和学生都是整个教学过程的中心。学生成为学习的主体,教师没有给学生灌输现成的知识,而是提供足够的时间、空间和材料,使他们自主地创作和探索。同样,教师也是中心,在这个过程中,他们作为局内人投入了极大的热情和学生一起活动、思考,但他们又扮演一个局外人的角色,始终关注着学生的状态以及活动的进展情况,根据学生的兴趣和发展要求,适时地、自然地为他们提供各种媒介和帮助,创设问题情境,引发思考,促进主题的深化。教师在局内人与局外人之间自由转换,发挥着他们的引导作用。

2. 创造一种儿童文化,为孩子提供自主、自由建构主客观经验的时空环境,同时也创造一种文化,使孩子在相互合作和社会化的气氛中不断获得一百种主客观经验

瑞吉欧幼儿教育小组工作模式既给了每个儿童充分的自主探索空间,同时又为他们营造了同伴间相互支持、相互学习、共同成长的团体文化氛围。这种课程设计超越了极端的个人主义和自由主义的发展原则,而是旨在养成既有个性又有合群性、社会性的新一代。

3. 倡导儿童运用多种语言进行认知、表达和沟通,从而获得完整的感觉经验

《儿童的一百种语言》中的语言泛指文字、图形、绘画、建筑、雕塑、皮影戏、拼贴、戏剧或音乐等多种活动形式及媒介材料。《儿童的一百种语言》意指儿童有权利也有能力运用除口头、文字语言外的多种方式去认识他们周围的世界、表达思想和情感。

在瑞吉欧幼儿教育的方案活动中,教师鼓励学生用尽可能多的方式去认识、表达和交流,并让学生用多种感官去发现和认识事物。因此,在每个活动的开始,教师给学生提供充分观察和感知的机会,让他们从不同角度获得信息,加深对事物的认识和把握。在感受和认识的基础上,教师要求每个学生用自己喜欢、擅长的方式,向他人展示自己的所见、所闻、所想和独具匠心的创意,并表达和交流自己的情绪和情感,从而加深对事物的理解,证明自我的存在和价值。

在文字、绘画、雕塑等多种语言中,瑞吉欧幼儿教育的教育家们常鼓励学生运用图像等非文字语言。当学生的语言、文字、逻辑处于尚待发展的时候,一些非常形象化的艺术方式成为他们表达交流的最好且最擅长的方式,比如绘画。这种艺术活动不仅是感官感受世界的活动,而且是一种对外界的印象有序化的活动。

(二)方案活动

1. 什么是方案活动

在瑞吉欧幼儿教育体系中,被人们讨论的最多的是其方案活动(也译作"项目活动")。方案活动是对瑞吉欧幼儿教育课程的最全面概括。在瑞吉欧幼儿教育工作者看来,方案活动是一种"弹性计划",即所谓的生成课程。瑞吉欧幼儿教育课程与教学主要是通过方案活动来展开的。它是瑞吉欧幼儿教育体系的灵魂和核心,也是该课程的主要特色之一。

所谓方案是指一个或一群儿童针对某个主题所做的探索活动。方案活动是以某一主题为核心向四周扩散编制主题网络。主题网络是一种由许多与主题相关的小课题编制而成的放射状的图形,它把各种资料都纳入主题之下的各子课题内,往往由师生共同完成。从教的角度而言,方案活动强调要以合乎人性的方式,积极鼓励儿童与环境中的人、事、物产生有意义的互动;从学的角度来看,方案活动强调儿童主动参与他们的研究方案,以取得第一手资料。

方案活动的一个核心特点是:它是一种研究性的学习,是为了解决一定的问题或发现某个问题的答案而展开的,这个问题可以是儿童发起的,也可以由教师发起,或者由两者共同发起。方案强调发挥儿童的自主性和教师的引导作用。一个成功的方案必须有足够的不确定性和开放性,能够让儿童以多种方式进行探索,能够激发儿童的兴趣,激发儿童的创造性思维和解决问题的能力。

方案活动主张由儿童自发地决定学习的目标和内容,在儿童自己设计、自己负责实行的活动中,获得有关的知识和解决实际问题的能力。它主张废除班级授课制,打破学科界限,强调儿童在活动中的主动性,强调教师的任务在于利用环境以引起儿童的学习动机,帮助儿童选择活动的材料,是活动的提供者、参与者。

2. 方案活动设计的一般步骤和特点[①]

(1)方案活动设计的一般步骤。方案活动通常包括三个阶段。阶段一:发起

---

① 李槐青:《试论瑞吉欧项目活动设计的特点》,载《长沙大学学报》,2010 年第 7 期,第 131~132 页。

及准备阶段。活动的发起,也就是主题的产生。瑞吉欧幼儿教育方案活动主题的产生,可以来自成人的建议、儿童的讨论,也可以是成人和儿童共同协商的结果。主题无论以哪一种方式产生,其依据主要是儿童的兴趣和需要。儿童的兴趣和需要不仅仅指儿童在活动中的自然表现,而且还包括由教师引发出来的兴趣和需要。这就需要教师有敏锐的眼光,善于从儿童的活动和反应中发现蕴涵在其中的学习价值。在这一阶段,教师的任务一方面是对主题做经验上的准备,如制作"主题网"——教师事先依据经验和对孩子的了解,设想孩子在活动中可能出现的想法,并采用"主题网"的方式加以呈现,另一方面是充分地了解、调动儿童与主题相关的原有经验。对儿童而言,这阶段的任务是充分地回忆、展现其与主题有关的经验。瑞吉欧幼儿教育体系中的学生更多的是运用视觉表征活动(绘画、泥塑、象征性游戏等)方式来表达自己对主题的理解。而教师则借助于此来全面了解儿童的原有经验,并由此设计出下一步的活动计划。

阶段二:进行与发展阶段。在充分地表达经验、做出假设和完成初步计划之后,活动就正式开始了。这一阶段的主要任务在于让儿童获得新的直接经验,并围绕着这一任务进行活动前的准备,然后一步步地进入主题变化或情节发展的高潮。儿童可以在其中验证自己的假设,探讨问题,认识真相。在这一阶段,儿童的主要活动是室内外的实际操作和探索活动,以便全面了解事件本身或发现其蕴含的规律,然后,根据观察所得的东西或活动结果,进行多种形式的表达(如在"人群"活动中,孩子的图片剪贴游戏、黏土制作活动等)。在这一阶段,为获得第一手的新经验而进行的实地考察或调查研究是很重要的一步,可以说它是瑞吉欧幼儿教育方案活动中的一个典型环节(如在"人群"活动中,到集市上亲身体验、感受人群)。当然,儿童还可以通过查阅资料、拜访专家等途径,收集信息,获得经验。对教师而言,这一阶段的任务在于提供丰富而适宜的资源,如提供材料、暗示和建议等。同时,要让儿童感受到他们随时都可以得到帮助。

阶段三:高潮与总结阶段。方案活动的最后阶段是一个全程的、系统的反思和总结的环节,这往往也是方案活动的高潮。活动反思和总结的方式是多种多样的。可以让个别儿童讲述自己整个活动的过程,或由儿童在教师及同伴的帮助下整理自己在这项活动过程中所使用的材料、绘画、照片及自己所建构的作品,并将从中所获得的发现告诉家长、客人、本班或别班的同学,也可以由全班儿童集体举办一个面向全园的作品展示会、戏剧表演等。如何具体操作,要视活动的具体完成情况和幼儿的学习情况而定。反思和总结的过程是给幼儿以多种方式表现、展现已具有的新知识和能力的过程,幼儿把在活动中发现问题、探索问题、解决问题的情况介绍给大家,从而实现共享与交流。

(2)方案活动设计的特点。从方案活动设计的一般步骤中,可以发现方案活动的设计与其他常见的教育活动相比,有其独特之处。

第一,主题的产生渠道不同。一般的主题教育活动,通常都是教师根据预定的目标,选择一个合适的主题,再围绕其开展活动。而瑞吉欧幼儿教育的方案活动事先没有预定的主题或计划,活动主题源于教师在幼儿生活中的发现。当某种情况引起了大多数幼儿好奇时,教师敏感地、及时地发现问题,并机动地勾画活动蓝图,将其问题继续延伸并抛给孩子。之后,在与幼儿互动中,教师不断地根据幼儿的反应(兴趣、经验、问题、意见或建议等)做出调整、修订,拓展其原有的主题内容,甚至有时发展到一定限度时,会完全改变预先的"蓝图",再次生成新的"方案"。这就是瑞吉欧幼儿教育体系中的弹性计划。以瑞吉欧幼儿教育中一个经典活动方案"小鸟的乐园"为例,这个方案最初的构想来自校园里的一池清水。在校园里放置一池清水,原意是给栖息的小鸟解渴,孩子们认为如果小鸟会口渴,也一定会肚子饿。这时教师敏锐地捕捉这一问题,将其初步整理,随即而成的"方案主题"可以将其问题不断拓展延伸,这便生成了一个"方案活动"。

第二,目标的设定方式不同,不是预设目标,而是不断生成和丰富目标。方案活动的价值不在于获得某些特定知识,而在于获取知识、解决问题的能力。因此,方案活动不是预设具体目标。从方案活动的过程可以看出,由于方案活动不是"预成"的,因而,"设计"与"实施"之间没有严格的界限,设计可能发生在实施过程之中,或发生在实施之后。教学互动后教师的反思,往往影响着课程下一步的展开。这样展开和生成的课程,使得前后活动之间更多的是以一种自然发展的状态进行活动。因此,方案活动的目标也是在随着主题活动的深入,逐渐生成并不断丰富起来的。从方案活动中,我们可以明显感受到活动目标的生成及不断发展再生成的过程,这似乎是一个"由无意发现到有意发展的过程"。因此,目标保持着高度的动态性、灵活性和开放性。

第三,活动开展的步骤不同,活动不要求按固定程序推进,只需要按"要点"开展。在学科领域活动中,我们开展的教学活动大多有固定的组织程序和步骤,各个学科领域都对其活动的组织设定了总目标及其组织要点步骤,有的步骤甚至不能颠倒其顺序。例如,在语言教学活动的看图讲述中,先让幼儿看图进行简单讲述,再让老师给以示范性的讲述。如果将这两个步骤颠倒一下,就会变成纯粹的讲故事活动了,那么活动的性质发生了变化。而在瑞吉欧幼儿教育的方案活动教学过程中,并没有固定的程序和步骤,只要求教师按照五种结构性的活动形式,以一种"开放式教学"来开展活动。这五种形式分别是:团体讨论、实地考察、发表、研究、展示。这五种形式在方案活动发展的每一个阶段都有所体现,并为幼儿提供宝贵的学习机会。同时,为教师支持、引导幼儿的学习提供一个策略性的"框架"。

第四,创设开放、合作的教育环境。教师们将幼儿学校的环境称作"第三位教师"。教师们竭力创造机会,让每一个角落都成为幼儿学习的环境。在瑞吉欧幼儿教育的教育者们看来,幼儿表达自我和彼此沟通的手段,以及教师判断幼儿对相关内容是否理解的标志,不应只是人类特有的语言符号,还应包括动作、手势、姿态、表情、绘画、雕塑等一切表达方式。与此同时,教育者们认为社会在育儿方面应给家庭有力的支持。互助是意大利文化中集体主义的一种体现。

总的来说,教师以合作者的身份出现在方案活动的过程中,其间既有问题的提出又有问题的解决,儿童在环境的刺激和教师的引导下,去从事富有挑战性的活动;教师在其中要支持和鼓励儿童,使儿童相信其活动的意义与价值,教师可以像一个资源仓库,常常提出问题,做出暗示,提供建议,示范方法,最终使儿童独立地解决问题,这充分地体现出了维果斯基的最近发展区和现代建构主义的支架式教学思想。

四、课程的实施特点

瑞吉欧幼儿教育体系中课程和教学方面的特色,表现为以下六个方面:[①]

(一)弹性计划

弹性计划,即教师预先制订出总的教育目标,但并不为每一个方案或每一个活动事先制订具体目标,而是依靠他们对幼儿的了解以及以前的经验,对将要发生的事情提出种种假设,依赖这些假设,他们形成灵活的、适合幼儿需要的和感兴趣的目标。幼儿的需要和兴趣既包括幼儿表现出来的,也包括由教师引发出来的。

弹性计划不仅使教师对接下来的活动发展阶段有了充分的准备,而且为儿童的参与、课程的发展以及不期而至的教育契机留下了足够的空间。

在瑞吉欧幼儿教育体系中,活动的进行在很大程度上并不依靠开始的计划(假设),而是依靠幼儿的反应和教师灵活的策略。教师根据自己对幼儿细致的观察,能敏锐地捕捉蕴涵其中的巨大的学习价值,并给予及时而适当的引导。可以说,教师和幼儿一起共同促成课程的开始、进行和结束。因此,瑞吉欧幼儿教育的课程寓于活动之中、寓于生成之中、寓于师生的互动之中。

---

① 少儿画苑编辑整理:《瑞吉欧课程的实施特点》,www.art-child.com/school/jiaoxue/tskc/rjo/201112/270531.html。

（二）合作教学

在教学方面,瑞吉欧幼儿教育突出的特点是强调师生合作。瑞吉欧教育将教学的过程比作教师和儿童在进行乒乓球游戏,教师必须接住儿童抛过来的球,并以某种形式推挡给他们,使他们想同我们一起继续游戏,并且在一个更高的水平上继续游戏,或许还能生发出其他游戏。这种游戏是在双方的经验水平不对等情况下进行的,不过教师从不因此试图去控制、限制幼儿的行为,代替幼儿的研究、探索。相反,他们非常强调幼儿自己的主动探索和自由表达。教师们常通过一些试探性的提问或商谈式的建议,引发幼儿自己的探索和表达。另外,在这种合作的过程中,对具有自觉性的教师而言,其重要任务之一是将幼儿兴趣努力聚集在一个主题之上,使幼儿愿意继续下去,要做到这一点,如何把"球推挡给孩子"就很重要。瑞吉欧幼儿教育的教师不是借助于设定的规范,而是通过教师对幼儿活动的关心、支持、建议和帮助来实现活动的延续。

在看图讲述活动中,当教师发现幼儿的讲述和图画不一致时,他们不是以直接告诉幼儿的这种方式"推挡"给幼儿,而是思考以什么样的方式让孩子自己意识到这种不一致。于是,他们让幼儿重听小组讨论的录音,再对照图画进行讨论。教师这种花更多的时间和精力使问题"复杂化"的做法,目的在于帮助幼儿聚焦于某一个问题,探索、发现自己的问题所在,当孩子们发现了问题,也就找到了解决的方法。这种师生合作研究的方式贯穿于瑞吉欧幼儿教育的整个教育教学活动之中,成为其教学的一个重要特点。

（三）档案支持

档案指的是对教育过程及师生共同活动结果的系统记录,包括对儿童活动过程中具体实例的记录。记录儿童在活动过程中的具体实例,可以包括正在活动的儿童的照片、教师写的旁注、儿童们的争论短评和对于活动意向的解释及家长的评议等。这种档案并非简单的文字记载,而是以图画、实物、照片、录音、录像、幻灯、文字说明等多种形式表现出来。它贯穿方案活动的始终,并在方案活动结束后延续,它是一个儿童、教师交互学习的过程及他们共同活动的成果。

当然,一种高质量的档案应该具有如下几个方面的作用:

1. 促进儿童的学习

档案为儿童提供有关其言行举止的具体的、可见的"回忆"。当儿童"阅读""再阅读"他们所理解的事物时,他们就变得更加好奇、兴奋和自信;他们总结自己获得的经验,体验自己取得的进步,并以此为出发点,迈向下一步的学习。另外,这种档案的展出有利于儿童的相互影响和相互学习,能鼓励孩子参与全新的活动。

2. 支持教师的教学

对教师而言,瑞吉欧幼儿教育档案记录是一个很好的观察儿童、反思自身的途径。同时,记录的系统结果又使得教育过程变得"可视化",每个孩子的特征、态度、需要和兴趣、行为表现都有详细的记录,并通过书面材料加以呈现。这可以让教师重新听、重新看、重新理解并发现孩子,也可以冷静客观地反思自己的教育策略,捕捉即将到来的学习契机,还可以与同事交流、讨论、产生新的假设和下一步活动的计划。因此,档案可以成为主要的教育资源,支持着教师的教学。

3. 刺激家长的参与

档案记录的最直接作用是使儿童的学习过程和成果清晰可见,并为一切人所分享。家长借助档案,了解儿童学习的情况以及取得的成果。这可以使家长与儿童一起分享学习的过程,而不仅仅是孩子的作品,从而改变他们原来或高或低的期望,重新审视家长的职能和儿童的日常生活,进而积极对待整个学校活动。

4. 赢得社区的理解与支持

瑞吉欧幼儿教育还将这种档案扩展到社区和公众中,以详细完备的方式将一种多层次、多风格的学习形态展现在公众面前,让更多的人以新的眼光来认识、评价儿童的形象。同时,这种档案记录将学校教育的内容向社会公开,体现出一种民主的精神,有利于学校社会一体化进程,也为瑞吉欧幼儿教育方案的自身发展提供了强有力的例证,从而能赢得社会公众更多的理解、支持和参与。

(四)小组工作

瑞吉欧幼儿教育的方案活动一般采取小组工作的方式,小组一般是 3~5 人,有时 2 人。瑞吉欧幼儿教育的教育者认为这种小组工作的方式有利于保证同伴间的合作。方案活动中的同伴合作体现在多方面,比如,能力强的孩子可以向同伴提供经验或技能上的帮助,等等。瑞吉欧幼儿教育更为看重的是儿童在共同活动中彼此的调整适应:一方面,借助老师的帮助,一个或几个孩子的问题可以引发其他孩子去探索从未接触过,甚至从未怀疑过的领域;另一方面,孩子们在合作探索、交流的过程中获得自我认同或发现矛盾、冲突,进而重新评价或改变自己的认识,这就是瑞吉欧幼儿教育所说的儿童间真正的"合作活动"。这种同伴合作,为每个孩子提供了机会,使他们发现自己的观点与其他人的观点是不同的,从而意识到自己的独特想法,产生自我认同感。同时在与同伴的交流、切磋中,孩子们会有机会发现其他人的不同观点,认识到世界的多样性。在这个过程中他们获得的不仅仅是友谊,还有认识上的满足。

瑞吉欧幼儿教育的教育者们认为,小组内同伴间的发展水平差异不易过大,应有一个适当的距离,不能因差异过大而产生过度的不平衡。

(五) 深入研究

瑞吉欧幼儿教育的方案活动是深层的、富有时效的活动,这体现在活动中幼儿对同一现象、概念进行多角度地认识以及对其在多种水平上不断提升的重复认识。可见,瑞吉欧幼儿教育的方案活动不是一条直线,而是存在大量的循环和反复,以使幼儿的学习更加充分。这种对特定主题进行深入、扩展、有序的学习,会培养幼儿深入探讨问题的习惯和能力,而这种迁移性的倾向和能力将使他们受益终身。

(六) 图像语言运用

在围绕着一个共同的方案活动时,瑞吉欧幼儿教育的教育者鼓励儿童运用他们的自然语言和表达风格,自由地表达和相互交流——包括语词、动作、手势、姿态、表情、绘画、雕塑等,其中符号性的视觉表征活动(瑞吉欧幼儿教育称其为"图像语言"),备受关注。在轰动西方的名为《儿童的一百种语言》的展览中,儿童用图像语言(包括素描、颜料画、纸工、泥工、拼贴画、雕塑等)所表达出来的对事物的认识和对世界的感受几乎感动并征服了所有的参观者。在瑞吉欧幼儿教育中,孩子能借助图像语言进行表达、交流,并从中获得认识发展的能力,比我们假定得容易,完美得多,这使我们意识到在一定程度上低估了幼儿的图像表征能力,以及图像表征对幼儿认知和身心发展的价值。

在瑞吉欧幼儿教育的方案活动中,幼儿的图像语言不是被当作一门学科、学程或一套分离的技能来教授,而是与儿童的活动、学习融合在一起,可以作为另一种语言渗透到方案活动的整个过程中。图像语言为幼儿提供了一种他们能够驾驭的表征手段来记录且交流观察和感受。这不仅为教师了解儿童已有的知识经验打开了窗户,而且为儿童探索知识、建构已有的认识,以及与同伴共同建构认识提供了一种共通的、可以有效交流的工具,从而促进方案活动的开展。而儿童在自己感兴趣的主题探索过程中,主动地、积极地运用图像语言,会提高自己的图像语言表现能力。

五、课程的评价

记录是瑞吉欧幼儿课程评价的一个重要的、有特色的途径,也是一种对儿童学习和教育活动的说明和解释,协商式的教学和形成性的评估主要靠记录来实现。在教学过程中,教师首先要注意倾听、观察孩子,通过便条、观察表、日记、录音带、相片、幻灯片、录像带等多种方式记录幼儿的学习过程、建构知识的方法、情绪变化及与同伴、老师的关系,然后对资料进行整理分析,做出解释。为了全面、客观、真实地反映活动过程,瑞吉欧幼儿教育课程主张教师必须与他人,尤其是同事,共同讨论并重新解释记录。

记录为教师和儿童再次倾听、观看、回忆活动过程提供机会。通过记录,老师可以与同事一起审视方案的进展情况、儿童的各种反应,从而对方案的价值、合理性、可行性等做出评判,并指导下一步的计划;通过记录,教师可以对幼儿的兴趣和爱好、知识掌握程度、认知发展水平以及社会性发展等方面进行较全面的分析和把握。在此,教师不仅要评价每个儿童,更要关注幼儿团体的发展状况。同时,通过记录,教师可以反思和评价自己在活动过程中的作用、参与程度、方法的使用、师生关系等,从而促进自身的专业成长;通过记录,幼儿有了重新发现自己成长的机会。因为在瑞吉欧幼儿教育课程评价中,记录不仅给教师看,而且会呈现给孩子,教师和孩子一起重温、分享活动的过程。幼儿在回忆与同伴的比较、对话中,对自己和他人在活动中的表现进行肯定或否定评价,并进行自我修正。这让孩子从被动的评价客体变为积极的评价主体,提高自我评价和评价他人的能力,增强了自信心。同时,家长也参与到学校教育中,成为评价孩子发展的一个重要主体。

环境是最佳的记录方式之一。正如马拉古兹所说:"我们学前学校的墙壁会说话,有记录的作用。我们应该利用墙面的空间暂时或永久性地展示幼儿或成人的生活。"瑞吉欧幼儿教育体系下的幼儿园到处展示着儿童个体、小组或集体完成的活动,体现了对美与和谐的关注。这样,儿童对自己的活动更加认真负责,在回忆或学习别人的活动时,提高其学习的广度和深度,并发展自评和互评的能力。记录提供了标准化测验不能提供的信息,有利于更深入、更广泛地理解儿童,能够让教师根据儿童个体的参与程度和发展程度对活动进行不断调整、评估和再计划。

六、环境的设置与运用

在瑞吉欧幼儿教育所倡导的建构性学习中,幼儿的认知、情感和社会化的发展与环境的密切相关,幼儿与环境相处的方式直接影响到教育的质量。瑞吉欧的幼儿教育教育工作者非常重视环境的作用,往往对方案中需要设置哪些新的环境进行思考。典型的瑞吉欧学校包括入口、长廊、广场、教室、工作坊、教室中的小画室、图书馆、档案室、起居室、室外花园、储藏室。

瑞吉欧幼儿教育的教育工作者认为,开放的环境是幼儿园的第三位老师。环境是幼儿之间、幼儿与成人之间、幼儿与物之间互动的关键性因素。因此,学校的建筑结构、空间的配置、材料的多样和能吸引幼儿探索的物品和设备,都以传达、沟通为意图,激发人与人之间,以及人与物之间的交流和互动。

瑞吉欧幼儿教育的学前教育机构环境优美、宽敞、充满艺术气息,建筑物中心有一个广场,每个活动室的门都面向广场,以增加各班幼儿的互动机会。每间教室门口写上儿童的权利,挂上教师的照片,在家长牌上介绍方案活动的主题,以便合作参与。瑞吉欧幼儿教育的学前教育机构环境布置有以下几个特点:第一,教室的环境布置十分注意空间的安全和儿童认知、社会性的发展,有大面的镜子,供幼儿认识自我,发现自我。第二,教室及工作坊的环境布置随方案活动的发展而变化,并不断地充实和调整。在空间设置中,给幼儿提供自由活动的空间、小组活动及团体活动的空间、展示的空间,乃至个人秘密的空间。第三,充分利用墙面,把墙面作为记录儿童作品的场所,让墙面说话。如小组每进行一个主题都有师生共做的展示板。

七、瑞吉欧幼儿教育体系中教师的角色与作用

瑞吉欧幼儿教育体系中的教师角色与作用主要体现在以下几方面:①

(一)教师是一个倾听者、观察者、理解者和欣赏者

"倾听"在瑞吉欧幼儿教育的教师工作中处于非常重要的位置。教师不仅要牢牢树立一个观念,即幼儿自己成长过程中强大的、积极主动的、有能力的主角,而且还必须要在行为上让幼儿相信教师们确实是这样认识的。倾听(包括观察)行为无疑能向幼儿传达教师对他们的关注、重视、尊重和欣赏。它不只是对儿童语言和行为的知觉和记忆,而且包括对它的意义的建构和解释。这个过程,不仅直接表达了教师的态度,而且能帮助教师更好地理解幼儿,理解他们的学习方式。因为倾听意味着赋予对方价值,对他们及他们所说的话保持一定的支持状态。倾听既丰富了倾听者,又刺激了讲话者。因此,教师的一个重要任务就是倾听。

(二)教师是儿童学习的支持者和引导者

对待儿童学习,瑞吉欧幼儿教育的教师有不同的理解。

1. 认真对待孩子的"工作",让他们能觉察出"教师认为重要的事"

教师应积极参与儿童正在进行的学习活动,分享他们的激动和好奇,共同体

---

① 刘佳:《浅淡瑞吉欧教育方案对中国幼儿园课程改革的启示》,http://1969020800.blog.163.com/blog/static/71872512200116461443765/,2011-07-04.

验喜怒哀乐。这不仅是出于密切师生关系的需要,更是对儿童活动持一种严肃认真的态度。而教师的这些行为会向儿童传递一些信息,如老师关心的是什么;老师认为有趣的、值得做的、值得花费时间和精力的事情是什么;老师赞同和欣赏的行为是什么。当儿童觉察出教师认为的重要之事后,就会自然而然地为这些重要之事而努力。

幼儿体会到成人的期待或成人认为重要的事并非是成人的语言强调,而是他们集中的注意力、浓浓的兴趣及欣赏的态度,有时甚至是由衷的喜悦。教师如果对儿童的工作和工作成果常常表现出惊奇、兴趣和欣赏,就能够接住儿童抛过来的球,并以某种方式抛还给他们,使他们愿意与我们一起继续游戏,或许还能够生发出其他的游戏。从这个角度看,建立儿童工作档案,也是向儿童表达教师对其工作的重视。

2. 帮助儿童发现、明确自己的问题和疑问

瑞吉欧幼儿教育的教师认为对待儿童的学习并不简单地表现为"传道、授业、解惑"。教师的主要任务不只是把知识呈现给儿童或回答他们的问题,而是当儿童出现问题时,引导他们自己找出答案。更重要的是,引导他们向自己提出问题。儿童在进行他们感兴趣的活动时,自然会遇到一些想探索或需要解决的问题,教师的作用就在于帮助儿童发现问题、明确问题。在鼓励、支持儿童自己去解决问题的时候,教师一般也不提供现成的解决方法,而是帮助儿童聚焦于问题的关键点或难点,并形成假设。有时,教师的帮助不是为了使学习变得顺利或容易,而是使问题复杂化,以引发、促进更有价值的学习。

3. 鼓励儿童相互交流、一起活动、共同建构知识

相互交流、认知冲突、相互合作是学习的有效方式。瑞吉欧幼儿教育的教师十分重视为儿童同伴提供交流与合作的机会。在幼儿学校,儿童平日的自由交往、游戏就是同伴之间相互交流与合作的机会。作为课程与教学的主要形式,方案活动一般由 3~4 人组成,这为儿童自由而充分地表达、相互倾听、相互启发、询问、质疑、争论、讨论、互助、协作提供了更多的机会和条件。在瑞吉欧幼儿教育中,认知上的冲突被理解为所有成长(心智、社会性)的动力,因此,教师十分珍惜儿童之间的认知冲突或不一致的意见,不会去压制、协调或统一,而会设法展开、引发儿童的讨论,或者把意见变成一些可以被检验的假设、可实际进行的比较,让儿童通过讨论、检验、比较来发现"真理",共同建构知识。在教师的帮助下,一个孩子的问题或观察意见引发其他孩子去思考,并探索自己从未想过、接触过的,甚至从未怀疑过的领域,这是孩子之间的一种真正的合作活动。

(三)教师是儿童的合作伙伴、对话人

在瑞吉欧幼儿教育体系中,师生是平等的合作伙伴,师生之间的关系是对话关系。师生之间的交往主要是以儿童感兴趣的话题为主要内容。在瑞吉欧幼儿教育中,互动的大部分内容集中于儿童的方案活动。教师和儿童的心智在共同感兴趣的问题上汇合,他们同等地参与到所探索的事物、所使用的材料和方法、所设想的可能性及活动本身的进程之中。这样的互动包含着智慧的激发与碰撞、经验的交流、情感的共享,每个人都能感受到来自对方的支持。在这样的互动中,教师身上所负载的社会文化不是用从上至下"倾泻"或灌输的方式传递给儿童,而是一种哺育,一种滋润。此外,遇到困难时,教师为儿童提供跨越障碍的策略,鼓励他们坚持做事、要求他们完成自己的活动等,这些都是教师支持儿童学习的表现。瑞吉欧幼儿教育的教师不愿让儿童总是围绕老师的目标而活动,相反,他们总是"尽力与儿童的目标保持一致"。

(四)教师是学习者和研究者

在瑞吉欧幼儿教育体系中,教师不仅仅是一个教育活动的实践者,更是一个研究者、学习者,教师的研究和学习已渗入儿童的日常生活。教师不断地对实践进行着反思,并在此过程中不断学习,提高自己。教师的研究不是某个教师单独进行的,而是教师联合开展的。他们经常一起研究、观察、记录,进行广泛的批评与自我批评,最终经过讨论获得一致的看法。通过学习、研究,每个人都会有收获,在思想上都有所提高。全体教育者的通力合作研究,不断将教育理论与教学实践相结合,以寻求不断发展的与教学实践相一致的哲学框架。于是,教师成为一个理论工作者、研究者,同时也成为不断提高自身素质的终身学习者。①

第三节 瑞吉欧幼儿教育体系的主要特色及其启示

一、瑞吉欧幼儿教育体系的主要特色

瑞吉欧幼儿教育体系有别于其他学前教育体系,其特色主要体现在以下六个方面:②

---

① 石丽娟、袁爱玲:《从学前创造教育角度看瑞吉欧的教师角色》,载《山东教育》,2002年第Z3期,第16~17页。

② 袁爱玲:《学前课程发展》,广州:广东高等教育出版社,2007年,第137~138页。

(一) 全社会的幼儿教育：社会支持和家长参与

在育儿方面，社会给予家庭有利的支持是意大利文化中集体主义的一种表现。在瑞吉欧·艾米莉亚市，0岁~6岁的保育和教育是一项十分重要的市政工程，享有12%的政府财政拨款。同时，家长在学校中所起的种种实质性的作用，本身也是社会支持的一种表现。在全市所有的幼儿学校中，家长都有权利参与学校任一环节并自觉承担起这一责任。

瑞吉欧的课程是在社区中进行的，家长的参与一直是其一大特色。社区以孩子为媒介，将各个家庭、部门联系在一起，协调工作，共同促进孩子的成长。教师可以设法通过自己的工作将家长的兴趣点引入课程中，引入教育孩子上来。家长及教师一起制作教具、玩具，一起布置环境。同时，社区为课程的实施提供便利的设施、资源，以便使课程有效实施。

(二) 民主与合作：学校管理风格

瑞吉欧幼儿教育体系是一个以儿童为中心的联盟、一个教师与儿童同样能获得"家一样感觉"的地方。在这些学校里，没有在一般机构中常见的行政事务，教师之间也没有层次等级，他们只是平等的同事关系与合作关系。学校实行三年一贯制跟班教学，以便教师和幼儿之间保持长期稳定的关系。每所学校都有一名在艺术方面受过专业训练的艺术教员。

(三) 方案活动：活动性课程与研究式的教学

方案活动的基本要素包括：解决真实生活中的问题，小群体共同进行长期、深入的专题研究等。瑞吉欧幼儿教育体系没有固定的课程计划，其方案活动强调深入而富有实效的学习，绝不匆匆忙忙"走过场"。

(四) 百种语言：儿童学习与表达的手段

在瑞吉欧幼儿教育体系的课程实施过程中，其中一个很大的特色就是儿童可以用各种表达方式来表现自己。在瑞吉欧幼儿教育的教育者看来，儿童表达自我和彼此沟通的手段，以及教师判断儿童对相关的内容是否理解的标志，不只是特有的语言符号，还包括动作、姿势、表情、绘画、雕塑等一些表达方式。马拉古兹批评现有的教育几乎全部由文字来完成，文字成了教师和家长的唯一工具，他认为儿童有"一百种语言"，教育应当唤起儿童所有的感官，尊重儿童的想象、比喻、象征、涂鸦、绘画等表达方式，使儿童通过不同的方式来学习，鼓励他们通过"表达性、沟通性、认知性语言"来探索环境和表达自我。因为每个儿童都是不同的,教育要让儿童发现自己的不同。

(五)合作学习和反思实践:教师的成长

教师的成长和儿童的成长一样,都不是"训练"出来的,而是通过进入一个充满多种关系(与孩子、家长、其他教师、教研员等关系)的环境之中学习得来的。环境中的这些关系支持教师们的相互合作,并建构关于儿童、关于学习过程以及关于教师角色的知识。教师的成长与孩子的发展被视为一个"连续体"。

(六)开放的环境:学校的第三位教师

物质环境的设计、布置也是瑞吉欧幼儿教育的中心环节,而该环节的一个核心问题就是如何改善环境和资源的综合利用。瑞吉欧幼儿教育的教师们将幼儿学校的环境称为"第三位教师"。教师们竭力创造机会,要在学校的每一个角落为儿童提供充分的交往机会,便于他们的沟通。

二、评价与启示

(一)对瑞吉欧幼儿教育体系的评价

我国学者霍力岩对瑞吉欧幼儿教育体系进行了以下三方面的评价:

1. 重视在儿童的活动中自然而然地生成课程

儿童参与深度的、长期性的调查,这体现了瑞吉欧幼儿教育体系中的进步主义教育思想的主要特点。他们没有固定的课程计划,有的只是灵活的、深入而富有成效的方案活动。他们允许儿童自己做决定和选择,采取合作的解决方法(一般是与同伴合作或向教师咨询),并创造一种鼓励儿童追求自己兴趣、开展长期的调查活动的环境。这种课程是在具体的情境中逐步生成的,是教师根据活动中儿童的反应以及活动的进程来确定活动的发展方向的,可以说,它是教师和学生共同建构和协商的结果。在这种生成的课程中,儿童兴致盎然,内在的动机使他们能够有足够的兴趣、恒心和成就意识,在众多的可能性中做出选择,并坚持到成功。

2. 让教师成为儿童的合作研究者

瑞吉欧幼儿教育的教师与儿童是平等的,他们共同参与到活动中。教师认识到儿童是发展的主人,具有发展的潜力,很强的可塑性及学习和成长的欲望。同时,儿童之间存在着差异,这种差异可以在环境中扩大或缩小。于是,瑞吉欧的教师就成为一个观察者和记录者,用心倾听、发现和认识儿童,允许儿童自主、自由地探索。同时,教师亲自参与到活动中,给儿童以反馈、建议和支持,引导孩子拓展自己的想法。在这种有系统地观察、记录、说明和评价的过程中,教师成

第九章 瑞吉欧幼儿教育体系

为儿童合作研究者,"尊重儿童"和"发挥儿童的主体性"不再是抽象而空洞的概念,而成为促进儿童发展的重要动力。

3. 促进学校、社会和家庭的合作

家校联合似乎已经成为世界幼儿教育的一个共识,2000年美国六大教育目标之一就是促进家庭加入学校中,以形成教育的合力。瑞吉欧的管理是一种民主而开放的方式,社区参与管理机制的建立,能够适应文化和社会的变迁,也能够促进教育者、儿童、家庭和社区的互动和交流。事实上,在个体的成长中,家庭、社会和学校是同样重要的。儿童是社会的人,儿童的教育需要多方合作,这样才足以产生教育的一致性和一贯性效应。而学校本身就是一个交流和参与的环境(杜威提出的"学校即社会"),因此家长和社会的参与是学校教育存在的一个前提。家庭作为孩子成长的重要环境,对孩子的发展有着重要而独特的影响,家长积极参与到学校中来,能够让儿童获得一种安全感,而且,家长积极参与学校的儿童教育是儿童个人成长的动力。尤为重要的是,家庭和社会的参与意味着教育环境的扩大和教育资源的丰富,也意味着儿童处处受教育,时时在学习。

总之,瑞吉欧幼儿教育体系不是一种理论派别的附属物,而是在吸收了多种理论之后的一种创造性的教育体系,在一定程度上代表了当代学前教育发展的基本方向。

(二) 启示

改革开放后的中国从各个领域接纳来自世界各地的文化精华。我国的学前教育工作者也以空前的热情关注着瑞吉欧的学前教育,传播着瑞吉欧幼儿教育的精神。

那么,瑞吉欧幼儿教育体系对中国的教育改革的主要启示是什么呢?[①]

1. 师生关系上的开放

瑞吉欧幼儿教育的经验能为我国幼儿教育工作者处理幼儿生成的活动与教师预定的活动之间的关系提供思路和模板。这一关系的处理一直是我国幼儿课程改革的重点。在以往的教育中,更多的是强调教师的教、学生的学,教师在教育过程中或在教育的某个环节上,采取专制的态度,忽视幼儿的主观能动性,把幼儿当作消极被动的容器,以为只要对幼儿"灌""管",教育就能取得效果,其结果却是适得其反。瑞吉欧幼儿教育经验提供了新型的师生关系,在实施方案教

---

① 郭莉:《瑞吉欧教育经验对我国幼教改革的启示》,载《教育与教学研究》,2011年第7期,第128~129页。

学时从主题的设计、方案活动的开展和实施方案总结的整个过程中,通过师生互动,给予幼儿自由探索、进行表达的机会。教师真正地将自己的位置推后,给幼儿一个充分自由的环境,让幼儿的潜力获得最大程度的释放。教师在整个过程中以同伴的身份介入幼儿的探索世界,创设一种与幼儿平等的、共同探讨的、相互学习的环境。

教师是活动的参与者、协助者、记录者、引导者,教学活动的开展无时无刻不以幼儿的兴趣、需要和能力为立足点。当然,这对教师的素质提出了更高的要求,教师要能分析幼儿的心理,能适时把握教育时机,能适时地介入幼儿活动,能合理启发、引导等。如大班主题教育活动"祝你生日快乐",主题网络图由教师和幼儿共同制订,形成一系列有价值的教育活动:"我的生日我做主""生日蛋糕DIY""祝你生日快乐""我出生的那一天"……在该主题教育活动中,教师和幼儿共同准备活动所需的各种材料,共同参与活动。活动结束后,师生共同将活动过程中形成的绘画、手工、文字、照片等展示给家长,让家长和师生一起分享幼儿活动的成果。

2. 活动空间和时间的开放

瑞吉欧幼儿教育理念渗透到环境中,用不断丰富、调整原有的环境方式,使环境更符合教学活动的需要和幼儿发展的需要。幼儿可以自由地到工作间或艺术教室活动。幼儿在进行一个主题的探索时,可以接触到幼儿园外的广阔天地;教师有开展活动的资金,可以根据幼儿探索兴趣、活动的进展与投入程度来考虑活动时间的长与短,活动具有灵活性。所以,在方案教学中,幼儿有极大的自由度,他们可以根据自己的意愿,用喜欢的方式来表达自己的感受。在教育时间的具体分配上很灵活,对不同的儿童设置难易程度不同的问题,并留出不同的思考时间。在探索活动的时间上也有弹性,可以由幼儿自己来支配时间,幼儿有更多的自主权。例如,在实施主题教育活动"十二生肖"这一活动时,幼儿的探索空间,不仅仅局限在幼儿园,幼儿可以根据自己的兴趣,寻找自己身边环境中与十二生肖有关的物品;同时,随着幼儿探索的深入,幼儿可利用在幼儿园和在家的时间搜集自己感兴趣的十二生肖的资料。

3. 教育内容上的开放

瑞吉欧幼儿教育内容的组织是以科技知识为线索来展开的,涉及语言、数学、美术、音乐、健康、社会等诸多方面,是一种综合性的教育,以期促进幼儿诸多方面的均衡发展。从一定意义上说,它避免了分科教育在实施过程中将知识人为地割裂,造成各种不必要的重叠,这种教育与幼儿的生活经验更贴近。方案教学主题选择的根据是贴近幼儿的生活经验,从而引起幼儿兴趣。同时,考虑是否能充分运用幼儿园和社区现有的资源,如动手操作的多种材料等。主题网络的编制可由教师设定,也可由教师和儿童共同讨论而确定。在实施的过程中,根据幼儿的兴趣和经验,可对预先设定的网络做调整,即对某些分支项目予以扩展,让幼儿做深入研究和探讨,而对某些分支项目则予以缩小,不加扩展,充分体现了教育内容的开放。例如,主题教育活动"十二生肖"这一活动,其教育内容可涉及多个领域:社会领域、科学领域、语言领域等,而且每个领域活动可以整合其他领域的教育内容,这有利于教育内容的完整性。

4.教育过程的开放

我国的幼儿教育改革提倡家园合作,而瑞吉欧幼儿教育机构更强调幼儿、家长、社区的互动。家长协助幼儿园确定方案活动的主题、协助查阅资料、提供物品资助,与幼儿和教师一起探索。家长还可以通过家长接待日了解方案活动的主题和进行情况,并通过电话、书面方式进行交流。家长还要参加到方案活动的总结活动中来,参观孩子的作品。同时,社区也为方案活动教学提供场所、人力、物力,以便方案活动教学的顺利进行。例如,在主题教育活动"我的世界"中,幼儿园、社区积极与家长互动,请家长参与到活动中,家长不仅为教育活动提供材料,而且亲自参与到教育活动中。在"爸爸妈妈和我"活动中,家长与师生互动,和幼儿一起比较相同和不同之处,让活动取得良好的教育效果。

5.思维训练的开放性

瑞吉欧幼儿教育成功地运用了皮亚杰理论,不注重幼儿对某种知识和技能的习得,而是注重幼儿对自己已有经验的重新组合。将各种知识和概念编制成网络,能让幼儿把众多的知识和概念放置于背景中去考虑,在事物的相互关系中去主动探索、积极设问、自主建构、自由创造。对幼儿而言,掌握科学概念的含义,认识事物内部的规律似乎为时过早,但这并不意味着只需给幼儿一些现成的知识,相反,应该更多地关注如何让儿童学会把事物放在关系中进行考虑的能力。例如,在主题教育活动"我的世界"中,幼儿通过实际的操作、比较、记录,发现自己和爸爸妈妈相同和不同之处,发现自己的身高、体重和爸爸妈妈身高、体重的关系,从而达到活动的教育目标。

总之,《幼儿园教育指导纲要(试行)》提出:"幼儿园应为幼儿提供健康、丰富的生活和活动环境,满足他们多方面发展的需要,使他们在快乐的童年生活中获得有益于身心发展的经验。"在《幼儿园教育指导纲要(试行)》的指导下,很多幼儿园的儿童观、教师观和教育观逐渐发生转变。我们期望我国幼儿教育工作者能有效地借鉴瑞吉欧幼儿教育中有价值的经验。

▶阅读推荐◀

[1] 冯晓霞,朱细文.瑞吉欧教育理念中的儿童和教师.学前教育,2000(12).

[2] 郭莉.瑞吉欧教育经验对我国幼教改革的启示.教育与教学研究,2011(7).

[3] 缪胤、房阳洋.蒙台梭利教育与瑞吉欧教育体系之比较研究.学前教育研究,2002(5).

[4] 潘月娟.课程与文化的关系:向瑞吉欧课程学习什么.学前教育研究,2006(11).

[5] 屠美如主编.向瑞吉欧学什么——《儿童的一百种语言》解读.北京:教育科学出版社,2002.

[6] 王春燕.学习瑞吉欧重在把握其教育理念——瑞吉欧方案教学的教育精髓.学前教育研究,2002(5).

[7] 王春华.瑞吉欧幼教模式述评.比较教育研究,2001(10).

[8] 张金梅.谈谈环境的教育价值——从瑞吉欧环境创设获得的启示.学前教育研究,2002(1).

▶复习与思考◀

1. 请分析瑞吉欧幼儿教育方案活动中的师生关系。
2. 瑞吉欧幼儿教育方案活动与一般教学的区别有哪些?
3. 瑞吉欧幼儿教育方案活动可以给我国的幼儿教育体制改革,特别是给幼儿园课程改革提供哪些启示?

第十章
High/Scope 教育方案

【内容提要】 High/Scope 教育研究机构简称为"High/Scope",由美国儿童心理学家、佩里学前教育研究计划的主创人戴维·韦卡特于 1970 年创立。High/Scope 教育方案以其广泛的适用性和可操作性广受青睐。在 High/Scope 教育方案中主动学习是核心,关键经验是全面发展的教育目标,计划—实施—回顾时间是其独具特色的一日常规。同时,老师的角色是合作者、支持者、计划者,精心设计的环境与精心挑选的材料及全面的情景性评估等都是 High/Scope 教育方案的显著特色。

【学习要求】
1. 了解 High/Scope 教育方案的产生与发展阶段,理解其理论基础。
2. 掌握 High/Scope 教育方案及该方案组织幼儿教育课程的关键经验。
3. 能客观评价 High/Scope 教育方案。

第一节 High/Scope 教育方案的形成、发展及其理论基础

一、High/Scope 教育方案的形成与发展

(一)形成

20 世纪 60 年代初,美国密歇根州易丝蒂莲公立学校负责特别事务的戴

维·韦卡特,通过研究学校中一些来自低收入家庭的学生在学业上失败,发现这些学生在小学的时候没有打好基础。因此,韦卡特和他的同事开始从事长期的研究,即如何帮助处境不利的儿童在未来的学习中获得成功。经过研究,他们认为对三四岁幼儿进行早期介入服务,会有助于提高其进入学校后的学习表现。于是,在1962年,韦卡特在密歇根州政府的资助下,成立了密歇根州第一个政府赞助的佩里学前教育研究计划,也就是后来闻名于世的High/Scope托儿所方案的前身。它是第一个针对学校中贫困的、处境不利的儿童的教育方案,后来被称为"开端计划"。它是第一个有严格实验设计的方案,儿童被随机抽取和分配,并允许研究者通过追踪研究的方式对参与计划的儿童进行今后生活状况的考察。因此,该研究结果能显示幼儿学校教育方案对参与者有短期和长期的好处,诸如学业失败率的减少,留级率的降低,就业率的提高及福利救济率的降低。1963年,课程开发人员开始接触皮亚杰的理论,认识到皮亚杰理论所研究的认知发展问题也是他们课程开发所要解决的主要问题。因此,他们开始根据皮亚杰的认知发展理论来设计课程,即后来的High/Scope认知发展课程。

(二)发展

1970年,韦卡特成立了High/Scope教育基金会。之后在他的带领下,High/Scope课程在一整套关键经验的基础上,取得了重要突破,这套关键经验主要来源于皮亚杰的发展理论和参与课程开发的教师们在10年里所积累的经验。

在20世纪70年代后期,联邦政府允许High/Scope基金会发展它的课程,以便适应来自西班牙语家庭的儿童。同时,High/Scope课程也在世界其他国家申请课程教授权。截至1998年,英国、墨西哥、新加坡等国特许开办High/Scope课程训练中心,而且该中心在加拿大、芬兰、挪威、南非等国家和中国台湾地区也得到发展。它的基本教材及评估工具被译成阿拉伯语、汉语、荷兰语、法语、韩语、西班牙语、土耳其语等。研究所的工作由官方组成的High/Scope课程国际委员会来协调,他们的工作目标是形成一种在实践中普遍适用的课程模式,以便适用于不同国家、不同地区的文化和语言。

High/Scope课程的发展从时间上可以分为三个时期,分别是1971年之前,1971~1979年,1979年至今。

1971年,High/Scope教育研究机构出版了第一本介绍High/Scope课程的著作《认知中心课程》,这是High/Scope课程模式初步形成的标志。在这一时期,它以皮亚杰的认知理论为基石,重点是如何发展儿童的认知与智力。

1979年,《活动中的幼儿》出版,这本书与之前的《认知中心课程》有很大的

第十章 High/Scope教育方案

不同,书中首次提出了"主动学习"这一概念,并将其列为幼儿认知发展的八大关键经验(其他为语言、经验和表征、分类、排序、数概念、空间关系、时间关系)之一,由强调皮亚杰式的认知性工作到强调儿童是知识建构者的转变。对服务对象而言,本书不再只是为处境不利的特殊儿童服务,开始面向所有的儿童。从目标来看,它不再只是把目光放在儿童认知思维的发展上,而是以认知发展为中心,同时注重儿童的情感与社会性的全面发展。因此,《活动中的幼儿》基本奠定了 High/Scope 课程模式的基本框架。

1979 年以后,High/Scope 教育研究机构出版了一系列的关于 High/Scope 课程的著作,如 1988 年的《早期方案管理者指南》,1989 年的《教师思想概述》,1991 年的《支持年轻的学习者》及 1995 年的《教育幼儿》。这些著作或多或少地对 1979 年的《活动中的幼儿》做了一些修改,尤其是 1995 年的《教育幼儿》,把"主动学习"从关键经验中抽离出来,使之成为凌驾于所有关键经验之上的核心原则,成为整个课程模式的核心与根本,无论是一日活动的安排,还是全年工作计划;无论是家长与老师之间的合作,还是儿童间的互动;无论是对学生的评价,还是对学习环境的设置,都必须围绕"主动学习"这一核心原则。此时,High/Scope 课程更强调学习过程中儿童的主体性和主动性,虽然理论基础仍然来自皮亚杰的理论,但已经从皮亚杰结构论转向了皮亚杰建构论。

最初,High/Scope 课程是与拉瓦特里的 EEC 课程、德弗里斯·凯米的 EEP 课程齐名的认知中心课程模式。20 世纪 80 年代末以后,High/Scope 课程模式进一步得到了完善与发展,逐渐成为美国运用得最为广泛的课程模式。无论是城市还是乡村,无论是对处境不利的特殊儿童还是正常的儿童,无论是公立学校还是私立学校,High/Scope 课程几乎无处不在。同时,由于 High/Scope 在课程推广、课程研究上卓有成效,故在英国、爱尔兰、墨西哥、新加坡等国家也获得了良好的声誉。据统计,在世界各地已经有几千所运用 High/Scope 课程模式的学校。30 多年来,High/Scope 课程模式在不断演进,并日趋成熟。目前的 High/Scope 课程致力于发展幼儿广泛的技能,包括解决问题的能力及实现成功生活所必需的交流技能,目的是促进学习的自发认知结构的发展,并且拓展幼儿不断出现的智力与社会技能。[1]

二、High/Scope 教育方案的理论基础

High/Scope 教育方案主要的理论基础是皮亚杰的儿童发展理论。但在不

---

[1] 徐小龙:《High/Scope 学前课程模式近二十年的发展》,载《学前教育研究》,2001 年第 4 期,第 73～75 页。

同的发展阶段有所不同,其基本观点也有所变化。

第一阶段(1971年之前),其理论基础是皮亚杰儿童发展理论的结构论——心理发展是认知结构不断变化的过程,学习从属于主体的发展水平。在这一阶段,High/Scope认为教育体系应当是适应儿童的需要,为此,强调要为儿童提供有效促进儿童发展的教育。

第二阶段(1971~1979年),High/Scope教育方案的理论基础是皮亚杰儿童发展理论的建构论部分。在这一阶段,High/Scope由强调儿童的认知性转变到强调儿童的主动性和主体性。

第三阶段(1979年至今),High/Scope的理论基础仍是皮亚杰儿童发展理论的建构论部分。在这一阶段,High/Scope强调学习过程中儿童的主体性和主动性,将"主动学习"从第二阶段的关键经验中提升出来,成为整个教育方案的核心。

第二节　High/Scope教育方案的内涵

一、High/Scope教育方案的课程目标

High/Scope课程初期的目的在于有效地促使儿童认知能力的发展,为今后的学习奠定基础;后期则强调以儿童的主动学习为中心,促使儿童的认知、情感、社会性的协调发展,培养主动的学习者。

二、High/Scope教育方案的课程内容

High/Scope课程的内容来自两种资源,一是幼儿的兴趣,二是关键经验。关键经验是指那些幼儿应该掌握的知识技能和养成的品性,它是目前High/Scope课程的一个重要组成部分。根据High/Scope的阐述,关键经验是对幼儿社会性、认知、身体发展的一系列陈述,由几个大关键经验组成,同时在每个大关键经验下又分成若干小的关键经验。关键经验的来源主要是High/Scope的研究者与实践者的长期观察、实验,与儿童共同学习的结果。它是成人支持、观察幼儿活动并做出计划的指示物,也是评估幼儿发展状况的指标体系。它是幼儿发展必不可少的,同时又是连续发展的。所有关键经验的获得都要依靠幼儿主动地使用物体、与他人交流以及所经历的事情。到目前为止,关键经验包括创造性表征、语言与文字、自主性与社会关系、运动、音乐、分类、排列、数概念、空间概念、时间概念10大项58条,具体如下。

(1)创造性表征。通过看、听、触、尝、闻来认识客体;模仿各种动作和声音;把模型、照片、图片与真实的场景及事物联系起来;假装和角色游戏;用黏土、积

木和其他材料造型;涂色与绘画。

(2)语言与文字。对别人讲述自己有价值的经验;描述事件和事件之间的关系;从使用语言中获得乐趣;听故事与诗歌;自编故事与诗歌;以多种方式进行书写:绘画、涂鸦、类似字母的图形、自己发明的拼写方式、社会约定俗成的形式;以多种方式进行阅读,如读故事书;讲故事。

(3)自主性与社会关系。做出选择并表达自己的计划和决定;解决游戏中出现的问题;考虑自己的需要;用语词表达感受;参与小组活动;体会他人的感受、兴趣和需要;与同伴、成人建立联系;进行和体验合作游戏;解决社会性冲突。

(4)运动。原地运动,如弯腰、摆动等;移位运动,如跑、跳、滑、走、爬;带器械运动;按指令做动作;按节拍运动。

(5)音乐。随音乐律动;辨别声音;练习嗓音;练习音调;唱歌;演奏简单的乐器。

(6)分类。认识事物的异同;探索、描述事物的异同及特征;区别、描述事物的形状;分类与匹配;以多种方式运用和描述事物;同时注意事物一个以上的特征;区别部分与整体;描述出某种事物所不具有的特征及不归属的类别。

(7)排列。产生系列和模式;比较事物的特征(更长/更短、更大/更小);以一定的系列或模式一个个地摆放一些物体,并解释它们之间的关系(大/更大/最大、红/蓝);通过试误的方式将一组有序的物体与另一组有序的物体相匹配(小茶杯—小茶托/ 中等大小的茶杯—中等大小的茶托 / 大茶杯—大茶托)。

(8)数概念。比较两组物体的数目,知道哪一组"更多""更少"或"一样多";用一一对应配对的方式来摆放两组物体;数物体。

(9)空间概念。装满与倒空;装拆物体;改变物体的形状与位置(卷曲、绞、拉长、堆、围);从不同的空间角度观察人物、场所及物体;在游戏场所、幼儿园及周围环境中去体验和描述各种物体的位置、方向和距离;理解图片、照片中物体的空间关系。

(10)时间概念。按信号开始或停止一个动作;体验和描述不同的运动速度;体验和比较不同的时间间隔;预测、回忆和描述事件的顺序。

最初,High/Scope教育方案中没有关键经验一说,原本的说法是表征水平和内容区,然后是目标序列。直到20世纪70年代中期,该教育方案才最终确定了对关键经验的认识,提出教师所做的一切都是为了儿童获得重要的关键经验。这实际上反映了High/Scope教育方案把重心从关注儿童不会做什么(目标)转向关注儿童能做什么和正在做什么。关键经验这个术语的产生让教师把重点放在提供材料和挑战性情景上,以此使儿童的思维能力得到训练。

20世纪80年代中期,在推广High/Scope课程的培训方案中,研究者们意识到以前的关键经验对儿童发展的描述是不全面的,如有人提出 High/Scope 教育方案低估了儿童的社会性学习和社会性的发展。因此 1991 年,研究者把自主性和社会关系列为关键经验之一,而把主动学习这一经验移走,同时,借鉴加德纳多元智力论,并于 1987 年把音乐并入关键经验之中。另外,High/Scope 教育方案还改变了一些关键经验的名称,如把"经验和表征"改为"创造性表征",与"语言与文字""自主性与社会关系""运动""音乐""分类""排列""数概念""空间""时间"共同组成 10 大关键经验,而小关键经验亦由 1979 年的 49 个发展到现在的 58 个。

关键经验不是教学活动的"菜单",只是一种提示物,指明应努力促使儿童获得的学习经验。关键经验能够帮助教师理解、支持儿童活动,并使儿童进行自我拓展,因此它能使儿童积累适当的经验,并持续成长。关键经验在计划小组或大组活动时指导着教师,为课程的设计和实施提供方法,从而把教师从传统的教科书和行为方法中解放出来。当然,关键经验可以通过适合儿童不同发展水平的多种活动来获取,这些活动可以由教师组织,也可以由儿童自发开展。同时,一个活动可含多个关键经验,多个活动可含同一关键经验。

三、High/Scope 教育方案的课程组织与实施

(一)课程组织形式

High/Scope 课程主要是围绕关键经验来开展各种类型的活动。在具体的课程内容、活动类型方面,High/Scope 课程采用了"开放教育"的做法,实现关键经验的各类活动往往是以各个活动区或兴趣区为中介开展的。教师有意识地将关键经验物化为活动材料和活动情境,儿童在活动区中充分地与材料、环境、他人互动,以获得学习与发展的机会。

活动区的活动是幼儿自主活动的过程,由幼儿自己进行计划、工作、回顾。常设的活动区有:积木区、角色扮演区、美工区、读写区、音乐与运动区、木工区、沙水区、玩具区、户外活动区等。创设活动区的核心原则是有助于儿童在活动区的活动中获得关键经验。活动的安排遵循由具体到抽象、由简单到复杂、由此时此地到彼时彼地的原则。

此外,还有兴趣区(自选)活动;小组活动,是由 5~8 位幼儿一起完成教师预先计划好的活动;集体活动乃是全班幼儿在同一时间从事同样的活动,以培养他们的集体归属感,提供学习交流和表达思想的机会,以及观察、了解同伴的机会。

(二)学习环境的创设

High/Scope 课程主要是提供环境来促进幼儿的主动学习,而这个环境主要就

是指对教室的布置。High/Scope教育方案认为教室的布置应遵循以下原则：

(1)能够鼓励幼儿参与并获得个人的、有意义的及教育性的经验。
(2)教室在划分学习中心区与活动区时，要考虑幼儿的兴趣。
(3)增加幼儿积极参与排列顺序、数字、时间关系、分类、空间关系与语言发展的机会。
(4)对必要的概念与技能加强学习，并增加使用的机会。

研究表明，环境设置对儿童与成人的行为会产生很大的影响，幼儿若在一个具有刺激且井然有序的环境中学习效果会更佳。因此，High/Scope课程十分强调学前班和幼儿中心的环境布局和适宜材料的挑选。首先，空间的设计要有吸引力，包括软硬度、色彩、光线、舒适度等物理因素。空间的规划要能符合大活动时段、午餐、午睡等不同时间的需要。其次，兴趣区的区分要鲜明，以鼓励幼儿参与不同类型的游戏。兴趣区数量的多少不是固定不变的，兴趣区的内容也不是一成不变的，它们是根据各幼儿教育中心的实际情况及儿童的兴趣而设置或改变的。再次，环境布置所使用的材料必须是吸引人的，即必须符合儿童身心发展的特点和需要，而且材料应是丰富的、足够的，能够支持儿童进行多种多样的游戏活动，能够满足儿童各种感知觉发展的需要，能够反映不同儿童的家庭文化。同时，这些材料要按类存放，以便儿童拿取和归还。

High/Scope教育方案不仅提供了环境设置的基本原则，而且对每个兴趣区安置在幼儿中心的什么地方、应该放些什么材料，都有具体细致的说明，具有相当的可操作性。

(三)每日时间安排

High/Scope教育方案把一天的时间安排成一些有规律的时间段，包括计划—实施—回顾时间、小组活动时间、集体活动时间、户外活动时间等。在High/Scope中，每个时间段都有其固定而灵活的活动内容，各时间段之间的转换过渡是自然的。High/Scope认为有规律的一日常规活动，会使儿童的活动具有目的性。在所有的活动中，计划—实施—回顾时间是一日活动的核心，也是所有时段中最长的一个时段，它的目的是顺着儿童的兴趣去发展他们的兴趣、培养他们的能力及解决问题的能力。它由三个活动组成，在教师的帮助下，幼儿自主、自由地计划自己将要做什么，然后把自己的计划与想法付诸实施，在实施后，儿童讨论、回顾自己的活动，并展示自己活动的成果。在计划和回顾的环节，强调的是语言在儿童思维发展中的作用。

1.计划时间

计划时间是让儿童有一个表达他们想法的机会，让儿童决定做什么和怎样做,从而使儿童体验独立活动的感受及与成人和同伴一起活动的快乐。在儿童实施计划前,教师与儿童一起讨论并充实他们的计划。对儿童来说,这有助于他们更加明确自己的选择,也更加清楚实施其个人计划的具体想法。对教师来说,与儿童一起制订计划,让他们能鼓励和回应儿童的想法、提出合理的建议、完善计划及促进儿童成功提供了机会,并有助于教师理解和判断儿童的发展水平及思维方式。当然,教师要接受儿童所做决定的局限性。在计划时间中,儿童和教师都是受益者,即儿童感受到成人的支持并开始着手计划,成人则能从中获得信息,如儿童该寻找什么,可能会有什么困难,哪些需要帮助,已达到怎样的水平等。因此,在计划时间中,所有人都扮演同等重要的角色。

2. 工作时间

在计划—实施—回顾时间中,实施的部分就是工作时间。它是在儿童完成计划后进行的,也是日常工作中历时最长的一个环节,大约持续45分钟到1个小时,是儿童与成人都处于繁忙的一个时间段。在这个时间段中,幼儿完成他们计划的活动,对学习材料进行探究,学习新的技能,不断尝试自己的想法。同时,教师不能置身于儿童活动之外,被动地看儿童活动,而是观察、指导儿童活动,如观察儿童如何收集信息,如何与同伴进行互动、交流,如何解决活动中遇到的问题,并抓住时机充实、扩展活动内容,了解他们的需要。在适当的时候,教师需进入儿童的活动之中,参与儿童的讨论,创设解决问题的环境。

3. 清洁整理时间

清洁整理时间应自然地融入计划—实施—回顾时间的环节中,它是工作时间后的时间。在这段时间里,儿童将材料和工具分类、整理、放回原处并把未完成的作品收拾起来。这个过程既恢复了教室的秩序,也为儿童提供了学习并应用分类知识和技能的机会。教室里所有的材料都放在儿童能够拿到的开放式的架子上,而且贴上清晰的标签来标明每一件物品。通过这种有组织的安排,儿童能把所有的材料归还到合适的地方。这会让儿童获得一种管理意识。

4. 回顾时间

回顾时间是计划—实施—回顾时间中最后一个环节,是儿童对已经经历或已实现的事情的回忆。在该时间段中,幼儿用多种适应身心发展的方式来再现他们学习、活动时场景。通过这一环节,他们可能会回忆起其他儿童的名字,或画一幅图,或者叙述活动过程中遇到的问题。

回顾的内容包括做了什么、如何做的、回顾计划、口述发生过的事情。回顾时间让儿童更清楚地认识他们的计划和行动,并提供了表达想法的机会。教师应支持回顾时间在活动和最初计划之间的联结。

5. 小组活动时间

小组活动时间，对所有幼儿学校的老师来说，是十分熟悉的。它是教师组织儿童参与活动的一个时段。小组活动要考虑到儿童的文化背景、儿童的年龄、教室中可使用的材料，以及季节等。小组活动虽然是由教师为儿童提供活动的框架，但要儿童根据自己的想法提出建议，并以他们自己的方式解决活动中出现的问题，以帮助儿童获得对其发展有益的关键经验。这些活动没有预计的结果，但能反映出儿童的需要、能力、兴趣和认知水平。一旦儿童有机会独立选择和解决问题，教师就以开放性问题或创设更多的解决问题的情境来丰富儿童的想法和行为。在计划和实施小组活动时，所有儿童都应积极参与。一个积极的小组活动让儿童有机会去探索材料与物体，有机会去运用身体和感官，并与成人、同伴一起活动。

6. 集体活动时间

这个时间段是为了建立儿童的团体意识，让成人有机会与儿童共同分享和体验活动。在这个时间段内(10~15 分钟)，整个班级的儿童聚在一起，与成人一起玩游戏、唱歌、跳舞、讲故事、做手工、做基本的动作练习、演奏乐器，或讲述生活经验。这个时间段内，每个儿童都能参与到集体的活动中来，以及分享并表达他们的想法。集体活动虽然是成人发起的活动，但儿童处于主导地位，能尽可能地做出个人的选择。

7. 户外活动时间

每天有 1~2 次户外活动时间，每次约 30~40 分钟，这种活动让儿童有机会做运动，有机会与同伴玩耍并尝试新的游戏方式。在户外活动中，儿童和教师一起参加跑步、投掷、荡秋千、攀爬、跳跃……在户外，幼儿能对幼儿园环境及大自然进行更为直接的观察，并尝试表达想法。由于户外活动对孩子的限制比较少，氛围比较轻松，幼儿更乐于进行探索和主动学习。在所有的户外活动中，教师都积极参与、支持幼儿的想法和活动，并鼓励幼儿讲述他们正在从事的活动。

此外，还有两个过渡时段：一是活动与活动之间的转换时间；二是用点心、午餐与休息时间。教师可以根据自己班上的具体情况而调整上述 7 个环节之间的顺序。但计划时间、工作时间、清洁整理时间和回顾时间的先后顺序不能变，而且工作时间应为时间最长的一个环节。例如：

一所半日制幼儿园的课程活动安排：

8:30~8:50 计划时间；8:50~9:45 工作时间；9:45~10:00 清洁整理时间；10:00~10:30 回顾、点心和小组活动时间；10:30~10:50 户外活动时间；10:50~11:10 集体活动时间；11:10~11:20 离园。

(四)教师的角色与作用

20世纪80年代以前,High/Scope课程把教师角色描述为为儿童解决问题的积极鼓励者,是儿童的观察者、倾听者。教师的主要作用在于提供材料、提出问题和建议,并明确要求儿童运用某种方式制订计划。

20世纪80年代以后,High/Scope吸收了社会生态学的观点,开始重视教师与儿童之间的积极互动。这种互动必须能保证儿童对自己进行的活动有一个建构性的理解过程,而不是直接把关键经验教给儿童。教师与儿童之间的互动,重要的是要营造一个支持儿童主动学习的氛围,创设一个宽松安全的、儿童能自由探索的环境。因此,High/Scope要求教师与儿童分享控制权,比如教师布置环境,儿童决定自己学习什么;要求教师关注儿童的能力水平,找出儿童的兴趣点,并围绕儿童的能力水平与原有经验做出计划;要求教师与儿童建立真诚的伙伴关系,给儿童具体的反馈建议,并认真对待儿童的问题;要求教师与儿童一起游戏,支持儿童的游戏活动。总的来说,教师的工作包括:提供材料、活动区的划分、一日常规活动的安排、倾听儿童的声音、记录儿童的发展,等等。

除了儿童是High/Scope课程的主动学习者外,教师也是积极的学习者。教师在教学活动中与儿童一起学习,然后尽力去找出每个儿童的特点和兴趣所在。同时,教师在观察其他教师的工作并与他们交流时,努力提高自己的能力。

在教学活动中,教师还是支持者、合作者和计划者。教师善于支持儿童的主动学习、支持儿童的合作交流。教师要从儿童的角度看问题,和儿童交谈,鼓励儿童完成自己计划好的工作。教师重视培养儿童的实力水平,与儿童分享管理权,并采用问题解决法解决社会冲突。在主动的学习活动中,教师与儿童建立一种亲密的伙伴关系,教师是儿童集体活动的一员。另外,教师又是计划者,在关键经验的指引下,对照儿童发展的水平,为小组活动时间和大组活动时间计划活动的内容。但是这种计划不能违背主动性学习这一原则,可以引导儿童实施计划,却不能把计划强加给儿童。

(五)家长的参与

从High/Scope教育方案的发展开始,家长的参与就是其标志之一。在20世纪60年代的最初阶段,教师就对每个参与家庭做家访,主要关注的是母亲和儿童。

家长参与的关键在于家庭与学校之间的信息交流。学校中的工作人员有一定专业知识,能给家长提供指导,同时,他们也能从家长那儿获得关于儿童、家庭文化语言等方面的信息。所以,High/Scope教育方案为家长提供四条关键经验:发现教养即教育;参与课程;计划和参加家长—教师会议;学习和了解儿童的发展及托幼机构的课程。

四、教育评价

High/Scope教育方案十分注重对儿童发展的评估,认为它是课程的起点。对儿童发展水平的评估并不是通过考试或者智力测验,而是全面的情景性评估。重视对儿童发展水平的评估目的在于了解、分析儿童当前的发展水平,并以此为依据进行下一步的工作。其评估包括一系列的工作:观察儿童、对儿童的行为和表现做记录、与儿童交谈。在每天的教师工作会上讨论观察的结果,并分析记录。High/Scope有自己的一套儿童评估标准,包括主动性、社会交往能力、创造性表征、音乐与运动、语言与文字、数理逻辑等六方面的内容。评估标准与High/Scope的发展目标是一致的。通过评估,教师能深入认识到儿童的发展状况,能更好地与家长交流。更为重要的是,据此制订课程计划,更具有针对性,更有利于儿童的发展。

第三节 High/Scope教育方案的主要特色及其启示

一、High/Scope教育方案的主要特色

High/Scope教育方案以其广泛的适用性和可操作性受到世界性的青睐。主动学习是High/Scope教育方案的核心,关键经验是其全面发展的教育目标,计划—实施—回顾时间是High/Scope教育方案独具特色的一日常规,教师的角色及全面的情景性评估等都是High/Scope教育方案显著的特色。

(一)概念

早在1979年,High/Scope就提出了主动学习这一术语。所谓主动学习,是指由学习者发起的学习,是学习者主动地建构关于现实知识的过程。按照High/Scope教育方案的观点,主动学习是指"由学习者发起的学习",也指"学习者创造性地学习,即能动地建构关于现实的知识",并强调主动学习应遵循由具体到抽象、由简单到复杂、由近及远的学习方式。这一概念背后是皮亚杰关于动作的认识,皮亚杰认为处于前运算期的幼儿,逻辑运算能力尚没有充分发展,他们主要依靠动作直接作用于环境而获得经验。因此,High/Scope认为只有向幼儿提供丰富的材料,鼓励他们对材料进行操作。这样幼儿的认知能力在主动学习中得到发展,而不是依靠教师手把手地教来获得的。

(二)发展历程

在《活动中的幼儿》一书中,High/Scope教育方案首次提出了"主动学习"这一概念,并将其列为幼儿认知发展的八大关键经验之一。到20世纪80年代中后期,主动学习从关键经验中抽离出来,成为核心原则和整个课程模式的核心和根本。无论是一日活动的安排,还是对学习环境的设置,都必须围绕主动学习这一核心原则。

当主动学习还是一个关键经验时,High/Scope已赋予它很高的地位,称它为课程的基础,但事实上,High/Scope还没有摆脱认知中心的倾向。这时的主动学习更多的是一种手段,也就是说,要发展儿童的思维、智力,必须借助于主动学习这一手段。High/Scope认为,社会性、情感的发展只能是间接的,是认知发展的副产品。当主动学习成为整个课程的核心时,它不再只是一种手段,也是一个目标。当课程的各个环节都围绕主动学习这一原则进行时,其最终的目标是儿童要成为一个主动学习的人。而主动学习不再是一种技能,而是一种态度、一种精神。这既不同于1971年对情感、社会性发展的忽视,过于强调High/Scope认知中心课程,也不同于1979年把主动学习当作手段之间的关系。把主动学习当作High/Scope教育方案的核心原则的意义是在评价孩子发展的情况时,不再以孩子认识多少字、会算怎样的题为依据,而是以孩子的学习态度、孩子的兴趣、孩子的社会性及主动性为依据。可以看出,High/Scope已经逐渐摆脱了认知中心课程的帽子,但这不是简单地回到美国传统的教育目标上去,而是在社会性、情感的发展和认知的发展两个目标之间,他们似乎找到了平衡,因为两者的发展与认知的发展从来就不是对立的。

High/Scope课程发展到20世纪80年代,主动学习的地位更加突显,它从关键经验中脱离出来,成为High/Scope课程的核心指导思想。课程的各环节都围绕主动学习这一指导思想进行,其最终的目标便是使幼儿成为一个能够主动学习的人。教师的工作主要是以High/Scope课程的关键经验为基础,为幼儿设立适应身心发展的系列目标、提供丰富的学习资料,以及制订计划。同时,教师要认真仔细地观察每一个幼儿,并引导小组与集体开展积极的学习活动来鼓励幼儿的主动学习。

(三)基本要素

主动学习是High/Scope教育方案的核心。High/Scope教育家们坚信幼儿只有在其兴趣与需求的基础上进行学习,其效果才是最佳的。主动学习就是在一日的幼儿生活中,幼儿按照自己的兴趣和需要自由地选择各种材料,并不受干扰地操作这些材料。这种自主性的选择与操作,能使幼儿自由地探索、解决问题,并能自发地与成人、同伴交流。

主动学习包括四个基本要素:直接地操作物体;在活动中反思;来自幼儿内在的动机、需要;问题解决[①]。主动学习是一个完整的过程,简而言之,主动学习就是在儿童内在兴趣和需要的基础上,对物体进行操作,开展活动,在活动中解决问题,并通过对活动的反思巩固自己的认知。这种学习环境与氛围,将有利于儿童自主、自立、自信等品质的培养,这些品质在当前终身教育及合作性、创造性越来越重要的社会里,对儿童的发展与成长,其影响是深远的。

(四)环境条件

主动学习是一个完整的过程,一个真正的主动学习需直接操作相关物体,并在活动中思考。简而言之,主动学习就是儿童在兴趣、需要的基础上,对物体进行操作,开展活动,并在活动中不断思考、发现问题并解决问题。同时,为确保主动学习这一原则被遵循,High/Scope 对主动学习进行具体化和可操作性的规定,这是比 1979 年更完善的一种表现。主动学习的环境应该包括以下五个要素:一是材料,教师要提供丰富的、能适应孩子不同发展需要的材料;二是操作,教师要给孩子提供活动的机会;三是选择,孩子应能自由地选择操作的材料与活动;四是孩子的语言,孩子们有机会描述事物、表达自己的想法,以及孩子之间能很好地交流;五是成人的支持,教师应支持、鼓励孩子的选择与活动。这五个要素是一个主动学习环境的必要条件,是主动学习发生的前提。这些具体的标准与规定为保证主动学习这一核心原则奠定了基础。[②]

二、High/Scope 教育方案的启示

(一)对 High/Scope 教育方案的评价

High/Scope 教育方案是当今世界上具有广泛影响力的学前教育方案之一,不仅为美国的开端计划做出了巨大的贡献(虽然它不是开端计划的一部分),而且在世界上得到了广泛的重视。可见,High/Scope 倡导的主体性教育与全面发展的理论顺应了各国教育改革的方向,它让儿童自主的,有目的性地追随他们的

---

① 徐小龙:《HIGH/SCOPE 学前课程模式近二十年的发展》,载《学前教育研究》,2001 年第 4 期,第 74 页。

② 徐小龙:《HIGH/SCOPE 学前课程模式近二十年的发展》,载《学前教育研究》,2001 年第 4 期,第 74 页。

兴趣。在这个过程中,孩子发展了好奇、探索、机智、独立、合作等品质,这些品质将伴随孩子的一生。

我国学者冯晓霞认为,与其他学前教育方案相比,High/Scope 教育方案具有如下特点:①

一是以机构化了的关键经验作为建构课程的框架。关键经验是课程设计者希望幼儿在活动中获得的、对达成教育目标至关重要的学习经验,是通向目标的桥梁。High/Scope 课程将"促进幼儿认知能力的发展,培养主动的学习者"的目标转化为一系列必要的关键经验,以这些重要的学习经验为核心来组织课程,使教师真正把注意力指向儿童,指向儿童的活动课程。

二是通过环境教育。High/Scope 教育方案从皮亚杰理论中有关"智慧起源于动作,是儿童与环境相互作用的产物"的思想出发,重视环境的创设、布置和材料的提供,要求环境及材料必须是吸引人的,能引发和支持儿童多种多样的探索活动。让儿童运用精心选择的材料开展活动,在活动中发展,这虽不是 High/Scope 的独创,但是它的特色之一。

三是在强调儿童主动学习的同时,突出教师的指导作用。在 High/Scope 教育方案中,设计学习活动的任务由教师和儿童共同承担。在活动区进行更多的是儿童自发的活动,而小组活动时间则是由成人来组织活动,这样,一方面保证了儿童的主动学习,也丰富了他们的学习经验,有利于促进儿童全面、均衡的发展;另一方面,在儿童自发的兴趣区活动中,成人可以借助于物化了的课程目标材料平衡、调整课程,这可以较好地处理在教学过程中师生相互作用的关系。

四是重视语言在儿童思维活动中的作用。在 High/Scope 教育方案的一日活动安排中,计划—实施—回顾这个环节充分发挥了语言对思维和行动的调节、控制、反思的作用,促进了幼儿行动的目的性、计划性和元认知的发展。

五是方案具有较强的操作性。课程的每个部分设计既要有指导性,又要有具体应对的策略,并列举了大量的实例。例如,在兴趣区的创设上,方案不仅指出了总的指导原则,而且提出了具体的要求和建议,如每个兴趣区可以发展的关键经验、可以安排在教室的位置、应摆放的材料及方法等,同时对这些要求与建议的必要性和可能产生的效果做了详细的说明。

此外,与世界上其他一些学前课程模式相比,High/Scope 教育方案还有一些优点:第一,在众多的学前课程模式中,它是一种以高质量著称的、服务于学前儿童的、有系统的且有组织的课程模式。第二,经过了 30 多年的深入研究,它已

---

① 冯晓霞主编:《幼儿园课程》,北京:北京师范大学出版社,2001 年,第 190 页。

日趋成熟。第三,不要求使用特殊且价格昂贵的材料,适合儿童参与。第四,它具有可操作性,便于教师掌握。第五,它拥有一个由 High/Scope 教育基金会提供培训使用的网络系统,可帮助世界各国的教育者学习和运用。正因如此,High/Scope 教育方案已成为当今世界上具有广泛影响的学前教育方案之一,而且其影响力还在日益增强。

当然,High/Scope 教育方案也有自身的局限性:第一,偏重对儿童认知能力的教育,对儿童情感和社会性方面的发展没有具体明确的目标。第二,对教师的专业素质和技能要求过高。

（二）启示

High/Scope 教育方案对我国幼儿园课程建设的启示如下:[①]

1. 课程理念

以皮亚杰的认知发展理论为基础的 High/Scope 教育方案,给我们提供了一种以建构主义为基础的课程模式。它将课程建立在幼儿的兴趣上,真正从幼儿的角度出发去进行课程开发,值得我们学习。

2. 课程设计

（1）在课程目标的预设和生成上,High/Scope 课程为我们提供了借鉴,如每一个方案的工作人员都要为这一天的活动制订工作计划,并在成人发起的活动和幼儿发起的活动之间创造出一种平衡。

（2）High/Scope 教育方案提出的关键经验,在进行课程设计时避免了课程的重复或遗漏,同时,在实践层面上也具有很强的可操作性。不过,在借鉴时,如何使其本土化,还是一个有待研究的问题。

3. 课程实施

（1）High/Scope 教育方案强调幼儿的主动学习,教师扮演的主要角色是观察者、倾听者和积极的环境创设者,通过创设幼儿主动学习的环境,让幼儿积极参与到事件中,从而建构知识。结合《幼儿园试行指导纲要》中"教师应成为幼儿学习活动的支持者、合作者、引导者"的要求,High/Scope 教育方案可以更好地帮助我国幼儿园教师正确认识自己在课程中的定位。

（2）借鉴 High/Scope 课程中制订的"计划—实施—回顾"活动方式,在儿童执行计划之前,教师与之一起讨论他们制订的计划,这有助于儿童认清他们的观点,

---

[①] 杨卫卫、蒋雅俊:《认知课程模式之 High/Scope 课程》,载《早期教育》,2005 年第 8 期,第 23 页。

并且思考如何执行计划。这个活动方式有助于儿童表现出独立自主的特点,感受到明确学习意图的喜悦,同时有利于增强幼儿活动目的性与自信心。在我国幼儿园教育实践中,教师也应尝试与幼儿共同制订活动计划,帮助幼儿明确自己的观点,让幼儿知道即将进行的活动的目的,这样可以调动幼儿已有的知识经验,发挥幼儿参与活动的主动性,增强幼儿活动的抗干扰性,以及保证活动的持续进行。

4. 课程评价

High/Scope 儿童观察记录表中的评价强调了在丰富的学习环境中进行动态的评价。同时,教师在观察幼儿的活动时,使用发展性术语来描述这些活动。对我国幼儿园课程评价的启示首先表现在教师观察幼儿活动时可采用记录法,这种评价方式就像对幼儿进行 CT 式评价,是一种展示式评价。其次,使用发展性术语进行评价,教师在进行评价时不只是记录观察的结果,而是用发展性术语进行记录。

▶拓展阅读◀

High/Scope 每日例行活动表

入园时间	半日活动安排	全日活动安排
幼儿在同一时间内入园与离园	•半日 非正式的聚集时间 计划—实施—回顾时间 集体活动时间 小组活动时间 户外活动时间与放学	•全日 早餐 集体活动时间 计划—实施—回顾时间 小组活动时间 户外活动时间 午餐 阅读与休息时间 点心时间 户外活动与放学
幼儿入园与离园时间不一致	•半日 早到者参与的小组活动时间 非正式的聚集时间 计划—实施—回顾时间 点心时间 户外活动时间 集体活动时间 晚到者参与的小组活动时间	•全日 早餐与自由活动 非正式的聚集时间 计划—实施—回顾时间 户外活动与点心时间 小组活动时间 集体活动时间 午餐 唱歌、休息时间 点心与户外活动时间 和父母计划—实施—回顾时间

第十章 High/Scope教育方案

▶阅读推荐◀

［1］简楚瑛.学前教育课程模式.上海：华东师范大学出版社，2005.

［2］冯晓霞主编.幼儿园课程.北京：北京师范大学出版社，2000.

［3］詹姆斯·E.约翰逊主编.学前教育课程.上海：华东师范大学出版社，2005.

［4］徐小龙.HIGH/SCOPE学前课程模式近二十年的发展.学前教育研究，2001(4).

［5］玛丽·霍曼等.活动中的幼儿.郝和平，周欣，译.北京：人民教育出版社，1994.

［6］时萍.HIGH/SCOPE的关键经验对学前教育的启示.早期教育，2005(5).

［7］陈利平.从情感、社会性新角度解读High/Scope学前课程.重庆职业技术学院学报，2005(2).

▶复习与思考◀

1. High/Scope教育方案有什么特点？
2. 怎样理解High/Scope教育方案中的关键经验？
3. 借鉴High/Scope教育方案时，要注意哪些问题？

第十一章
银行街模式

【内容提要】 银行街模式可以追溯到1916年。在一些规模很小的、独家的教育机构中,有一个由米切尔创办的名为教育实验局的教育机构,后来在它的基础上成立了银行街教育学院。该教育机构为银行街模式参与美国"开端计划""随后计划"等国家教育项目做了许多有价值的工作,对美国和其他国家的幼儿教育产生了并将继续产生重要的影响。银行街模式,也被称为"斑克街/河滨街""早期儿童教育方案"或者"发展—互动模式"。"发展—互动"一词可以概括银行街模式与其他教育方案的区别。近年来,银行街模式已经将其关注点放在进步主义和心理健康这两个更广泛的概念上。本章将论述银行街模式的理论基础和方案的内涵等。

【学习要求】
1. 了解银行街模式形成与发展的时代背景。
2. 理解银行街模式的基本情况和主要特色。
3. 明确银行街模式对我国幼儿教育改革和发展的启示。

第一节 银行街模式的形成、发展及其理论基础

一、银行街模式的形成与发展

在20世纪初的进步主义教育运动时期,涌现了一大批独立的小规模教育机

第十一章 银行街模式

构,其中有一个 1916 年由露西·斯普拉格·米切尔(以下简称"米切尔")在其亲戚的支援下,创立了一个名为"教育实验局"的教育机构,这就是银行街教育学院的前身。米切尔受杜威思想的影响,坚信教育的力量能影响和改造社会,儿童在学校的学习应以一种有意义的方式与其生活相联系。1919 年,哈丽雅特·约翰森(以下简称"约翰森")成立了现在的银行街学校(这是银行街教育学院的实验学校)。学校被设计成用来研究儿童和促进儿童生长发育的教育实践的活动场所。在他们看来,儿童的发展不仅仅是认知的获得,还包含了身体、社会、情感、审美及智力等多个领域。"完整儿童"这一概念准确地表明了这一教育研究的显著特点。米切尔和约翰森为银行街课程模式奠定了理论基础,这就是银行街模式的起源。

如果将银行街模式的发展按阶段来划分的话,那么 1916~1920 年可以算是第一阶段。

第二阶段是 1920 年~1960 年。银行街模式最初深受浪漫主义和杜威进步主义思想影响,强调教育就是给儿童提供一个可以激发其内在发展动力的环境。1928 年,拜伯加入银行街模式的理论与实践研究,从而促使这一教育模式运用于更多的学前儿童,并扩大到小学范围。这时,心理动力学的影响显著地增加,此时银行街模式的宗旨是以儿童为中心,强调儿童个别潜能与自我表达能力的重要性,也强调学校对儿童情绪与人格发展的影响,因此,银行街模式强调教育目的在于促成完整儿童的发展。1930 年,教育实验局与其实验学校搬到纽约银行街 69 号继续研究其理论并实践,这时老师都称他们的方法是"银行街模式"。同年,该机构创建了教师合作学校,旨在通过积极的实验帮助教师了解儿童的活动。随后,一些公立学校的教师自愿邀请实验局的职员把课程理念和教材引进他们的课堂,并示范教学方法。米切尔和实验局的职员积极配合那些教师的工作,这种形式被称为"公立学校工作坊",其在纽约及临近社区持续了几年。因此,公立学校工作坊奠定了银行街教育模式在国际教育方案中的地位。

第三阶段是 1965 年至今。1965 年,由于开端计划的推动,促使幼儿教育界开始追求更深层次的理论基础。银行街模式的起源是从私立学校开始的,学生的家庭多为中等水平或具有专业背景的家庭,而开端计划的对象是低社经背景家庭的儿童。因此,当银行街模式欲将其教育运用到低社经背景家庭的儿童身上时,就面临着必须协助这些儿童发展其认知和语言能力的压力。

到 1971 年,银行街模式正式地重新命名为"发展—互动模式"。此时,课程的形成不再是以教师的实践为引导,而是根据概念化、系统化的课程模式引导实践的发展。这时的重点在于寻找并明确指出银行街模式的基本要素是什么。"发展—互动"一词的中心是发展,即幼儿随着生活经验的增加,对世界的了解、理解和做出反应的方式也在发生变化,不断成长。而"互动"一词强调思维和情感是内在联系的,并和发展产生互动。同时,"互动"一词强调人类世界与物质世界相互契合的重要性。

综上所述,银行街模式是起源于三四岁托儿所的实践,是对实践主导课程的发展;1930~1960年,实践与理论的互动带动着课程的发展;20世纪70年代以来,则是理论带动着课程的发展。

二、银行街模式的理论基础

银行街模式的理论基础主要来源于三个方面:

其一是弗洛伊德及其追随者的心理动力学理论,特别是诸如安娜·弗洛伊德、埃里克森等一些学者将儿童发展放置于社会背景中,强调情绪与动机及自主性的发展。

其二是皮亚杰、温纳等一些发展心理学家的儿童认知发展的理论,这些心理学家对教育并不特别关注,但银行街模式只借助了皮亚杰学派中的行为学派。当然,银行街模式对当时教育目标仅限于认知发展的强调亦有所批评。

其三是杜威的进步主义理论,是银行街模式的主要理论基石,后来约翰森、艾萨克斯和米切尔等人就以杜威的理论为基础,开始建构银行街模式。另外,一些教育理论、实践工作及其他许多心理学家和教育家,例如勒温、拜巴等人想法也曾对银行街模式产生过影响。

近些年来,银行街模式也受到维果斯基研究的影响,其教育方案的设计者们开始关注儿童发展和学习的社会背景,并将之整合于"发展—互动模式"中。

银行街模式的理论基础有六个原则:①

1. 发展不是量的变化,而是质的转变,而且发展阶段是关键。
2. 个人的发展不是固定在发展线上的某一点,而是在一个可能的范围内进行变化,上一个阶段是下一个阶段的基石。
3. 发展过程中包括了稳定性和不稳定性。教育人员的责任就在于发现、协助幼儿进行新的理解,以及寻找幼儿成长与挑战间的平衡点。
4. 幼儿随着生理的成长,与外界环境互动的动机也越强烈,形式也越丰富。
5. 幼儿的自我认识来自与别人或别的事物互动后而获得的。
6. 成长过程中充满着冲突,自我的冲突、与他人间的冲突,这些均是发展过程中必须经历的,同时,解决冲突的方法深受文化和周围人的影响。

---

① 简楚瑛:《学前教育课程模式》,上海:华东师范大学出版社,2005年,第60页。

因此,银行街模式将儿童发展归为六条原理①:①发展是由简单到复杂、由单一到多元或综合的变化过程;②早期获得的经验不会消失,而是整合到以后的系统中;③教育者的任务是要在帮助儿童巩固新知和提供有益于发展的挑战之间取得平衡;④在儿童成长的过程中,他们逐渐以越来越多的方式主动地探索世界;⑤儿童的自我感觉是建立在与他人、与物体交互作用基础之上的,而知识是在交互作用过程中反复地感知和自我检查而形成的;⑥对于发展来说,冲突是不可缺少的,冲突解决的方式取决于儿童生活和社会文化要求,以及诸多因素的相互作用。

以上述理论为基础,银行街模式的核心理念有:②

1. 发展观

儿童的发展包括身体的、智力的、社会的、情感的和审美的等方面,而且各个方面的发展是相互关联、不可分割的。因此,银行街模式运用"完整儿童"这个概念来表达儿童发展的整体性。

2. 教育观

第一,幼儿教育是经验的教育。教育者通过对话、绘画、建构和戏剧等方法来帮助幼儿对精心设计和执行的教育经验进行重构和反思。第二,幼儿教育是建构的教育。幼儿通过自己的观察、探索和经历去发现周围的世界,从而建构自己对世界的理解。第三,幼儿教育是学校、家庭和社会共同参与的教育。银行街模式中有很多家长和社区参与的成分,例如设立银行街家庭中心等。银行街模式的教育者们认为儿童认知发展和个性发展与其社会化的过程不可分离。因此,托幼机构是社会的一部分,它与家庭和社会其他机构共同分担对儿童教育的职责。

3. 课程观

课程不是一系列活动的菜单,而是帮助儿童获得加深对世界的认识和理解的机会。换言之,课程是经验的综合,是通过富有想象的计划和决策的过程而创造的,因此,课程是综合的。

近年来,银行街模式已将其关注点集中在两个更具广泛意义的概念上——进步主义和心理健康,这两个概念是"发展—互动模式"的核心。银行街模式的设计者们认为,学校应是促进儿童心理健康发展的机构,应为儿童提供创造性的和能让儿童感到满意的工作机会。在学校,培养合作而非竞争,同时,应给儿童

---

① 朱家雄:《幼儿园课程》,上海:华东师范大学出版社,2003年,第239页。
② 刘蕊、陈友娟、李亚娟:《美国银行街课程方案简介》,载《早期教育》,2005年第8期,第14页。

提供有意义的刺激,而不是死板的、零散的学习。另外,学校应培养儿童的个性,增强儿童的社会民主意识。

银行街模式与其他教育方案的区别,在于它是"发展—互动"的。"发展"的含义是儿童生长的样式及对儿童和成人成长特征的理解和反应的方式。"互动"首先强调的是儿童与环境,包括其他儿童、成人和物质环境的交互作用;其次指的是认知发展和情感发展的交互作用,认知和情感的发展并不是分离的,而是相互关联的。这些概念可以运用于各个年龄段的儿童和成人的教育,然而,在实际运用时必须充分顾及教育对象的年龄、能力和文化背景。①

第二节 银行街模式的内涵

一、银行街模式的教育目标

(一)广泛目标

银行街模式的目标是:"通过在教育过程中应用各种可获得的关于学习和成长的知识,通过将教学和外部世界建立有意义联系的方式来改善教学。希望通过这种方式在使个体得到发展的同时,也使社区得到发展,包括家庭、学校以及来自各个不同文化的成人和儿童互动和学习的这个大社会都得到发展。"②

银行街模式的基本理念是儿童认知功能的发展和个性的发展是无法与其社会化的过程相分离的,托幼机构与家庭和社会其他机构共同承担着对儿童教育的责任。教育的目的不仅在于个人的自我表现,同时也要考虑到每个人的独特性。由于教育的目标应依据儿童发展的过程而定,因此,没有具体的教育目标,只提出了五个广泛的教育目标。③

1. 培养能力

这里所指的"能力",不只是客观性的,也包括了主观性的内涵,如自尊、自信,同时,表达、沟通能力等均涵盖在内。

2. 促进自主性和个性的发展

这个目标强调的是对自己独特性的了解,自己对自己不同角色的知觉与区

---

① 朱家雄:《幼儿园课程》,上海:华东师范大学出版社,2003年,第238~239页。
② 刘蕊、陈友娟、李亚娟:《美国银行街课程方案简介》,载《早期教育》,2005年第8期,第14页。
③ 简楚瑛:《学前教育课程模式》,上海:华东师范大学出版社,2005年,第63页。

第十一章 银行街模式

分,以及符合实际的期望与抱负。

3.培养社会性

这个目标包括自我控制和自我拓展,目的在于自我控制以便进入教室里的社会性秩序,含有修正自己的行为使其成为一种内化的规则。根据拜伯的观点,这个目标两个重要的内涵:①具有容易感知他人的观点和在工作、游戏、谈话、讨论过程中能合作或互动的能力;②沟通形式的多样性,借以了解人们的感受、冲突,以及知识的拓展和情绪上的丰富。

4.培养创造力

这个目标不只是强调结果,同时也强调过程。创造力的表达形式很多,包括律动、绘画、雕塑、旋律、数学与科学的构想等方式。

5.统整性

拜伯用"统整性"一词是相对于"区分"一词而言的,指的是内在世界与外在世界思想与情感的整合。拜伯对这项目标并未详加诠释,因此迪泛思和柯伯格认为拜伯这个目标是指统整上述四个目标。

(二)具体目标

根据上述五个广泛性的教育目标,银行街模式将3岁～5岁幼儿的教育目标具体细化成以下八条。

1.让幼儿通过与环境的直接接触与操作来满足自己的需要

(1)对物理世界的探索,例如设备、空间等。

(2)为其提供建构、操作性的活动。

2.通过认知策略,提高儿童获取经验的能力

(1)拓展资讯的接收与反应机会。

(2)扩展表征的模式。如姿态表征,用铅笔、蜡笔表现出两个向度,用陶土、木头、砖块表现出三个向度。

(3)语言的发展。

(4)刺激,将经验与资讯用0与1概念的方式予以组织,如将过去与现在予以整合。

3.增进儿童对周围有关环境认识

(1)观察学校里的环境,如厨房、电梯、冷气等。

(2)观察学校外的环境,如交通情况、盖房子、参观警察局等。

(3)说故事,如了解故事中提到的职业分工、大自然等内容。

(4)讨论幼儿听到的社会上正在发生的重大事件,如战争、示威、游行、地震等。

4.支持体验各种可能的游戏

(1)提供幼儿游戏时,所需的道具与设备。

(2)让幼儿有超出现实的自由与再现和预演游戏的机会。

5.帮助儿童把自己对冲动的自我控制

(1)与儿童沟通,设定一组不具威胁性的限制,如规则。

(2)建立具有功能性的成人权威角色。

6.满足儿童应付在其发展过程中所产生的冲突

(1)当幼儿与熟悉的环境或事物分离时,应予以安慰,使其情绪缓和。

(2)协助儿童改变自身易起冲突的品性,例如,引导独生子女与其他幼儿分享事物。

(3)要能接受幼儿在独立与依赖之间的冲突,如能接受幼儿此类表现,即当他在压力下,其行为会退化到依赖的行为上。

7.帮助儿童把自己塑造成有个性和有能力的自我形象

(1)增加幼儿对自我的了解。

(2)更进一步地统整自己,如在表征游戏中,通过再次地表达去进一步确认自己。

8.帮助幼儿建立互动过程中相互支持的模式

(1)建立幼儿与成人、幼儿与幼儿间非正式的、口语的与非口语的沟通方式。

(2)给幼儿提供合作和参与团体活动的机会,如规定时间,共同完成一项工作。

(3)提供具有支持功能的成人角色。

(4)建立人际间价值观点交流的模式。

二、银行街模式的教育内容

银行街模式没有提供具体的教育内容,只提出教育目标与教育原则,由教师自主地选择和组织教学内容。拜伯在1977年将课程与教学原则简要地概括如下:[①]

(1)幼儿在教室里体验到的不同经验,正是幼儿提升语言功能与思考的主要素材。

(2)将幼儿的经验与类化的主题联结,以提高幼儿的理解力。

(3)提供活动能让幼儿对周围环境产生兴趣、表达想法,并加以深化。

---

① 简楚瑛:《学前教育课程模式》,上海:华东师范大学出版社,2005年,第65~66页。

(4)戏剧化的游戏有助于幼儿多方面的发展。

(5)课程内容应反映两个主要的问题:①方法,如制作、修理、装订事物的做法和过程。②起源的问题,如某样东西是怎么来的,或何时出生的等。

(6)适当的学习就是主动地学习,在主动学习中要先赋予幼儿发问、探索与计划的角色。

(7)课程的组织要有弹性,这样幼儿才能在已建立好的课程架构中做出选择。

(8)教师在设计课程时,要以幼儿生活环境、关注点为基础。

(9)教师须随时运用适当的机会,鼓励幼儿用心观察,在不同的经验与转换经验过程中做比较。

(10)要常运用幼儿的亲身经验去澄清其认知的意义。

(11)思考是一种继续性的经验,和感受、想象、做东西是齐头并进的。

(12)学习某种经验的顺序应该是从开放和探索性的活动进入到较有结构性的活动。随着自我探索活动的增多,应该让幼儿有结构性地去了解如何去做。

(13)通过活动的广度和适度来提高认知性。

(14)事先做好的、有结构性的材料是用来让幼儿复习自己从复杂环境中习得的概念知识。

(15)老师应将事先设计好的教学计划与幼儿活动中所引发出来的相关活动交互运用。

(16)不论学习内容是什么,接触、探索、观察及通过口语和非口语的再表达等要素,都要包括在学习的过程中。

由于银行街模式强调儿童社会性的发展,社会学习就成了该方案的核心。社会学习是有关人与人之间及人与环境之间的关系,以及我们生存的环境、所处的位置。这一模式的基础是学校不断给儿童提供探究的机会。

银行街模式常以社会学习的问题为综合性课程的主题,教师为儿童获取社会学习和掌握重要技能提供机会。以社会学习为核心展开的课程,共分为六类:①人类与环境的互动;②人类为生存而奋斗,从家庭到国家的各级社会单位及其与人的关系;③人类世代相传;④通过宗教、科学和艺术等来了解生命的意义;⑤个体和群体的行为;⑥变化的世界。[①] 学习的主题可以从对家庭的研究到对河流的研究,其主要取决于儿童的年龄和兴趣,也取决于儿童的生活经验及社会要求。例如,3岁的儿童,课程强调的是儿童对自身和家庭的学习;而对于5岁

---

① 朱家雄:《幼儿园课程》,上海:华东师范大学出版社,2003年,第241页。

的儿童,课程则强调对社区服务和工作的学习。在任何一个学习过程中,课程关注的都是儿童在美术、音乐、数学、科学、语言、运动、搭建积木等活动中已有的经验之上,加以综合整理而形成的经验,从而帮助儿童加深对自己世界的理解。银行街模式的设计者们相信,对于儿童而言,最有意义的经验是那些相互联系的,而不是相互割裂的经验,是那些能引导儿童进一步学习,并有益于获取新知的经验。银行街模式的设计者们也相信,对于儿童而言,认识世界的最有效方法是允许他们以自己的方式作用于这些经验。儿童首先需要获取经验,然后通过再创造的过程,从已获得的经验中去理解这些经验的真正意义,这个再创造的过程,包括讨论、想象和建构等。

以社会学习为核心开展的课程整合了以下四方面内容:①围绕社会学习这一主题展开音乐、阅读、书写、数学、戏剧和美术等不同的课程;②整合身体、社会、情绪、情感和认知等儿童发展的各个方面;③提供获取第一手经验及再创造这些经验的机会;④儿童在家庭和在托幼机构中所获得的经验。

三、银行街模式的教育方法

（一）时空的规划

银行街模式强调教室空间的规划和教学时间的安排等因素,要符合教育目标。空间的规划要具有可变性,即空间的安排要兼顾个人活动与团体活动的需求,有接触多种活动的可能性,以及有选择活动的机会。空间的布置为设计游戏、独白活动、小组活动、集体活动提供充足的场地。整个环境所提供的就是一个快乐的、学习的和具有生产性的社会环境。典型的银行街模式的教室是界限清楚、功能分明的角落区式的设置。

在时间方面,灵活的日程表为儿童探索活动提供了延伸的时间。灵活性体现在用餐点、讲故事、休息和户外活动等预设的常规时间中。

（二）材料与活动

银行街模式强调提供给幼儿的材料应是具有实验和表征用途的素材。材料应放置在开放式的架子上,让幼儿可以自由取用,如成套的中空积木、黏土、颜料、水、沙、纸、蜡笔、木头等材料。这些材料便于展开探究、想象,或转换成有吸引力的活动。同时,教室里也有其他一些材料,如用于操作的材料、教师制作的材料及有关各种话题的图书等。这些可以进行诸如烹调、绘画、缝纫、编织等活动。

（三）教师的作用

银行街模式强调教师在幼儿认知发展和社会情绪发展方面所发挥的作用。具体如下：

1. 在认知发展方面的作用

从拜伯等人所提出的观点可以看出，教师协助幼儿在认知发展方面所发挥的作用有：

（1）评价幼儿的思维，然后有效地引导幼儿掌握相关概念，或扩大内容的范围。

（2）对幼儿的反应、疑惑或建议予以口头上的回应、澄清、重述和纠正。

（3）培养幼儿直觉的和联结性的思维。

（4）提出能提升幼儿归纳性思维的问题。

2. 在社会情绪方面的作用

银行街模式深受心理动力理论的影响，因此特别强调教师和学校在培育儿童自我发展和心智健康上扮演的重要角色。因此，在儿童社会情感发展方面，教师的作用主要体现在两个方面：

（1）教师和学校是儿童的家庭和外部世界之间的协调者，教师应能给予儿童安全感，使儿童能克服分离焦虑，缓解离开父母步入新环境所面临的心理冲突，从而较好地适应社会。

（2）教师需要向儿童提供鼓励与支持，使其自我和心理得到健康的发展。教师应具备称职的母亲和心理治疗师应有的许多特点，还应具有令儿童信任的权威性。

银行街模式所强调的权威性，是属于一种积极性的动机面，而不是顺服在权力下的权威。唯有儿童信任教师的时候，他才能接受教师是广大社会性知识和社会道德规则权威性代表；而且只有当儿童信任教师的时候，他才能接受教师在控制儿童冲动时的权威性。从教师的各种作用来看，银行街模式强调教师的权威性是有其理论基础的，但其权威性与一般学校要求学生放弃自己的意愿去听从权威是不一样的。

（四）与家庭共同工作

在银行街模式中，方案的设计者从儿童的立场定义家庭，家庭指的是"成人和儿童的各种组合体"，是"与儿童接近的，并受到儿童信赖的人们，他们是儿童世界的基础。家庭可以是父母中的一个人、两个母亲或两个父亲、继父母、神父、养父母、叔叔和婶婶、兄弟姊妹、堂(表)兄弟姊妹,或是曾做过家庭日托的邻居"。①

与家庭的共同工作旨在使早期教育机构中的教师与对儿童成长有影响的其他成人之间建立起双向的关系。这种双向关系可以让教师把儿童花在教室里和家庭中的时间联系起来。②

与家庭的共同工作是双向互动的,包括教师深入家庭了解情况、家长参与教育机构的各种工作等,形式多种多样。银行街家庭中心就是其中之一。

银行街家庭中心乐意邀请和鼓励家庭成员随时参观、访问和参与该中心的活动,并创设出舒适的环境。该中心十分看重与家庭间建立起的伙伴关系,并将之视为儿童成长和发展的重要基础,每个儿童可从中获得安全感。为了让儿童感到安全、被尊重和被照顾,家庭与教师之间建立起了相互信任的伙伴关系,在儿童和家长进入该中心的最初几个星期里,只让儿童自由地探索和游戏。保持这种伙伴关系的关键是交流、支持和合作,家长每天都能收到描述自己孩子日常生活和活动的记录,每个月都能看到介绍中心运行情况的简报。家长参加家长会和家长学校,讨论家庭和中心所遇到的教育问题。该中心还为家庭提供各种咨询和特殊教育的服务。

四、银行街模式的课程设计与实施

在银行街模式中,主题网和课程轮是课程设计和实施中常用的工具。课程轮类似我们常说的"课程网络图",它的中央是主题,轮辐间的空间可由教师设计各个活动区或活动的种类,允许教师根据需要加以更改。课程的实施常分为以下七个步骤:①选择主题;②确定目标;③教师学习与主题有关的内容,并收集资料;④开展活动;⑤家庭参与;⑥高潮活动;⑦观察和评价。

五、银行街模式的教育评价

评价是银行街模式的有机组成部分,它为教师了解儿童如何学习和成长提供了手段,也为教师提供了课程计划和决策的依据。与追随高水准学业成就的评价不同,银行街模式长期主张更宽泛的评价方法,强调真实性评价。这种评价是立足于了解儿童是如何理解属于自己的世界,并为儿童提供一系列的机会让他们表达自己的理解。基本技能和学科知识虽然是教育评价的基础,但是,在与环境互动时,儿童的态度和个性特征同样重要,例如,儿童的独立精神和合作活

---

① 朱家雄:《幼儿园课程》,上海:华东师范大学出版社,2003年,第243页。
② 朱家雄:《幼儿园课程》,上海:华东师范大学出版社,2003年,第243页。

第十一章 银行街模式

动的能力、发起活动的能力,以及成为有社会责任感的社区公民,等等。

运用银行街模式的教师必须遵从和完成教育主管部门发布的教育测试和评估报告。此外,评价需要严格地、系统地按照对儿童活动行为的观察和记录,如教师对儿童表现的观察、儿童活动的记录文件袋、教师为年龄较大的儿童设计的技能检测表中所反映的儿童学习情况(如航海日志、实验报告、单元学习的总结,等等)。评价者通过收集儿童的各种作品、教师的观察记录等资料,建立个人档案。这些个人评价资料和档案是用来说明儿童成长、学习的情形,以及了解儿童的需要、兴趣与长处。教育评价对这些资料的分析和总结,能使教师了解每个儿童的特点和需要,及时与家长沟通并为下一步计划打下基础。

第三节　对银行街模式的评价及其启示

一、对银行街模式的评价

银行街模式的根源可追溯到进步主义教育运动,它起源于米切尔在20世纪二三十年代创立的教育实验局。银行街模式强调让儿童进行有意义的学习,使他们感受到自己的能力;帮助儿童理解对他们成长而言最为重要的事物不是与学业成绩直接相关的东西。这一方案以儿童为中心,关注儿童的兴趣及需要,鼓励儿童主动参与活动。

有些学者从不同的立场出发,对银行街模式提出了异议。例如,建构主义者德弗里斯从两个方面对银行街模式进行了批评。德弗里斯认为,银行街模式提出了将社会情感发展和认知发展整合一体的"完整儿童"的教育理论,但是,在如何选择理论,并将这些理论综合成内在统一的整体时,经常是相互矛盾的。因为发展—互动理论似乎更多地像是一些从各种理论而来的、没有经过整合的集合体,而不像是一种完整的理论。德弗里斯还批评银行街模式在理论与实践之间存在着差距,例如,对一些教育实践的理论解释,要么是缺乏的,要么是不正确的。

银行街模式虽然可追溯到进步主义教育运动,但是该方案主要依据的是儿童发展理论,从儿童发展的一般规律去思考和开发课程,而较少顾及儿童生活所处的文化背景。这种教育方案所指向的教育改革为的是让儿童在早期实现社会化,以克服来自家庭和社会等不良因素。这样,儿童不得不放弃自己的语言和文化,去获得所谓主流文化的东西。有人批评这种思维方式是试图建立一种白人中产阶级的能力标准,以此衡量和评价来自不同文化、不同经济水平的儿童。近年来,银行街教育学院的一些学者对银行街模式的发展—互动理论和实践进行了回顾和反思、展望,并为这一早期教育方案指出新的道路。

二、银行街模式的启示

合理借鉴和吸取银行街模式中值得我们学习的经验,对我国幼儿教育具有积极的意义。①

(一)给予儿童独立的空间,允许每个儿童都有自己的声音存在

在银行街模式中,教师为儿童提供了足够的游戏空间,最大可能地增加儿童自由游戏的时间和挑选开放的游戏材料的机会,更多地观察儿童情绪和其社会性的发展。这样的课程,让儿童乐于主动参与、独立探索、勤于动手,有利于提高儿童搜集和处理信息的能力、独立解决问题的能力、克服焦虑的能力。

此外,在银行街模式中,教师允许不同声音的存在,给予每个儿童大胆说出自己想法的机会,不管想法是否正确,教师首先给予肯定,然后组织大家一起讨论这些想法正确与否。这种对孩子真正尊重的态度,对我国幼儿园课程的实施具有重大的借鉴意义。

(二)密切课程内容与生活的联系,给知识源头活水

银行街模式强调让孩子与生活进行对话,从中获得对生活的兴趣和热情;强调把生活当作图书馆,而教师自己是永远的学习者;强调把教学过程和孩子们的生活联系起来,其课程内容要与孩子的生活密切相关。例如他们为孩子提供的积木建构、烹饪、短途旅行等游戏,都是来源于生活。

目前,我国幼儿园的课程内容也试图在接近儿童的生活,但与银行街模式相比,在实践中还存在脱离儿童生活的现象,这在一定程度上抑制了儿童的主动性和创造性。因此,强调让课程内容真正来源于儿童的生活,不仅能有效地激发儿童的学习动机,也有利于为儿童创造力的发挥以及各方面能力的提高提供更大的可能。

(三)深入挖掘社会中蕴含的课程资源

银行街模式重视通过社会学习来培养儿童善于分析的思维。在社会学习的过程中,儿童用普遍联系的观点来看待问题和解决问题的能力、对具体的事实进行归纳总结的能力、通过研究回答问题的能力,以及综合运用其他学科领域的技巧的能力都得到了很大的提高。同时,在合作或独立活动中,儿童的同情心和社会责任感也得到了发展。

---

① 刘蕊、陈友娟、李亚娟:《美国银行街课程方案简介》,载《早期教育》,2005年第8期,第15页。

银行街课程方案的教育实践告诉我们,像环境、生命、社会团体等这些话题都能成为幼儿园课程的来源。因此,深入挖掘和利用社会中可利用的社会资源,将会大大丰富我国幼儿园课程的资源,更好地促进孩子综合能力的提高。

(四)让教师真正成为幼儿学习的支持者

在银行街模式中,教师是儿童学习的指导者和支持者,儿童把他们大部分的时间放在研究、对话和讨论上。他们学习的重点是怎样加深对一系列观点的理解。教师的作用体现在对儿童的活动、儿童的天性、儿童的各种想法的支持上。在教师的支持下,幼儿能够变得更加主动,能够更加积极地探索自己周围的世界。

相比较而言,我们的幼儿教师在活动上占主导地位,教师更多的是幼儿活动的指导者,而不是支持者和合作者。因此,银行街模式中教师对教学活动控制的淡化及对幼儿想法和行动上的支持,是我国幼儿园课程实施过程中,可以借鉴的重要经验。

▶**拓展阅读**◀

银行街教育学院实验学校一周作息表

	星期一	星期二	星期三	星期四	星期五
8:00～9:00	抵达	抵达	抵达	集会	抵达
9:00～10:00	游乐场	游乐场	游乐场	游乐场	游乐场
10:00～10:15	讨论	讨论	讨论	讨论	讨论
10:15～10:30	点心	点心	点心	点心	点心
10:30～11:15	工作	体能	美劳	角落	角落
11:15～11:30		△	1/2组音乐		
11:30～11:45			1/2组角落	1/2组音乐	
11:45～12:15	1/2组图书馆 1/2组角落	音乐	1/2组律动 1/2组角落	1/2组图书馆	
12:15～12:45	午餐	午餐	午餐	午餐	午餐分享讨论
12:45～1:30	休息	休息	休息	休息	离校
1:30～2:00	西班牙语	角落/户外	1/2组律动	角落/户外	
2:00～2:30	△		角落		
2:30～2:45	故事	故事	故事	故事	
2:45～3:00			离校集会		

集会:3岁～7岁的儿童集合在一起唱歌,分享学校新闻
△:教师弹性利用

▶阅读推荐◀

[1] 刘蕊,陈友娟、李亚娟.美国银行街课程方案简介.早期教育,2005(8).

[2] 罗泽林,杨晓萍.银行街教育方案:一种值得借鉴的幼教课程.学前课程研究,2008(Z1).

[3] [美]贾玻尔·L.鲁普那林、詹姆斯、E.约翰逊主编.学前教育课程.上海:华东师范大学出版社,2005.

▶复习与思考◀

1. 如何理解银行街模式的教育目标?
2. 请比较银行街模式与瑞吉欧幼儿教育体系的异同。
3. 银行街模式中教师有哪些作用?
4. 从银行街模式中,你能得到哪些启示呢?

第十二章
直接教学模式

【内容提要】 直接教学模式的主要目标是帮助儿童获得进入小学所需要的读、写、算的基本技能,并通过学业上的成就,树立儿童的自信心,增强其自尊心。直接教学模式主要是建立在斯金纳的操作条件反射的理论基础之上。贝瑞特—恩格尔曼是直接教学模式的前身,被列为美国"开端计划"首先发展的早期干预模式之一。B-E直接教学模式是贝瑞特和恩格尔曼为帮助4岁~6岁低收入家庭的儿童,在学业上能够赶上中产阶级家庭出身的儿童所设计的教育方案。DI直接教学模式是建立在B-E直接教学模式基础上的,被作为"随后计划"的一部分。

【学习要求】
1. 了解直接教学模式产生与发展,理解其理论基础。
2. 掌握直接教学模式以及该模式在不同发展阶段的特色与重点。
3. 能客观评价直接教学模式。

第一节 直接教学模式的形成、发展及其理论基础

一、直接教学模式的形成与发展

20世纪60年代中期,贝瑞特和恩格尔曼在美国伊利诺大学成立了一个专为5岁幼儿而设的附属幼儿园,该学校以他们的名字命名。贝瑞特在20世纪

60年代初期和中期,主要致力于学龄前儿童即5岁儿童和低年级儿童具备的学习能力的研究。同时,恩格尔曼的兴趣也是对三四岁幼儿基本能力的研究。贝瑞特和恩格尔曼一致认为,所有的儿童通过教育都是可以取得学业成就的,只要给低成就的儿童教授更多的学习技巧,就可以让他们赶上班级平均的学习水平。因此他们针对学业低成就的儿童设计了一个每天2小时的课程。这种课程被称为"贝瑞特—恩格尔曼模式"(以下简称"B—E模式")。

1967年贝瑞特离开伊利诺大学,贝克加入,贝克是一位心理学家,一开始致力于儿童临床心理学的研究,后来转向建立儿童行为导向方法的研究。所以,从1967年~1981年,这个模式被称为"恩格尔曼—贝克直接教学模式"。

直接教学模式(以下简称"DI模式")是建立在B—E直接教学模式基础上,被作为"随后计划"的一部分。1970年,恩格尔曼—贝克直接教学模式中的成员和其他成员离开伊利诺大学,来到奥瑞根大学。从1981年起,该模式被称之为"直接教学模式"。直接教学模式的主要目标是帮助儿童获得进入小学所需要的读、写、算的基本技能,并通过学业上的成就,增强儿童的自信心和自尊心。

二、直接教学模式的理论基础

直接教学模式与其他课程模式不同的是其理论基础不是建立在儿童发展理论基础上的,因为参与这个模式的研究者多数是教育学者和行为心理学家,而不是发展心理学家。因此,他们强调学生行为的变化和个体间的差异来自学习,而非来自发展。

直接教学模式主要是建立在斯金纳的操作性条件反射的理论基础上。操作性条件反射是一种学习形式,在此形式中,被指定的行为得到了强化,就会导致它的发生。斯金纳反对教育过程是儿童头脑中建立认知结构过程的说法,认为教育是能够产生可以观察到的行为变化过程,而强化则是产生这种变化的机制。直接教学模式运用行为学派理论中的增强、塑造、处罚、削弱等方法来促进刺激与反应间的联结,或去除刺激与反应间的联结,这些会使得学习行为产生。

20世纪六七十年代,大多数早期教育课程的目标都是发展儿童的认知、情感等,而直接教学模式是完全关注儿童在学校中获得成功需要些什么,并指导教师如何修正儿童的行为。虽与当时大多数的课程模式不同,却大受欢迎,这是有其社会、政治背景因素的。[①]

第一,DI模式和B—E模式强调通过环境来改变学生的学习成就,这无疑是

---

① 简楚瑛:《学前教育课程模式》,上海:华东师范大学出版社,2005年,第100~101页。

第十二章 直接教学模式

对智力固定论的挑战,这种观念得到当时社会、家长的认可。

第二,美国普遍性的贫穷所附带而来的低成就学生的问题。DI 模式和 B—E 模式强调低成就的孩子是由他们接受较少的文化刺激而造成的,换言之,如能对低社经家庭孩子进行有系统且直接的教导,使其掌握未来上学所需的能力,就可以缩小低社经家庭的孩子与中等阶层家庭孩子间的差距,也就解决了贫穷所带来的低成就学生的问题。

第三,1957 年,苏联发射第一枚火箭到太空,使美国的尊严受到严重打击,因此在教育上呼吁加强读、写、算课程,而 B—E 模式和 DI 模式内容正符合当时的需要。

第四,B—E 模式和 DI 模式与多数公立学校课程能较好地衔接。

第二节 直接教学模式的内涵

B—E 模式和 DI 模式虽然有其先后的继承关系以及共同的理论基础,但因教学对象的年龄层不同,两者在课程内涵上存在一定的差异性,以下将对这两个模式分别介绍。

一、B—E 模式

B—E 模式是贝瑞特和恩格尔曼为帮助 4 岁～6 岁低收入家庭的儿童,在学业上能够取得和中产阶级家庭出身的儿童一样的成就所设计的教育方案。贝瑞特和恩格尔曼认为,贫困家庭出身的儿童之所以在学业上失败,是因为他们在学前教育阶段没有掌握获得较高智商分数所需的相关知识和技能,学前教育机构的课程应该设计成能够帮助这些儿童克服由于经验不足而导致的学业失败问题。

(一)目标

B—E 模式的长期目标是让 4 岁～6 岁学习能力弱的儿童具备上小学的能力,即在幼儿园时应掌握的学业程度。在细化成具体目标时,则确定了 15 条最基本的教学目标,具体如下:①

(1)能用肯定句和否定句回答问题,如教师问:"这是什么?"儿童能回答:"这是一个球,不是一本书……"

---

① 朱家雄:《幼儿园课程》,上海:华东师范大学出版社,2003 年,第 251～252 页。

(2)能用肯定句和否定句做出反应("告诉我有关这件东西"),如"这支笔是红色的,不是蓝色的。"

(3)至少理解四个概念组,如大—小、上—下、长—短、胖—瘦,并能掌握它们的相反意义,例如,"它不是大的,一定是小的。"

(4)具有能准确运用介词的能力(如在……上面、在……里面等)。

(5)具有能讲出四种物体正反例子的能力,如工具、武器、家养和野生动物、车辆等,儿童能讲出"枪是武器""牛不是武器"等。

(6)具有简单的演绎能力("如果……那么……")。如教师对儿童出示画有两个正方形的图片,大的正方形是红色的,小的是其他颜色的,教师问儿童:"如果正方形是大的,那么你还知道些什么?"儿童能回答:"它们是红色的。"

(7)具有否定演绎的能力。如教师问:"如果正方形是小的,那么你还知道些什么?"儿童能回答:"它们不是红色的。"

(8)具有在简单的演绎中运用"或者"的能力。如教师问:"如果正方形是小的,它们又不是红色的,那么你还知道些什么?"儿童能回答:"它们是蓝色的,或者是黄色的。"

(9)具有区别基色(红、绿、蓝)和白、黑、褐色的能力。

(10)在没有帮助的情况下,能大声数到 20;在有帮助的情况下,以 10 为单位,能数到 100。

(11)具有正确数物体到 10 的能力。

(12)具有认识并说出元音以及至少 15 个辅音的能力。

(13)具有从图片中区分出印刷字词的能力。

(14)能讲出一个词,能使它以某种方式与其他的词押韵。

(15)能试读由 4 个或 4 个以上的字母组成的词,能说出与其意义一样的口头词。

(二)内容

在决定课程内容时,贝瑞特和恩格尔曼主要是根据以下两个背景:其一是他们关注小学一年级课程,从而决定儿童应该具备什么样的能力;其二是他们根据斯坦福—比奈智力测验量表的测试内容,从而分析学生应普遍了解的概念有哪些。据此,他们认为入小学前应学会的内容应该包括颜色、大小、形状、位置、数字、分类、排序等。为此,他们编制了成套的阅读、拼写、语言和数学教材。

(三)教学方法

他们根据设计好的教材,以小步递进的方式对儿童设计的课加以组织和实

第十二章 直接教学模式

施,即教师教一点信息,儿童重复这个信息,教师提出有关这个信息的问题,儿童对教师的问题做出反应。如果反应是正确的,儿童会受到表扬或奖励;如果反应是错误的,教师则加以纠正,直至儿童能够说出正确的答案为止,这时,教师和儿童才开始下一个步骤的学习任务。在读、写、算3个方面,都有专职教师对儿童进行教学,教学以5人为一个小组,每节课的课时为20分钟。除了读、写、算外,唱歌是主要的活动。

在教学方法上,B—E模式有以下5个方面的特征:
(1)快节奏的学习步调:20分钟内要完成5种或5种以上的学习任务,要求每个学生不断地做出数百次以上的反应。
(2)将与学习任务无关的行为尽量减少。
(3)强调口语反应。
(4)课程由事先计划好的教学单元和儿童在教学中的反馈组成。
(5)课程对儿童要求严格,需要儿童专注、努力地学习,这样才会有奖赏。

二、DI模式

1967年,贝瑞特离开伊利诺大学,贝克加入,于是,这个模式就被称为"恩格尔曼—贝克直接教学模式"。1970年,恩格尔曼—贝克直接教学模式中的成员离开伊利诺大学,来到奥瑞根大学。从1981年起,这个模式被称之为"直接教学模式"。DI模式是建立在B—E模式的基础上,是"随后计划"的一部分。

(一)目标

DI模式是为5岁~8岁儿童而设计的课程方案,其长期目标是提高低成就学生基本的学习技能,让他们有竞争更高教育的机会。其近期目标是帮助5岁~8岁儿童达到该年级的学业水平。DI模式设计者也看重学生在社会与情绪领域的发展,他们认为DI模式的课程有助于学生自我意识的发展,因为当学生成绩好时,学生对自己以及别人对他的看法都会比较正面。

(二)内容

DI模式的教育目标是以学业目标为导向的,因此核心课程是阅读、算术和语言,每个科目分成3个层次的目标,从而形成9套课程内容,每套课程都有其各自的目标。

1. 阅读

DI模式第一套和第二套阅读课程的目标是阅读的解码技巧和理解技巧,第三套的目标在于培养学生能从阅读中获得新知的能力,并会使用所得的新知。

2. 算术

第一套的算术课程目标是基本的加减法的运算及应用问题的运算,第二套算术课程的目标是基本乘除法的运算和时间、长度、重量、钱的加减运算,第三套的目标是加减乘除混合运算和代数的运算。

3. 语言

第一、二套语言课程的目标是教物品的名称、特质、类别以及彼此间的关系,学生学习做完整的叙述和细节的描述,第三套的课程目标是帮助学生加强基本文法规则、语言的应用、写作和拼字能力。

(三) 教学方法

DI 模式的教学方法强调小组教学,并运用行为学派的增强原则。一个班级通常被分成 4 个小组,每个小组由 4~7 人组成。在第一和第二层次目标的学科教学中,小组活动持续 30 分钟,而第三层次目标的学科教学则包括 5 分钟的教学和 30 分钟儿童自己的练习。为了使小组教学取得理想的效果,学前一年、一年级和二年级班上除了配有 1 位主教老师,还有 2 位助理老师,三年级则增至 3 位助理老师。DI 模式的每位老师都是以学科为专长,专门负责班上某一科的教学。

每次上课,教师和儿童之间会通过游戏和比赛进行口语交互活动。因此,儿童始终积极地参与活动,活动的速率可达每分钟 10 个反应,并要求 80%~90% 的正确率。此外,每天为儿童安排 30 分钟与学业有关的儿童个别化活动,这种类似游戏式的活动能为儿童提供与关键概念有关的练习。

三、教师的作用

在直接教学模式中,教师是儿童行为的训练者和强化者。在此课程模式中,教师是主动的施予者,而儿童则是被动的接受者。教师根据预先设计的计划,运用增强、塑造、惩罚和消退等方法,促进刺激与反应间的联结,或者消除刺激与反应间的联结,以达成教师预期的目标,使儿童产生计划中的学习行为。

第三节 对直接教学模式的评价

在"开端计划"之前,大部分西方早期教育课程都是以儿童为中心的、非学业化的。B-E 模式,以及随后产生的 DI 模式成为与其他学前儿童教育课程呈相反性质的代表性课程模式。戈芬认为,直接教学模式在当时的年代形成和发展,不仅只是能够生存的问题,而且是成功的,它至少在 6 个方面改变了学前教育的背景:

(1) 对智力不变的理论提出了挑战;
(2) "发现"了广为存在的贫困;
(3) 苏联发射卫星对美国有震撼的反应;
(4) 降低了由于重新发现皮亚杰理论而导致对认知发展理论过分强调的热度;
(5) 缓解了对教育现状的不满;
(6) 展示了在教育中运用斯金纳操作性条件反射理论的潜能。

许多研究表明,这类高度结构化的课程模式使儿童在学业上获得了成功,并使一些儿童因为学业的成功而树立了自信。经过这种课程训练的儿童,智力测验和学业成就测验的成绩都较高,在进入小学以后,其读、写、算等能力方面都能达到较高水平,这对于不少处境不利的儿童而言是十分重要的,这类课程模式使他们有效地避免了学业的失败,避免了辍学。如果教育的目标是让儿童在学业上获得成功,以保证儿童以高的比率获得成功,那么直接教学模式就不能不被认为是成功的。

然而,直接教学模式也有不少消极的方面。例如,经过这种课程训练的儿童经常将他们的成功归于他们的教师或他们之外的其他因素,而将失败归于他们自己。此外,对这些儿童进行长期追踪研究,发现这类课程的长期效应并不理想,即儿童在小学低年级获得的优势,在小学高年级就不明显了。

总之,在评价直接教学模式时,不仅要追溯其产生发展的历史背景,还要考虑到该模式与当时文化、社会发展之间的关系。随着时代的发展,这种模式是否可以延续性地生存或是移植到别国去,还应该视其理论基础的合理性与可调整空间的大小而定。

▶阅读推荐◀

[1] 朱家雄.幼儿园课程.上海:华东师范大学出版社,2003.
[2] 简楚瑛.学前教育课程模式.上海:华东师范大学出版社,2005.

▶复习与思考◀

1. 请比较直接教学模式与 High/Scope 教育方案、瑞吉欧幼儿教育体系、银行街模式的理论基础,并说明直接教学模式的理论基础与课程内涵的关系。
2. 请评价直接教学模式的教学方法。
3. 从直接教学模式中,你能得到哪些启示?

第十三章
学前教育模式之比较

【内容提要】 本章从教育对象、理论基础、教育目的、教育内容、教育方法和教育评价等方面,对蒙台梭利教育法、瑞吉欧幼儿教育体系、High/Scope教育方案、银行街模式、直接教学模式等五种学前教育模式进行了较为全面的比较与分析,并提出对我国幼儿园课程改革的借鉴意义,希望通过对比能为学习者提供一个清晰的框架。

【学习要求】

1. 通过巩固与复习式的总结,加深对各种学前教育模式的理解与掌握。
2. 能运用比较分析法,客观地评价各种学前教育模式的特点,并在实践中学会灵活运用。

一、国外五种学前教育模式的比较

前文我们介绍了当今世界学前教育界颇为流行且具有影响力的几种早期教育方案和教育模式(以下统称为"教育模式"),这些学前教育模式都有一定的理论基础,都对其教育目标、教育内容、教育方法和教育评价等方面进行了理性的、科学的设计,都经过实践的检验和理论的提升。因此,它们既能为学前教育思想和观念转化为实践提供样板,又能为学前教育实践上升到学前教育理论提供一定的参考。目前,在全球范围内,人们对学前教育的关注正在持续升温。这种关注能够帮助学前教育工作者从已有的各种教育模式中得到启发,并根据儿童的需要和能力,为特定的教育对象设计高质量的课程,从而促进学前教育的理论研究和实践运用。

不同的学前教育模式对儿童的认知、社会性、情感等方面的发展具有不同的影响。对国外学前教育模式的研究和借鉴,一直备受我国学界和业界关注。以下是五种学前教育模式的异同之处。

学前教育模式比较表①

	蒙台梭利教育法	瑞吉欧幼儿教育体系	High/Scope教育方案	银行街模式	直接教学模式
起源时针对的主要对象	贫困儿童和特殊儿童	全体儿童	低社经地位儿童	中等社经地位儿童	学业低成就的儿童
年龄层	0岁~18岁	3岁~6岁	3岁~4岁	3岁~4岁	3岁~5岁
理论基础来源	生物学、赛根、伊塔	进步主义、建构主义	早期深受皮亚杰结构论影响;后期受皮亚杰建构论影响	浪漫主义、杜威进步主义、心理动力学、发展心理学	行为学派
教育目的	发展自己;为进入社会做准备;社会改革	追求儿童愉快、幸福、健康的成长	总目标是认知型的,也考虑了社会情感方面的目标。为进入小学做准备	最初强调自我社会情绪发展;而后加强认知课程	为进入小学做准备
教育内容	日常感觉教育;生活教育;算术教育;文化教育	没有明确规定的课程内容,多来自周围的环境,来自儿童生活中感兴趣的事物、现象和问题,来自儿童的经验以及所进行的各种活动	初期强调认知发展方面的课程;后来加入了社会情绪发展方面的课程	无具体、详尽的课程内容,只提供教学与内容选择、组织的原则	阅读、语言、算术
教育方法	教师角色:辅导者、观察者、引导者;教具为教室环境中的焦点	教师角色:倾听者、观察者、理解者、欣赏者、支持者、引导者、合作者、学习者和研究者;方案教学、档案支持、弹性计划、视觉与语言图像的运用	教师角色:观察者、倾听者、学习者、支持者、合作者和计划者;兴趣区为其环境布置重点;时间安排:计划—实施—回顾	教师角色:协调者、辅导者、引导者、支持者、观察者;角落为其环境布置重点;有规律的上课时间表;主题网和课程轮,教师设计活动区或活动种类的内容	教师角色:教导者;强调反复的联系与回馈制度;读、写、算都有一套教材,按序学习
教育评价	主要通过观察来评价	通过观察,运用照片、录音、幻灯、录像、文字说明、实物等记录来评价	通过运用儿童观察记录表来评价	通过儿童作品、观察记录等文件袋、技能检测表等来评价	标准成就测验

---

① 简楚瑛:《学前教育课程模式》,上海:华东师范大学出版社,2005年,第111~113页。

从上表中,我们可以看出这五种学前教育模式之间的异同:

(1)这五种学前教育模式产生之时,所针对的教育对象除银行街模式和瑞吉欧幼儿教育体系外,主要是以低社经家庭的儿童为主要教育对象,即以处境不利的儿童为教育对象。银行街模式的教育对象后来也包括了处境不利的儿童。

(2)五种学前教育模式中,除了蒙台梭利教育法外,主要是以3岁~5岁或6岁儿童为教育对象的,虽然直接教学模式中有延续到小学三年级的教育对象,但只有蒙台梭利教育法有延续性的规划。在实践操作中,蒙台梭利幼儿园毕业的学生可以入蒙台梭利小学,之后还有蒙台梭利中学可以衔接。

(3)五种学前教育模式的理论基础都深受心理学的影响。除了蒙台梭利教育法外,其他四种模式更是直接以心理学为其理论的重要基础。

(4)从五种学前教育模式的教育目的来看,除了瑞吉欧幼儿教育体系注重儿童人格的培养和各种能力的提升外,其他几乎都是以为入小学做准备为其主要目的或目的之一。直接教学模式是以学业为其教育目的;蒙台梭利教育法除了强调儿童人格的培养,也强调其构建新社会的美好理想;银行街模式初期强调自我和社会情绪发展,后来因为加入了"开端计划",也强调为入小学做准备,即兼顾了学业、认知与社会化的教育目的。High/Scope教育方案发展到后期也强调认知、情感、社会性的协调发展,培养主动的学习者。

(5)就教育内容而言,蒙台梭利教育法、High/Scope教育方案、直接教学模式都有具体详尽规划的教育内容;银行街模式和瑞吉欧幼儿教育体系没有规定具体的教育内容。因此,我们能够发现,就课程内容选择的弹性而言,直接教学模式的课程内容是事先设计好的,教师改变教学内容的弹性很小,上课是依据固定内容、固定程序进行教学;银行街模式和瑞吉欧幼儿教育体系没有固定的学习内容,更多考虑的是儿童的经验、兴趣与发展并且强调将教学过程与儿童生活之间产生有意义的联系;蒙台梭利教育法和High/Scope教育方案则为教师的教学、儿童的学习提供了明确的范围、方向,在这个范围和方向内,儿童有选择与决定的机会。

就课程范围的广度而言,直接教学模式是以学业准备为主要目的的,因此课程内容的范围相对其他课程模式来说最窄;蒙台梭利教育法有教具的呈现,由于受教师专业水平的影响,容易导致教学内容受教具限制,也有教师以教具为依据,但自己可以删减或增加教学内容,使得蒙台梭利课程可宽可窄。High/Scope教育方案、银行街模式和瑞吉欧幼儿教育体系的课程范围因为比较宽泛,所以容易受教师专业技能与专业精神的影响。

就课程内容的组织原则而言,直接教学模式强调程序性与继续性,属结构性课程;蒙台梭利教育法强调以教具为重心,教学属于结构性课程,若教师可以抓住蒙台梭利教育法的精神,强调学生自主性的发挥,其课程组织原则可以变成半结构性的课程;High/Scope 教育方案、银行街模式和瑞吉欧幼儿教育体系中的课程组织原则是视师生互动与课程发展的情形而定,尤其是瑞吉欧幼儿教育体系强调生成课程。

(6)就教学方法而言,除了直接教学模式是强调反复学习与回馈制度,教师是教导者的角色外,其余四种模式中,教师的角色大致相同,都强调教师不是教导者而是引导、支持、辅导与观察的角色。课程主要由各种活动组成,不仅有集体活动,也有分组活动和个人活动。在课程实施过程中,注重教师与儿童的合作,注重儿童与同伴的相互交流,注重儿童在探索中获得的知识和能力、发挥了儿童学习的主动性。

(7)就教育评价而言,除了直接教学模式以标准化成就测验方式评价学生学习成果,属量化评价方式外,其余四种模式均强调以观察方式做教育评价,这样的评价是过程性评价,是真实性评价,也是质性评价。它不仅体现了现代课程评价理念,更体现出以发展的眼光看待课程评价的功能——课程评价可用来说明儿童成长和学习情形,可促进教师反思,进一步决定下一步的教学内容,并调整教学行为,同时也可使家长了解孩子的表现。

(8)这些课程模式都重视环境的教育价值,并注重环境的创设。如瑞吉欧幼儿教育体系认为,环境是第三位老师,把环境作为教育的"内容",认为环境包括丰富的教育信息和资源,对儿童的学习起着促进、激发的作用;High/Scope 课程的具体内容反映在教室内外的环境布置中,而且该教育模式注重物质环境的布置和各个区域材料的选择,强调环境及其材料必须指向关键经验的多种学习活动;银行街模式为孩子们创造了丰富的学习环境,为孩子们提供了各种学习人类世界和自然世界的机会。

(9)在家长工作方面,除了蒙台梭利教育法和直接教学模式外,其他教育模式都强调了家长工作的重要性。瑞吉欧幼儿教育体系认为,教育机构就是一种儿童、教师、家庭及社区之间沟通、交流与互动的体系,从而整合成为更大的社会系统。High/Scope 教育方案强调家庭参与的重要性以及家庭和学校合作的重要性,在教学时,常有家长或义工的参与。"High/Scope 课程的另一重要组成部分就是家长工作,其目的在于使家长理解、接纳和支持课程,达到家园共育的协调效果"。[①] 这说明了家长对托幼机构的课程做出贡献,有机会参加机构的会议,学习和了解儿童的发展和托幼机构的课程,等等。银行街模式的课程与家

---

① 王春燕:《幼儿园课程概论》,北京:高等教育出版社,2009年,第232页。

长合作的形式有家长参与教育机构工作、教师深入家庭等,在课程实施中也有家庭参与。

需要指出的是,我们不能简单地断定某种学前教育模式优于其他学前教育模式,因为各国政治、经济、文化背景不同,各国成人与儿童的关系、民族性格特点和文化传统也难以进行孰优孰劣的比较。在实践中,某种学前教育模式的基本观点能否实施,也会因教师和学前教育机构的差异而千差万别。因此,我们可以说某种学前教育模式在某些方面优于其他学前教育模式,但不能说这种学前教育模式适合所有的国家、所有的学前教育机构,也不能保证运用这种学前教育模式就能取得良好的效果。正因为如此,运用任何一种学前教育模式时,首先,必须考虑该模式是否与社会价值观相符合;其次,必须根据教育实践中的各方面因素和条件,对该模式进行调整甚至修正。

二、对我国幼儿园课程改革与发展的借鉴意义

我国学者李香玲认为,结合我国幼儿园课程的实施,这些学前教育模式对我国幼儿园课程理念和实践具有以下几方面的启示:[①]

(一)课程目标要全面,要注重培养幼儿的创造力

从上述分析可知,这些学前教育模式的课程目标较为全面,注重儿童创造力的培养。我国《幼儿园工作规程》规定幼儿园教育的目标是:"实施保育和教育相结合的原则,对幼儿实施体、智、德、美诸方面全面发展的教育,促进其身心和谐发展。"在课程目标上指向幼儿全面发展,课程目标包括体、智、德、美等方面的目标,而且每一个方面都尽量涉及情感、能力、认知等方面的发展。但是,在当前幼儿园教育实践中,课程目标的设置仍然偏重认知目标,轻能力、情感目标;注重知识的掌握,忽视孩子创造力的培养。因此,课程目标的全面性如何在教育实践中真正体现及如何培养幼儿的创造力,是我们应向国外学前教育课程目标借鉴的。

(二)课程内容的选择要具体化,考虑幼儿的特点、经验和兴趣

在我国的课程内容设置中,存在的问题有偏重知识传授、过于繁难、脱离幼儿实际生活经验等现象,这些都不利于幼儿学习。尤其在农村幼儿园,受到幼儿教师素质和家长教育观念等多种原因的影响,课程内容多设置语言、数学、英语

[①] 李香玲:《国外五种早期教育课程模式的比较与借鉴》,载《教育导刊·幼儿教育》,2011年第6期,第92~93页。

等内容,没有音乐、舞蹈等方面的内容。这样的课程内容不利于幼儿全面发展。为了培养身心健康、整体和谐发展的幼儿,课程内容的选择和设置应坚持遵循生活性原则、兴趣性原则、适宜性原则、全面性原则等。借鉴五种学前教育课程模式的课程内容选择,即全面地关注儿童的经验、兴趣和长远发展。

(三)课程组织形式多样化,课程实施应重视儿童的主动学习

五种学前教育模式的课程组织形式多样,在课程实施中,注重合作、交流,注重儿童的主动学习。目前,在我国幼儿园课程组织和实施中,虽意识到发挥儿童学习的主动性和同伴间交流的重要性,并在实践中有所体现,但也存在着下列现象:多数幼儿教师重视集体活动,忽视分组活动和个人活动,没有留给幼儿充分交流的机会;有时因教师提问或介入次数过多等原因,导致教师主导、幼儿被动的学习等现象。怎样让幼儿真正主动学习,值得我们进一步探索。

(四)应重视课程评价,采用发展性评价理念

五种学前教育模式都重视课程评价,注重过程性评价、发展性评价。在幼儿园课程评价理念上,我们也提倡过程性评价和发展性评价,并已在实践中加以应用,如档案袋评价。然而,幼儿园课程评价仍未引起足够的重视,例如只重视评课,对于幼儿的评价并不重视,等等。因此,幼儿园教育管理者不仅要重视幼儿园课程实施,也应重视幼儿园课程评价。幼儿教师还应通过观察、记录等方式,学习、掌握发展性评价方式来评价幼儿学习和成长。

(五)教师的角色应由权威者转变为合作者、引导者、研究者、反思者

与国外学前教育相比,我国幼儿教师更多是幼儿活动的设计者和指导者,而不是支持者和合作者。为了幼儿的快乐成长,我们应借鉴国外学前教育课程模式中教师的做法,幼儿教师应由权威者转变为观察者、记录者、合作者、引导者、研究者、反思者,并与幼儿建立平等的师生关系,创设宽松的学习氛围。

(六)根据课程内容创设环境并及时调整

五种学前教育模式都很重视环境对教育的影响,并创设了丰富环境,让儿童从中学习。幼儿园环境是幼儿园隐性课程,对儿童的影响是潜移默化的。我国幼儿园也重视环境创设,但是仍存在一些问题,如脱离课程内容进行环境布置,忽视幼儿在环境创设中的主体性,环境不能和显性课程形成合力,共同促进幼儿的学习。借鉴国外的做法,我们不仅要意识到环境的重要性,也要根据课程内容及时调整或创设新的环境。

(七)让家长平等参与到课程中

前文提到的五种学前教育模式均认识到与家长合作的重要性,并采取了多种措施让家长参与到课程中。在我国幼儿园教育工作中,家园合作也被视为一项重要工作,但合作的目的更多是让家长了解孩子的表现、教育幼儿知识或疾病常识等,但让家长参与到课程中,一般仅局限于听"开放日"的课,而且家长在参与中多以配合幼儿园工作为主,处于弱势地位。为了更好发挥家长的作用,幼儿园不仅要重视家长的参与,也应采取有效措施让家长平等地参与,对此可以借鉴国外学前教育在家长参与课程设计、实施、评价等方面的经验。

尽管我国广大学前教育工作者都认识到外国学前教育模式对我国幼儿教育有借鉴意义,但一般因其具有特定的文化背景、价值取向,受某种心理学或哲学思想理论指导,难以直接采用,尤其是具体的课程模式,推广受到了限制。在我国幼儿园课程改革和实践中,若脱离中国国情、当地文化、幼儿园实际情况等因素而生搬硬套,就会出现问题。因此,从其他学前教育模式、课程模式中吸取有利于我国学前教育改革的经验,结合国情,认清自身存在的问题与不足,取他人之长,补自己之短,最后创造出适合我们自己的学前教育课程模式。

参考文献

[1] 曹能秀.学前比较教育[M].上海:华东师范大学出版社,2009.
[2] 陈时见,徐辉主编.比较教育的学科发展与研究方法[M].北京:商务印书馆,2006.
[3] [日]冲原丰.比较教育学[M].刘树范,李启连,译.长春:吉林人民出版社,1984.
[4] 冯晓霞编著.幼儿园课程[M].北京:北京师范大学出版社,2001.
[5] 冯增俊.比较教育学[M].南京:江苏教育出版社,1996.
[6] 霍力岩.学前比较教育学[M].北京:北京师范大学出版社,1995.
[7] [美]贾玻尔·L.鲁普那林,詹姆斯·E.约翰逊主编.学前教育课程[M].上海:华东师范大学出版社,2005.
[8] 简楚瑛.学前教育课程模式[M].上海:华东师范大学出版社,2005.
[9] 教育部基础教育司编写.幼儿园教育指导纲要(试行)解读[M].南京:江苏教育出版社,2002.
[10] 联合国教科文组织国际教育发展委员会编著.学会生存——教育世界的今天和明天[M].北京:教育科学出版社,1999.
[11] 李生兰.比较学前教育[M].上海:华东师范大学出版社,2000.
[12] 刘焱.西方学前教育理论与实践的新进展[J].比较教育研究,2002(7).
[13] [意]玛利亚·蒙台梭利.蒙台梭利幼儿教育科学方法[M].任代文,译.北京:人民教育出版社,1993.
[14] [意]玛利亚·蒙台梭利.童年的秘密[M].马荣根,译.北京:人民教育出版社,2000.

［15］蒙台梭利教育研究组编著.蒙台梭利幼儿数学教育［M］.兰州:兰州大学出版社,2001.

［16］蒙台梭利教育研究组编著.蒙台梭利幼儿感觉教育［M］.兰州:兰州大学出版社,2001.

［17］［意］玛利亚·蒙台梭利.蒙台梭利儿童教育手册［M］.肖咏捷,译.北京:中国发展出版社,2003.

［18］［意］玛利亚·蒙台梭利.蒙台梭利早期教育法［M］.祝东平,译.北京:中国发展出版社,2003.

［19］史静寰,周采主编.学前比较教育［M］.大连:辽宁师范大学出版社,2002.

［20］石筠弢.学前教育课程论［M］.北京:北京师范大学出版社,1999.

［21］［苏］索科洛娃等.比较教育学［M］.顾明远,译.北京:文化教育出版社,1981.

［22］单中惠,刘传德.外国幼儿教育史［M］.上海:上海教育出版社,1997.

［23］唐淑.国外幼儿园课程［M］.南京:南京师范大学出版社,1999.

［24］王承绪,顾明远主编.比较教育［M］.北京:人民教育出版社,1999.

［25］王春燕.幼儿园课程概论［M］.北京:高等教育出版社,2009.

［26］吴文侃,杨汉清主编.比较教育学［M］.北京:人民教育出版社,1999.

［27］袁爱玲.当代学前课程发展［M］.北京:高等教育出版社,2007.

［28］虞永平.学前课程的多角度透视［M］.南京:江苏教育出版社,2006.

［29］周采,杨汉麟主编.外国学前教育史［M］.北京:北京师范大学出版社,1999.

［30］朱家雄.幼儿园课程［M］.上海:华东师范大学出版社,2003.

［31］朱家雄主编.国际视野下的学前教育［M］.上海:华东师范大学出版社,2007.

［32］钟启泉主编.国外课程改革透视［M］.西安:陕西人民教育出版社,1992.

［33］朱智贤,林崇德主编.儿童心理学史［M］.北京:北京师范大学出版社,1988.